평화의 교육과정
섬김의 리더십

평화의 교육과정
섬김의 리더십

초판 1쇄 발행 2020년 2월 26일
초판 4쇄 발행 2024년 5월 31일

지은이 이준원·이형빈
펴낸이 김승희
펴낸곳 도서출판 살림터

기획 정광일
편집 조현주

인쇄·제본 (주)신화프린팅
종이 (주)명동지류

주소 서울시 양천구 목동동로 293, 2215-1호
전화 02-3141-6553
팩스 02-3141-6555
출판등록 2008년 3월 18일 제313-1990-12호
이메일 gwang80@hanmail.net
블로그 http://blog.naver.com/dkffk1020
한국교육연구네트워크 www.kednetwork.or.kr

ISBN 979-11-5930-135-3 03370

이 도서의 국립중앙도서관 출판예정도서목록(CIP)은
서지정보유통지원시스템 홈페이지(http://seoji.nl.go.kr)와
국가자료공동목록시스템(http://www.nl.go.kr/kolisnet)에서 이용하실 수 있습니다.
(CIP제어번호: CIP2020006900)

평화의
교육과정

**덕양중학교
혁신학교
10년 이야기**

섬김의
리더십

이준원·이형빈 지음

덕양중학교는 내가 어릴 적 다니던 학교와 매우 많이 닮아 있었다. 교정을 둘러싼 커다란 은행나무들, 아주 좁은 중앙현관, 숲처럼 우거진 화단에 서 있는 커다란 목련나무와 오래된 향나무, 꽤나 굵은 기둥을 자랑하는 등나무 덩굴과 그 아래의 낡은 벤치. 마을과 학교 사이에는 오래된 담장이 있고 그 위로 녹슨 철조망이 서 있다. 가난하지만 따뜻한 사람들이 학교와 이웃하고 있다는 생각이 들었다.

출근 첫날에 입학식을 겸한 교장 취임식이 시작되었다. 덕양중학교에 처음 부임한 교장이 같은 날 입학한 신입생 아이들 이름을 한 명한 명 부르며 눈을 맞췄다. 기대에 찬 눈빛으로 또는 어색한 표정으로 인사하는 아이, 살짝 미소를 띠며 눈인사하는 아이, 장난기가 번득이는 개구쟁이 같은 아이. 아이들의 맑은 눈망울은 호기심으로 가득했다.

그 순간 내 가슴에서는 뜨거운 것이 올라왔다.

'이 아이들에게는 내가 줄 것이 있겠다.'

큰 것, 거창한 프로그램이 필요하지 않을 것 같았다. 교장의 따뜻한 관심과 사랑이면 될 것 같았다. 덕양중학교에서 내가 무엇을 해야 하는지 분명해졌다.

이 아이들에게 손을 내밀자. 그러면 내 손을 잡아 줄 것이다. 이 아이들이 갈망하는 어른들로부터의 관심과 존중을 보여 주면 이 아이들도 나에게 다가올 것이다.

입학식 다음 날, 아침 일찍 출근하여 교문으로 나갔다. 등교하는 아이들과 눈을 마주치며 인사했다. "안녕! 반가워! 내 이름은 이준원이야. 네 이름은 뭐니?"

한 명 한 명 인사를 나누는 동안 처음에는 어색해하던 아이들도 밝게 인사를 주고받기 시작했다. 교정에 개나리와 철쭉이 예쁘게 핀 봄, 뜨거운 더위와 장맛비가 세차게 내리는 여름, 교정의 은행나무가 노랗게 물드는 가을, 매서운 추위 속에 내리는 눈보라 겨울까지 교문에서 하는 아이들과의 아침 인사는 꾸준히 이어졌다. 여덟 번의 봄, 여름, 가을, 겨울을 보내는 동안 계속되었다.

8년 동안 꾸준히 이어 온 관계 맺기가 또 한 가지 있다. 학부모교실 '이슬비 사랑'이다. 이슬비가 내리듯이 학부모들이 아이들에게 사랑을 주는 방법에 대하여 공부하는 교실이다. '학교보다 더 근원적인 학교는 가정이다. 교사보다 더 중요한 교사는 부모다'라는 생각으로 학부모 교육을 시작했다. 사춘기 자녀를 양육한다는 것이 얼마나 어려운지 서로 나누었다. 그동안 삶에 지치고 어린 시절부터 상처받은 마음을 서로 이야기하며 함께 울었다. 그러는 동안 학부모들의 마음이 하나로 모아지고, 내면이 치유되고 건강한 학부모로 성장하는 경험을 하게 되었다. 이제는 '내 자식만'이 아닌 '우리의 자녀들'을 함께 돌보아야 한다는 생각을 갖게 되었다.

학교철학과 교육과정을 공유하고 궁금한 것도 직접 묻고 친밀감이 형성되자 학부모들이 편안하게 교장실에 들어올 수 있게 되었다. 차한잔 나누며 친정아버지 만나듯 교장과 이야기를 나누는 분위기가 형성되었다. 개인 상담부터 자녀 문제 등 다양한 주제를 나누었다. 학부모들이 학교와 교장을 신뢰하게 되었다. 지난 8년 동안 학부모들도 교장의 제자로 공부하며 성장하게 되었다.

덕양중학교의 교사 공동체는 이미 잘 만들어져 있었다. '학교를 바꾸어 보자'라는 신념으로 선생님들의 마음이 모아지고 모든 에너지를 쏟아부어 공동체문화를 만들어 가고 있었다.

새로 부임한 교장이 할 일은 선생님들의 마음이 분산되거나 의미 없는 일에 에너지가 소모되지 않도록 지원하고 격려하는 것이었다. '행복한 교사 공동체'를 만들어 학생들과 교실에서 행복한 수업을 할 수 있도록 울타리가 되어 주는 것에 많은 노력을 쏟았다. 초임 선생님이라 할지라도 그 목소리에 귀를 기울였다. 지지와 격려를 보냈다. 누구의 의견이든 좋은 아이디어는 교육과정에 반영되도록 배려했다. 그것을 통해서 성취감을 맛보고, 자발성과 주인의식을 가지고 일하며, 보람과 긍지로 충만한 학교생활을 하도록 문화를 만들어 갔다. 공감과 지지를 통해 '내가 덕양중학교의 교사로 존중받는구나! 나는 가치 있는 교사구나!'라는 생각이 뿌리내리도록 도왔다. 그리하여 교장이 섬김의 리더십을 발휘하여 학교문화를 잘 만들어 가야겠다고 다짐했다.

이렇게 덕양중학교는 교사, 학생, 학부모가 더불어 사는 삶을 가꾸는 '행복한 배움의 공동체'라는 뚜렷한 비전을 함께 공유하며 마음을 모아 갔다.

모든 사람은 상호의존적이며 관계지향적인 본능을 가지고 태어난다. 이러한 본능이 충족되면 행복해지고 그것이 충족되지 못할 때에는 심한 갈증을 느낀다. 이것은 다른 어떤 것으로도 채울 수 없는 목마름이다. 학교에서 이러한 인간의 기본적인 본능이 충족된다면 교사, 학생, 학부모 3주체에게 어떠한 변화가 일어날까? 공교육 붕괴의 해결

책은 좋은 관계 형성을 기초로 한 '행복한 교육공동체'가 답이 아닐까? 이러한 학교의 모습은 저자가 30여 년 동안 꾸준히 꿈꾸어 왔던 학교의 모습이었다.

이 책은 덕양중학교 혁신학교 10년의 이야기이며, 덕양중학교 교장이 정년 8년을 남기고 시작한 행복한 고난의 성장기이다. 또한 사람과 사람이 따뜻한 마음으로 만나면 어떠한 일을 가능하게 하는지 보여 주는 가슴 뭉클한 학교행전學校行傳, 학교혁신의 이야기다. '학교장의 섬김의 리더십' 위에서 '행복한 교사 공동체'가 만들어지고, 그 속에서 '학생들을 존중하며 교육의 주체로 배려하는 학교문화'가 만들어진다.

이러한 문화가 형성되면 학교는 행복한 배움의 공간이 되고, 교사는 각각의 독특한 교육과정으로 존재하게 된다. 교사 한 명 한 명의 의식 속에 형성된 교육과정들이 공동체 안에서 공유되고 교류하는 과정을 거치면서 학교의 비전과 교육과정이 만들어진다. 이러한 학교에서 만들어 내는 교육과정 속에는 교사가 꿈꾸는 세상이 있고, 아이들에게 전해 주고 싶은 살아 있는 지식이 보석처럼 빛나게 된다. 그러한 교사들이 진행하는 수업에 참여한 학생들은 진정한 배움과 성장을 경험하게 된다.

덕양중학교에는 보석처럼 아름다운 구슬이 많이 있었지만 꿰지 못하고 방치되어 있었다. 이형빈 교수님이 이를 잘 정리해 주어 한 권의 책으로 나오게 되어 기쁘다.

혁신학교 10년 동안 함께 땀 흘리며 웃고 울며 '더불어 사는 삶을 가꾸는 행복한 공동체'를 만들어 온 덕양중학교 모든 선생님들에게 이 책을 바친다. 또한 8년 동안 남편을 덕양중학교에 온전히 바치고 노심초사 기도하며 보이지 않게 학교 경영에 대한 많은 조언을 아끼지 않은 사랑하는 아내 김은정에게도 감사의 마음을 전한다.

부디 이 책이 대한민국 공교육을 회복시키는 데 조그마한 보탬이 되기를 소망해 본다.

2020년 2월

이준원

덕양중학교는 한국 최고의 혁신학교이다. 오랫동안 혁신교육을 연구해 온 학자의 양심을 걸고 그렇게 말할 수 있다. 존중의 학교문화, 협력과 소통이 있는 민주적 학교 운영, 학교장의 섬김의 리더십, 교사의 전문성을 키우고 교사의 내면을 치유하는 교사 공동체, 학생들을 존중하는 회복적 생활교육, 학생이 주인이 되는 학생자치, 학부모가 참여하며 함께 성장하는 학부모 활동, 학교 고유의 철학이 담긴 교육과정, 수업과 평가의 혁신 어느 것 하나 부족함이 없다.

물론 한국에는 훌륭한 혁신학교가 많다. 하지만 덕양중학교에는 다른 학교에서 쉽게 볼 수 없는 아주 특별한 것이 있다. 나는 혁신학교로서의 덕양중학교의 핵심 키워드를 '평화의 교육과정', '섬김의 리더십'이라고 말하고 싶다.

'평화의 교육과정'. 덕양중학교에는 진정한 학교교육과정이 있다. 물론 모든 학교에 '학교교육과정 운영계획'이라는 문서가 있지만, 대부분의 학교교육과정 문서는 대동소이하다. 국가교육과정과 시도 교육과정 문서를 그대로 옮기고, 그 속에서 학교의 다양한 교육 프로그램을 나열하는 방식이다.

그런데 덕양중학교의 학교교육과정에는 덕양중학교만의 철학이 있다. 그것은 '평화'이다. '평화'는 덕양중학교 교사들이 학생들에게 꼭 필요한 가치가 무엇인지를 오랫동안 실천적으로 탐구하며 정립해 온 철학이다. 그리고 이 철학이 선언적인 문구로 그치는 것이 아니라, 모든 교과의 교육과정과 창의적 체험활동에 풍부하게 구현되어 있다. 이를 통해 학생들이 내면의 평화를 찾고, 다른 학생과 평화적인 삶을 살아가며, 평화로운 세상을 만들어 갈 역량을 키우고 있다.

'섬김의 리더십'. 이준원 교장 선생님은 진정한 리더란 다른 사람을 섬기는 사람임을 몸소 실천해 왔다. 학생 한 명 한 명의 이름을 불러 주며 이들이 얼마나 소중한 존재임을 일깨워 줬다. 교사들의 의견을 온전히 존중하며 교사들의 내면에 존재한 잠재력을 키워 주었다. 목요일 저녁마다 학부모교실을 운영하면서 학부모들의 내면의 상처를 치유하고 이들을 훌륭한 자녀 교육자로 성장시켰다. 이러한 문화 속에 덕양중학교 학생, 교사, 학부모들 모두가 학교의 주인으로 성장하는 진정한 학교자치를 실현해 왔다.

연구자 입장에서 이런 학교를 직접 관찰하고 다양한 자료를 수집하는 기회를 얻는다는 것은 크나큰 행운이다. 덕양중학교 선생님들이 만들어 낸 보석을 꿰매어 목걸이를 만드는 심정으로 이 책을 쓰게 되었다. 이런 기회를 주신 이준원 교장 선생님과 덕양중학교 선생님들께 깊은 감사를 드린다.

그동안 혁신학교를 다룬 책이 꽤 많이 출판되었다. 하지만 어떤 책은 메마른 이론을 늘어놓기만 했고, 어떤 책은 단순히 여러 가지 사례만 나열하여 여러모로 아쉬움이 있었다. 독자들에게 이 책이 어떤 모습으로 비칠지 궁금하다. 단순히 학교의 역사를 보여 주거나 여러 가지 자료를 나열하는 것이 아니라, 덕양중학교 혁신학교 10년 역사 속에 담긴 숨결과 철학을 살려 내려고 노력했다. 혹시 이 책이 그러한 의도에 미치지 못한다면 그것은 전적으로 나의 책임이다.

2020년으로 한국의 혁신학교 운동은 시작된 지 10년이 지났다. 그동안 혁신학교 운동이 무엇을 남겼는지 냉정하게 성찰하고 새로운 전망을 모색해야 할 때이다. 이 시기에 덕양중학교 혁신학교 10년의 이야기는 우리 교육계에 적지 않은 화두를 던져 줄 것이다.

혁신학교는 '현 제도에서 가능한 학교혁신의 최대치'를 실험해 온 학교이다. 이제 혁신학교는 견고한 제도에 균열을 내는 학교, 학교를 바꿈으로써 사회를 바꾸는 학교, 새로운 상상을 현실로 바꾸는 플랫폼을 만드는 학교로 발전해야 한다.

신자유주의 세계화 이후 '대안은 없다There Is No Alternative'라는 담론이 유행했다. 하지만 많은 사람들은 "새로운 세상은 가능하다."는 신념으로 세상을 바꾸기 위해 노력해 왔다. 나는 "새로운 학교는 가능하다."라고 말하고 싶다. 덕양중학교를 통해 그 가능성을 독자 여러분들에게 알리고 싶다.

2020년 2월
이형빈

차례

2부 평화의 교육과정

1부

섬김의 리더십

너희도 알다시피 세상에서는
통치자들이 백성을 강제로 지배하고
높은 사람들이 백성들을 권력으로 내리누른다.
그러나 너희는 그래서는 안 된다.
너희 사이에서 높은 사람이 되고자 하는 사람은
남을 섬기는 사람이 되어야 하고,
으뜸이 되고자 하는 사람은 종이 되어야 한다.

_공동번역 성서, 마태복음 20장 25~27절

1.

[리더십] '리더'는 '섬기는 사람'이다

가. 폭풍우에도 쓰러지지 않는 나무

지난여름에 몇 차례의 태풍이 몰아쳤다. 우리 학교에 있던 나무 하나가 폭풍우를 견디지 못하고 쓰러졌다. 안쓰러운 마음에 그 나무를 살펴보다가 깜짝 놀랐다. 속이 텅 비어 있었다. 가만히 보니 벌레를 먹어 껍데기만 간신히 남아 있는 상태였다.

우리 교육도 이와 마찬가지 아닌가? 아이들은 겉으로 보기에는 멀

폭풍우에 쓰러진 나무

쩡하다. 키도 크고 발육 상태도 좋다. 하지만 속은 병들어 있다. 성적이나 온갖 스펙은 화려할지 몰라도, 아이들의 내면은 텅 비어 있다. 조그마한 바람에도 쓰러질 나무들이다.

6년 전에도 모진 폭풍우가 몰아치던 여름이 있었다. 그때 몇 그루의 나무가 속절없이 쓰러졌다. 하지만 그 나무가 죽어 버린 것은 아니었다. 쓰러진 나무에 놀랍게도 새순이 돋고, 가지가 접붙어 올라갔다. 그리고 지금은 다시 멋진 나무로 성장했다.

덕양중학교도 10년 전에는 쓰러진 나무 같았다. 서울과 경기도 고양시 경계, 개발제한구역으로 묶인 지역에 조그마한 중학교가 있었다. 폐교 위기의 학교였다. 이런 곳에 학교가 있을까 싶을 정도로 외진 골목길에 작은 학교가 있었다. 가난과 무기력이 일상이 된 듯한 그곳에서도 아이들이 있었다. 아이들의 내면은 많은 상처로 아파하고 있었다. 교사들은 거친 행동을 일삼는 아이들을 도무지 통제하지 못했다. 체벌과 학교폭력이 난무한 학교였다. 그때의 풍경을 『덕양중학교 혁신학교 도전기』에서는 이렇게 묘사하고 있다.

완판 선생님은 처음 덕양중학교로 출근하는 날 길을 헤매고 말았다. 학교가 있으리라고는 상상하기가 어려운 곳에 위치해 있었다. 이정표를 몇 번이나 지나친 끝에 학교 들어가는 입구로 진입할 수 있었다. 학교로 이어지는 도로는 갈라지고, 깨지고, 움푹 파인 채 방치되어 있었다. 누가 봐도 오랫동안 손보지 않았다는 것을 알 수 있었다. 그리고 찻길과 정문이 바로 인접해 있어 자칫 안전사고로 이어질 수 있었다. 아이들이 등교하기에 상당한 위험 요소들이 산재해 있었다. 또한 군부대가 담장을 끼고 바로 학교와 인접해 있었다.   21~22쪽

덕양중학교로 가는 골목길 과거 모습

완판 선생님은 아이들의 행동을 처음에는 이해할 수 없었다. 아이들이 의욕이 없다고 생각했다. 아무리 낯선 곳이라도 시간이 지나면 적응을 하게 된다. 그런데 선생님은 시간이 지날수록 덕양중학교에서의 생활에 점점 힘들어지고 있었다. 오후 4시가 되어 학교 수업이 끝나면 썰물처럼 일시에 아이들이 자취를 감춘다. 운동장에는 빈 모래바람만 휘돌 뿐, 그야말로 적막강산이 따로 없다. 오지 중에 오지로 아무 대책 없이 여행 온 기분이었다.

24~25쪽

그 당시 완판 선생님이 기억하는 교무실은 한쪽에서는 늘 학생들에게 체벌이 가해지고 있고, 몇몇 선생님들 사이에서는 학생들에 대한 비난이 거침없이 흘러나오고 있고, 아무것에도 관여하지

군부대와 인접한 덕양중학교의 과거 모습

않는 선생님들은 열심히 공문 처리하고 있는 풍경이었다. 선생님들 사이에 공감의 분위기는 거의 없었다. 학생과 교사 사이의 믿음과 사랑은 기대하기 어려웠다. 교장 선생님과의 소통은 먼 나라 이야기였다. 사방이 차갑고 딱딱한 콘크리트 벽의 독방에 갇힌 느낌이었다. 27쪽

하지만 그루터기에도 새순이 자라고, 텅 빈 나무 속에도 새살이 돋듯 덕양중학교가 다시 태어나기 시작했다. 그 시작은 2008년 내부형 교장공모제였다. 당시 교육인적자원부는 교육개혁의 일환으로 교장공모제를 시범 운영하고 있었다. 덕양중학교를 이대로 두고 볼 수 없는 선생님들이 의기투합했다. 선생님들은 내부형 교장공모제 자체보다는 변화에 대한 절실함이 더 컸다. 덕양중학교의 교장공모에 모두 5명이 응모를 했고, 그중 3명이 평교사였다. 학교에서는 공정한 심사를 거쳐

평교사 출신 교장을 선출했다. 그가 바로 덕양중학교 제18대 교장 김삼진 선생님이다.

김삼진 교장 선생님은 학교 운영의 키워드 다섯 가지를 제시하였다. 첫째가 '지역사회와의 네트워크', 둘째가 '재미있는 학습, 즐거운 학교', 셋째가 '학생들의 학습에 책임지는 학교', 넷째가 '교사 학습공동체 강화', 다섯째가 '참여와 소통의 공동체'이다. 그때부터 덕양중학교에 새로운 바람이 불기 시작했다.

덕양중학교가 새롭게 돛을 달고 항해를 시작했을 무렵, 때마침 순풍이 불어왔다. 2009년에 직선 교육감으로 당선된 김상곤 교육감의 '혁신학교' 정책이다. 덕양중학교 선생님들은 모두 힘을 모아 혁신학교 공모에 신청을 했고, 2009년 9월부터 혁신학교로 지정 운영되었다. 이제 덕양중학교는 폭풍우에도 쓰러지지 않을 나무로 자라기 시작했다.

나. 덕양중학교, 혁신학교 도전기

혁신학교는 공교육의 새로운 표준을 세우기 위한 파일럿 스쿨이다. 혁신학교는 '배움과 돌봄의 책임교육 공동체'라고도 표현한다. 여기에서 말하는 '배움'과 '돌봄'은 덕양중학교에 너무나 소중한 가치이다. 그동안 아이들은 참된 배움의 즐거움을 누리지 못했고, 따뜻한 돌봄의 손길을 느끼지 못했다. 교사들은 아이들을 포기했고, 아이들은 골목길이나 PC방에 방치되어 있었다.

혁신학교는 이전의 학교개혁 모델과는 달리 교사들의 자발성, 전문성, 협력성을 중시한다. 덕양중학교는 내부형 교장공모로 선출된 김삼

진 교장 선생님을 중심으로 혁신학교 공동체를 이루기 시작했다. 교
사들은 전문적 학습공동체를 만들어 서로의 수업을 나누고 함께 성
장하기 시작했다. 배움의 공동체 수업의 정신을 적극적으로 받아들여
아이들이 참된 배움의 즐거움을 느끼도록 하였다. 아이들을 존중하고
배려하는 문화가 싹트기 시작했다. 불필요한 생활규정을 없애고 학생,
학부모, 교사가 모두 참여하는 '덕양중학교 공동체 생활협약서'를 만
들었다.

덕양중학교는 마을과 함께 학교를 바꾸기 시작했다. 학부모 모임을
활성화하여 아이들과 학부모들이 함께 성장하는 프로그램을 운영하
였다. 덕양중 인근에 있는 항공대학교와 MOU를 맺어 대학생들과 멘
토링을 형성하여 배움이 느린 학생들에게 도움을 주었다. 대한민국교
육봉사단과 함께 운영하는 '씨드 스쿨seed school'을 통해 아이들 내면
에 잠재된 가능성을 발휘하도록 하였다.

이 놀라운 변화는 김삼진 선생님의 퇴임 무렵에 발간한 『덕양중학
교 혁신학교 도전기』에 상세히 담겨 있다. 버려진 땅 갈릴리에서 생명
의 복음이 퍼져 나갔듯, 불모의 땅 경계지에서 혁신교육의 희망이 자
라고 있었다.

다. 교장 공모를 준비하며

혁신 1기 공모교장이 퇴임함에 따라 혁신 2기를 준비하며 덕양중
학교를 더욱 발전시킬 새로운 교장을 공모한다는 소식을 들었다. 그
당시 나는 서울대학교 교육대학원 연구교사로 파견 나가 있었는데,
함께 공부하던 동료 교사가 덕양중 내부형 교장공모 소식을 전하며

내가 적임자라고 적극 추천해 주었다. 잠시 망설였으나 지원하기로 했다.

학교가 불신을 받고 공교육의 붕괴를 말하는 이때에 아직 희망은 있다고 말하고 싶었다. 아파트가 지어지기 전에 모델하우스를 통해 어떤 집이 지어질지를 볼 수 있게 하는 것처럼, 혁신학교 덕양중학교를 통해 교사, 학생, 학부모들이 따뜻한 마음으로 만나 행복한 공동체를 만들면 학교가 어떻게 변하는지 그 결과를 보여 주고, 그것이 공교육 회복의 답이라는 것을 교육계에 그리고 더 나아가 국민들에게 보여 주고 싶었다. 세상이 어두울수록 작은 촛불이 더욱 밝은 빛을 내듯이 덕양중학교에서 시작한 작은 성공의 스토리가 대한민국 교육현장에 희망의 빛을 비출 수 있기를 간절히 원했다.

이렇게 마음으로 다짐하고 덕양중학교를 더욱 발전시킬 공모교장 계획서를 작성하였다. 그때 제출했던 학교경영 계획서와 4년 후에 교장중임 재공모 때 보완한 내용을 요약하면 다음과 같다.

(1) 학교교육 목표
"더불어 사는 삶을 가꾸는 행복한 배움의 공동체."

이 교육 목표를 이루기 위한 추구하는 인간상으로는 '나를 이해하고 사랑하는 사람', '타인을 있는 그대로 인정하는 사람', '서로 돕고 협력하는 사람'으로 정했다.

(2) 학교경영 비전
장기적인 학교 경영 비전은 다음과 같이 제시했다.

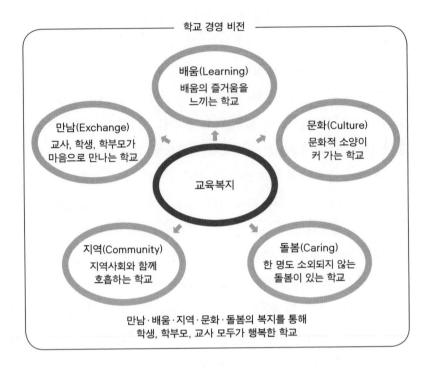

학교 경영 비전

배움(Learning)
배움의 즐거움을
느끼는 학교

만남(Exchange)
교사, 학생, 학부모가
마음으로 만나는 학교

문화(Culture)
문화적 소양이
커 가는 학교

교육복지

지역(Community)
지역사회와 함께
호흡하는 학교

돌봄(Caring)
한 명도 소외되지 않는
돌봄이 있는 학교

만남·배움·지역·문화·돌봄의 복지를 통해
학생, 학부모, 교사 모두가 행복한 학교

교사, 학생, 학부모가 따뜻한 마음으로 만나서 배움의 즐거움을 느끼는 학교를 만들어 가는 것을 비전으로 제시했다. 따뜻한 만남의 학교문화를 만들고, 그 속에서 문화적 소양을 키우고 한 명도 소외되지 않는 돌봄이 있는 학교를 추구하되 지역사회와 함께하는 것이 중요함을 강조했다. 그러한 비전을 이루기 위해 학교경영 계획의 네 가지 핵심가치를 구성원들이 모두 알기 쉽고 명확하게 인지하도록 다음과 같이 요약했다.

'더불어 사는 삶을 가꾸는 행복한 배움의 공동체'를 만들기 위해서는 교사들이 학교장의 지시를 수동적으로 따르는 수준이어서는 안 된다. 학교장과 함께 '학교의 가치'를 따르는 학교문화를 만들어야 한다. 그러려면 명확한 '학교의 가치'가 정해지고 학교 구성원 모두가 마음으로 공감해야 한다. 그렇게 될 때 비로소 그 '학교의 가치'는 공동체가 함께 지켜야 할 눈에 보이지 않는 규범으로 정착되고 건강한 학교로 성장할 수 있다고 확신했다.

(3) 학교의 핵심가치

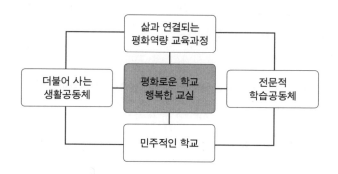

첫 번째 핵심가치는 '민주적인 학교'로 정했다. 이를 위해 민주적인 의사결정 시스템을 운영하고, 학생자치를 활성화하기 위해 최대한 자율을 주고 책임을 강화한다. 학생교육에서 제일 중요한 부모와의 협육체제를 강화하고, 행복한 가정 만들기를 통해 교실이 행복한 배움의 장소가 되게 하며, 마을과 함께 교육공동체를 만들어 마을이 학교이고 교실이 되도록 한다.

둘째, '더불어 사는 생활공동체'이다. 학교 안에서 생활공동체를 구현하기 위해 존중과 배려, 자율과 경계가 공존하는 생활문화를 만들고, 회복적 생활교육을 실천하며, 학생들의 자존감을 높이는 다양한 프로그램을 운영하여 학교문화를 '공동체성 회복'을 위해 바꾸어 가도록 한다.

셋째, '전문적 학습공동체'이다. 교사들의 전문적 학습공동체가 꾸준히 성장하기 위해 함께 배우고 성장하는 교사 학습공동체를 운영하며, 또한 학생 및 학부모 학습공동체도 건강하게 성장하도록 지원한다. 한편 지역사회와 함께하는 학습공동체도 운영한다.

넷째, '삶과 연결되는 평화역량 교육과정 운영'이다. 이 가치를 구현하기 위해 평화역량 중심 교육과정을 내실화하며 학생의 배움과 성장을 기반으로 수업과 평가 시스템 구축한다. 그리고 개인의 발달수준을 고려한 기초학력 지원 프로그램을 운영하며 학생들의 행복한 삶을 준비하는 진로교육을 체계화한다.

앞에서 제시한 네 가지 핵심가치, 즉 '민주적인 학교', '더불어 사는 생활공동체', '전문적 학습공동체', '삶과 연결되는 평화역량 교육과정 운영' 등을 구현하기 위해 학교 경영 계획의 세부 추진 계획을 다음과 같이 10가지로 정리했다.

(4) 10대 세부 추진 과제

민주주의, 학교 운영의 처음과 끝이다!
교사, 학생, 학부모 모두 인격적 존재로서 존중받는 학교

가르침과 배움의 시작은 교사가 교사로 존중받고, 학생이 인격으로 존중받으며, 학부모가 교육의 온전한 주체로 존중받는 것이다. 존중받을 때 배움의 장이 열린다. 존중의 문화가 학교 안에 정착되려면 자유로운 소통과 민주적인 의사결정 시스템이 작동되는 문화와 환경을 만들어야 한다. 민주적인 문화를 온전히 경험하는 것만이 민주시민을 기르는 유일한 방법이다. 그러므로 민주주의는 학교 운영의 처음과 끝이다. 이를 위해 교사회, 학부모회, 학생회를 중심으로 민주적인 의사결정 시스템을 구축하며, 학부모회와의 교육과정 운영에 관한 적극적인 협의와 의견 수렴을 통해 협육 체제를 강화한다. 또한 학생, 학부모,

교사 누구나 편안하게 다가올 수 있는 교장실을 운영한다.

마을과 함께 성장하는 교육공동체 만들기
마을과의 협력체제 구축을 통한 다양한 교육과정 운영

학교는 학부모 및 지역사회와의 파트너십을 구축하여 그들을 실질적으로 학교교육에 참여하게 하고, 학교 구성원들과 상호 협력하고 성장할 수 있는 시스템을 구축해야 한다. "한 아이를 키우기 위해서는 한 마을이 필요하다."라는 말처럼 아이들은 마을 속에서 온전한 삶을 배울 수 있게 된다. 마을이 살아야 아이들이 살고, 아이들이 살아야 마을도 산다. 마을 속에서 살아가는 학부모들이 만들어 내는 다양한 삶의 모습을 학교 안에서 펼칠 수 있다면 아이들이 잘 배우는 건강한 교육 생태계를 만들 수 있다. 마을이 학교가 될 수 있도록 지원할 것이다. 또한 학부모와 마을 주민들을 대상으로 가정 세우기 프로그램을 운영하고 교장이 직접 강의한다.

존중과 배려, 자율과 경계가 공존하는 생활문화
존중의 문화, 자치 문화, 경계 세우기가
균형 있게 작동하는 학교문화 만들기

덕양중학교는 혁신학교 운영을 통해 존중의 문화, 자율적인 문화를 발전시켜 왔다. 그러나 최근 공공생활에서 기본적인 에티켓이 무너지는 경우가 종종 보이면서 구성원들 상당수가 불편을 호소하고 있다. 자치와 존중의 문화가 충분히 존중되면서도 공공생활의 에티켓을 배우는 균형 잡힌 학교문화를 만들어 갈 것이다. 세부적인 추진 방법으로는, 평화감수성 교육을 통한 존중과 상호 인정의 평화로운 학교문화를 조성하며 자율적인 생활협약 중심의 생활교육을 통한 자율적인 학생문화를 조성한다.

회복적 생활교육의 지속적인 실천
공동체성을 배우고, 갈등전환능력을 키우는 회복적 생활교육 정착

덕양중학교 생활교육은 '회복적 생활교육'을 통해 학생들로 하여금 공동체성을 느끼도록 한다. 그리고 공동체 안에 갈등이 일어났을 때, 갈등을 회피의 대상이 아닌 배움과 성장의 에너지로 전환하는 능력을 키우는 기회로 여긴다. 이는 학생들이 앞으로 살아갈 인생에서 자기 삶의 평화를 일구고 더불어 사는 삶을 가꾸는 기초적인 힘을 키우는 교육이 될 것이다.

이를 위해 교육과정과 연계한 자신 및 타인을 이해하는 수업을 실시하며, NGO 단체 '비폭력평화물결'과 연계한 학부모, 교사 대상의 회복적 생활교육 연수를 실시한다. 또 공동체성을 강화하고 갈등 해결 역량을 키우는 프로그램을 실시한다(예: 스마일 키퍼스 프로그램, 서클 프로그램, 비폭력대화 등).

회복적 생활교육에 대한 교사들의 역량을 강화하여 '학교폭력대책자치위원회'도 회복적 생활교육의 패러다임으로 바꾸어 나간다.

함께 배우고 성장하는 학습공동체 중심의 학교 운영
교사·학생·학부모 모두 집단지성을 발휘하며 성장하는 학습공동체

덕양중학교는 교사, 학부모의 학습공동체가 일정 수준 이상으로 잘 형성되어 있다. 학생들도 동아리 등을 중심으로 공동체적 학습이 일어나고 있다. 이를 체계화시켜 지원하면 스스로 함께 배우고 성장하는 학교를 만들어 갈 수 있을 것이다. 학습공동체를 적극적으로 지원하는 리더십을 발휘하고자 한다. 구체적인 추진 계획으로는 교육과정을 중심으로 한 공동연구 및 공동실천의 교사학습공동체를 운영하고, 교사 개인의 연구를 개방하고 공유하는 학습공동체 문화를 조성하며, 외부 단체 및 선진 학교와의 교류를 통해 지속적인 성장을 지원한다. 또한 학생들의 학습동아리와 또래 튜터링 등 다양한 공동체적 학습조직을 적극 지원한다.

지역사회와 함께하는 학습공동체 운영
학교를 넘어 마을의 교육을 변화시키는 학교

공립학교로서 덕양중학교를 지속가능하게 만드는 것은 지역사회와 함께 동반 성장하는 것이다. 지역사회가 학교의 혁신을 지원하고, 학교의 혁신을 통해 지역사회의 교육도 성장할 수 있는 관계를 만들어야 한다. 덕양중학교의 성장 과정을 지역의 교사들과 나누고, 마을의 주민들과도 함께 성장할 수 있는 교사 아카데미 센터, 평생학습센터로서의 역할을 감당하는 리더십을 발휘한다.

평화역량 중심의 교육과정 내실화
학생들의 삶의 역량을 키우는 교육과정 운영

더불어 사는 삶을 가꾸는 행복한 배움의 공동체를 실현하기 위해 특화된 평화역량 중심 교육과정이 학생들의 삶의 관점에서 재구성되고, 수업, 생활교육, 창의적 체험활동 등을 통해 학생들이 자신의 삶을 가꾸고 관리할 수 있는 역량을 키우는 교육과정이 되도록 리더십을 발휘할 것이다. 세부적인 추진 내용으로는 자존감, 존중, 협력, 공동체와의 공존의 가치를 수업을 통해 배우고 체화하는 교육과정을 운영하며, 4개의 가치가 분기별로 수업을 통해 다루어지는 사계절형 주제통합 교육과정을 운영한다. 그리고 학생들의 기획력을 높이면서 자신과 세상을 만나도록 하는 평화봉사활동과 평화기행의 지속적인 발전을 도모하고, 주제를 중심으로 탐구하고 표현하는 교과 수업 재구성을 지원한다. 또한 자유학기제, 창의적 체험활동, 방과후활동을 통해 문화예술교육을 강화한다.

나를 찾고 행복한 삶을 준비하는 진로지도의 체계화
나를 찾아가는 체험 중심 진로지도의 체계화, 과학화, 실제화

진학 지도에 초점을 맞춘 진로지도를 넘어 삶의 행복을 찾아갈 수 있는 진로지도를 중심으로 학생 개개인의 성향과 자질 및 특성을 다양한 프로그램을 통해 스스로 발견할 수 있도록 기회를 제공하는 맞춤형 진로지도를 실시할 것이다. 이를 위해 좋은 교사운동의 비전코디와 협약을 통해 우수한 진로지도 사례들을 덕양중학교에 접목시키고, 고양시 지식 멘토링, 씨드 스쿨, 자유학기제를 통해 자신의 진로에 대한 정체성을 확립시키는 방향으로 진로지도를 할 것이다.

구체적인 방안으로는 MBTI, 에니어그램 등 성격유형검사 프로그램 적용, STRONG 진로적성 검사 실시를 통해 성격과 흥미를 입체적으로 검사한다. 각 교과별 단원이 끝나면 학생들에게 관련 직업세계를 소개한다. 자신을 발견하고 자존감을 높이는 프로그램을 운영(자유학기제, 씨드 스쿨, 지식 멘토링, 큰바위얼굴 프로젝트, 몸짓 프로젝트 등)하며, 마을과 연계하여 지역사회 속에서 다양한 사람들의 삶의 모습을 접할 기회를 제공한다.

개인의 발달수준을 고려한 기초학력 지원체제 구축
디딤돌 프로젝트 운영

덕양중학교에 아직 남아 있는 낮은 기초학력 수준의 학생들 문제를 해결하기 위해 많은 노력을 기울여 왔다. 이는 학교의 노력만으로 해결이 어렵고, 또 단기간의 노력으로는 그 효과를 기대하기가 쉽지 않은 상황이다. 학습 부진을 해결하기 위해 전문가 및 시민단체와 연계하고, 정서 지원, 학습 지원이 동시에 가능한 디딤돌 프로젝트를 추진할 것이다. 세부 추진 계획으로는, '교육을 바꾸는 사람들'과 연계한 개인의 정서 및 학습 수준에 맞는 영어 기초학습 프로그램인 잉어빵 프로젝트와 대한민국교육봉사단과 연계한 '씨드 스쿨'(비전코칭, 창의코칭을 통해 진로 및 정서 지원, 학습 동기를 고취하는 프로그램), 교사와 학생의 정서적 결합을 바탕으로 수학 기초학습을 돕는 '디딤돌 학습 프로그램'을 지속적으로 운영한다.

학생의 배움과 성장에 기반한 수업-평가 시스템 구축
학생의 성장을 위한 배움과 피드백이 있는 수업과 평가 시스템 구축

덕양중의 수업 및 교육과정 혁신이 일정 수준 진행되었지만, 평가 이후 학생의 성장이 어떻게 이루어졌는지에 대한 피드백이 부족하다는 지적이 있었다. 수행평가 체제의 정착을 위해서는 평소 활동에 대한 배움과 평가 이후 피드백을 통해 성장을 지원하는 것이 중요하다. 이러한 수업-평가 체제의 질적인 향상이 일어나도록 리더십을 발휘해야 한다. 구체적인 추진 전략으로는 백워드 수업 디자인 방식에 의한 교육과정 재구성을 통해 평가와 긴밀히 연결된 수업을 운영하며, 평소의 수업에서 학생들의 학습이 관찰되고 평가가 피드백될 수 있는 수업을 연구하는 교사 학습공동체를 지원한다. 그리고 교과 교육과정 설명회 및 간담회를 강화하여 학부모와 협육하는 교육과정 및 수업 평가체제를 구축한다. 학생들의 과부하를 방지하기 위해 수행평가 달력 등을 만들어 학생 및 학부모가 예측할 수 있도록 교육과정 운영에 대한 안내를 강화한다.

이 외에도 "교사의 전문성 향상을 위해 지원하고, 교사 개인적 삶을 교장이 적극 지지함을 통해 교사도 아이들과 함께 학교에서 성장해 갈 수 있도록 지원한다.""교직원 모두가 각자 학교의 주인이라는 생각으로 업무에 임하도록 격려하고, 교사들의 업무 부담을 최대한 경감하기 위해 불필요한 일, 관행, 전시성 행사 등을 과감히 버려 업무의 효율을 높일 수 있도록 지원한다. 이를 위해 결정부터 시행까지 교장과 교사들이 함께하는 민주적 의사소통 구조의 정착을 위해 노력한다." 등의 교사 성장과 행복한 학교문화 조성을 위한 구체적인 계획을 경영 계획서에 넣었다.

돌이켜 생각해 보니, 당시에 약속했던 계획을 거의 다 실천한 것 같다. 그런데 중요한 것은 거창한 계획이 아니라 교장이 지녀야 할 마음가짐이다. 그것은 바로 '섬김의 리더십'이다.

라. 섬김의 리더십

헤르만 헤세의 소설 『동방기행』은 순례여행을 하는 순례자들의 이야기다. 이 소설의 주인공은 순례자 집단의 하인인 레오이다. 맑은 영혼을 가진 레오는 순례자들이 여행을 무사히 마칠 수 있도록 돕는 역할을 하고 있다. 그는 허드렛일을 도맡아 한다. 그리고 순례자들의 이야기를 경청하며 그들의 지친 영혼을 위로하고 영적 여행의 목적을 잃지 않도록 격려해 준다. 하지만 그는 하인에 불과했기 때문에 순례자들이 레오의 존재감을 크게 느끼지는 못했다.

그러다 어느 날 레오가 갑자기 순례자 집단에서 사라져 버린다. 그때부터 순례자들은 큰 혼란에 빠졌다. 어디로 가야 할지 방향도 잡을 수 없었고, 레오가 그동안 해 왔던 허드렛일도 제대로 할 줄 몰랐다. 그때야 순례자들은 레오가 매우 중요한 역할을 하는 존재임을 깨달았다. 레오가 길을 안내하고 심부름만 하는 사람이 아니라, 그들의 지친 영혼이 쉴 수 있는 쉼터였다는 사실을 알게 되었다.

순례자 중 한 사람이 레오를 찾아 나선다. 몇 년을 헤맨 후에야 비로소 레오를 만났는데, 알고 보니 레오는 교단의 최고 책임자이자 정신적 지도자였다. 순례자들은 하인으로만 여겼던 레오가 사실은 순례 여정을 가능하게 하는 리더였음을 깨닫게 된다.

이 이야기는 오늘날 교장과 리더들에게 많은 깨달음을 준다. 진정한 리더는 가장 먼저 다른 사람들에게 봉사하며 솔선수범하는 모습을 보여 주는 사람이다. 다른 사람들의 내면의 목소리에 귀를 기울이고, 그들에게 필요한 것이 무엇인지를 찾아 묵묵히 도와주는 사람이다. 또한 그들이 목적지를 잃지 않도록, 늘 공동체의 이상과 가치를 지켜 가는 사람이 진정한 리더이다.

이러한 리더십을 '섬기는 리더십servant leadership'이라고 한다. 이는 높은 사람이 되고자 하는 사람은 남을 섬기는 사람이 되어야 하고, 으뜸이 되고자 하는 사람은 종이 되어야 한다는 예수의 가르침에도 잘 나타난다. 가난하고 병든 사람들에게 먼저 다가가 그들을 위로하고 참된 안식을 베풀었던 그의 모습, 제자들의 발을 몸소 씻기며 섬김의 자세를 보여 주었던 그의 모습을 지금의 학교에서는 찾아볼 수 있는가?

마. 교장이 권위적인 이유

교사들에게는 소원이 하나 있다. 교직 생활 중에 단 한 번이라도 좋은 교장을 만나는 것. 교사들에게 물어보면 한 번도 좋은 교장을 만나 본 적이 없다는 분들이 적지 않다. 이 얼마나 안타까운 일인가.

교사들이 3시간 넘게 토론을 하며 학생들을 위해 좋은 프로그램을 만들어도, 교장이 3초 만에 "안 돼."라고 이야기하면 모든 것이 허사로 돌아간다. 다른 사람의 의견을 경청하기보다 자신의 의견만을 강요하는 교장은 흔히 볼 수 있는 모습이다.

교사들은 누구나 이러한 경험을 한 적이 있다. 이런 학교에서는 집단지성이 살아 움직일 수 없다. 교사들은 그냥 하던 대로 하면 그만이다. 학교가 달라지고 수업이 바뀔 수 없다. 교장은 여전히 제왕적인 존재이다. 그렇다고 해서 교장들이 개인적으로 인격에 문제가 있는 사람들은 아니다. 이렇게 된 이유가 있다.

우선 교장승진제도 자체가 문제이다. 한국에서 교장이 되려면 승진 가산점을 꾸준히 받거나, 상급자에게 근무평정 점수를 잘 받거나, 장학사 시험에 합격해서 교육청에서 7년 정도 근무해야 한다. 승진에 관심이 있는 교사들은 가산점을 받을 수 있는 지역 학교로 옮기거나, 가산점이 걸린 업무를 도맡아 해야 한다. 그렇게 하여 승진 가산점을 다 채우고 교감연수 대상자가 되려면 교장의 지시에 무조건 따라서 눈밖에 나지 않아야 1등수를 받을 수 있고 승진할 기회가 온다. 승진할 수 있는 또 하나의 길인 장학사가 되어 교육청 업무를 하다 보면 학교 현장의 감각을 잃어버리기 쉽다. 반면에 수업을 잘하는 교사, 승진 가산점과 상관없이 묵묵히 교육활동에 전념하는 교사가 교장으로 승진하기란 여간 어렵지 않다.

이런 과정을 거쳐 교감이 되고 교장이 되고 나면 '이제 모든 것이 끝났다'는 생각이 자연스럽게 들기 마련이다. 드디어 자기만의 세상이 시작되었다. 학교 안에서 누구의 눈치를 받지 않아도 된다. 교장실에서 혼자만의 시간을 보내며 하루 종일 외부 세계와 자신을 차단시켜도 그만이다. 그때 교장의 마음속에 꼭꼭 숨겨 놓았던 '내면 아이'가 고개를 들기 시작한다.

'내면 아이inner children'란 어린 시절부터 쌓아 왔던 경험에 의해 만들어진 비합리적 신념과 모순된 감정들이 성인이 된 지금까지도 영향력을 행사하고 있는 심리 상태를 말한다. 이러한 심리 상태는 무의식적으로 형성되기 때문에 쉽게 이해하거나 통제하기 어렵다. 하지만 결정적인 순간에 '내면 아이'가 튀어나와 자기 자신과 다른 사람을 괴롭히는 영향력을 행사한다.

교장의 '내면 아이'가 학교에 미치는 영향은 매우 막강하다. 현재의 교장승진제도에서 교장이 되려면 엄청난 경쟁을 뚫어야 한다. 『상처 입은 치유자』라는 책으로 유명한 헨리 나우웬은 "사람을 경쟁시키면 걷잡을 수 없는 불안감이 찾아오고 긴장하게 되며, 친구라기보다는 경쟁자로 인식하기 때문에 고립된다."고 말한다. 여기서 주목해야 할 것이 '고립'의 문제이다.

교사들에게는 대체로 고립된 내면 아이를 지니고 있다. 고립이야말로 교사 공동체를 해치는 강력한 힘이다. 교사가 교감으로 승진하면 고립이 더 심해지고, 교장으로 승진하면 완전히 고립된다. 교장실 안에 편안하게 고립된 채, 교사들과 소통을 하지 않는다. 그리고 결재가 들어오면 교사들이 한두 시간 동안 토론한 내용을 "이건 안 돼."라며 5초 만에 확 뒤집어 버리기도 한다.

고립된 내면 아이의 특징은 이와 비슷하다. 여덟 살에 백인들이 사는 미국으로 이민 간 한국 아이가 있다. 백인들 사이에서 그 아이는 완전히 고립된 채 살아갔다. 백인 아이들은 이 아이를 아예 인간으로 취급하지도 않고, 말도 걸지 않았다. 어쩌다 이 아이에게 건 말은 "너, 얼굴에 축구공 맞았냐? 왜 그렇게 코가 납작해?"였다. 그 아이는 공부를 열심히 해서 백인 아이의 코를 납작하게 만들겠다고 결심했지만, 아무리 열심히 공부를 해도 백인 아이들을 이길 수는 없었다. 그러다 2007년 4월, 그 아이는 총을 난사하고 33명을 사살했다. 그것이 전 세계를 떠들썩하게 만들었던 버지니아 공대 총기 난사 사건이었다. 고립된 내면은 이처럼 어마어마한 무기가 될 수 있다. 그리고 교장들의 고립된 내면에도 이런 총이 숨겨져 있을 수 있다.

그렇기 때문에 교장실은 완전히 열려 있어야 한다. 교장실은 누구든지 편안하게 드나들 수 있어야 하고, 치열한 토론의 공간이 되어야 하고, 아이들도 와서 재미있게 놀고 갈 수 있는 장소가 되어야 한다.

과거 덕양중학교 교장실의 풍경

덕양중학교 교장실을 활짝 열고 누구나 찾아올 수 있는 곳으로 만들고자 하였다. 하지만 기존 교장실 구조는 너무 권위적이다. 예전 교장실의 모습을 보자.

어느 학교 교장실을 가더라도 저런 소파, 저런 탁자가 놓여 있다. 아무리 소통의 분위기를 만들고자 해도, 저런 좌석 배치는 그 자체가 매우 권위적이다. 이런 고민을 학부모님들께 말씀드렸더니, 덕양중학교 졸업생 학부모가 주축이 된 '화전마을학교 목공교실'을 운영하는 분들이 직접 멋진 테이블을 만들어 주셨다.

너무나 멋지게 '교장실 공간 혁신'이 이루진 것이다. 전면에는 전교생의 사진이 붙어 있고, 교장의 책상은 소박하며, 학부모님들이 손수 만들어 주신 아담하고 예쁜 테이블로 바뀌었다. 이곳은 교사들의 회의 공간이자 아이들의 놀이터이다. 공간 배치 자체가 학교문화를 새롭게 바꾼다.

새롭게 바뀐 덕양중학교 교장실의 풍경

바. 덕양중학교에서는 모두가 리더이다

이제 제왕적 리더십의 시대는 끝났다. 새 술은 새 부대에 담아야 한다. 학교혁신에 필요한 리더십은 기존의 리더십과는 완전히 다르다.

기존의 리더십 이론에서는 리더 개인의 특성을 중시한다. 예를 들어 개인의 카리스마나 전문적 능력이 조직을 효과적으로 이끌 수 있다는 것이다. 하지만 이 이론에는 결정적인 문제점이 있다. 독단적인 리더나 무능한 리더가 나타나면 이를 통제할 방법이 전혀 없다.

이를 대체하는 리더십 이론이 '거래적 리더십'이다. 예를 들어 높은 성과를 보인 사람에는 보상을 주고, 그렇지 못한 사람에게는 불이익을 주는 리더십이 필요하다는 것이다. 그런데 이러한 리더십은 기업체에는 적절할지 몰라도 학교에는 전혀 어울리지 않는다. 교육활동의 성과를 눈에 보이는 지표로 평가할 수 없을 뿐만 아니라, 이러한 리더십은 구성원들 사이의 반목과 갈등만 유발할 따름이다.

최근 들어 학교혁신에 필요한 리더십이 활발히 논의되고 있는데, 그것은 '분산적 리더십', '변혁적 리더십' 등이다. '분산적 리더십'은 리더의 권한을 구성원들에게 위임하여 민주적으로 조직을 운영하는 것을 말한다. '변혁적 리더십'은 리더가 뚜렷한 목표를 제시하고 구성원들이 이에 동참할 수 있도록 격려하는 것을 말한다.

이러한 리더십도 학교를 혁신하는 데 꼭 필요한데, 여기에는 매우 중요한 요소가 빠져 있다. 그것은 학교의 가치, 협력적 문화, 공동체적 규범과 윤리의식 등이다. 그리고 학교의 리더십은 교장 개인의 리더십이 되어서는 안 된다. 교장이 먼저 솔선수범하고, 구성원들이 각자의 권한을 행사하며, 이것이 공동체 문화로 자리 잡는 새로운 리더십이 필요하다.

서지오바니Sergiovanni는 이러한 리더십을 '도덕적 리더십'이라고 불렀다. 그의 책 『도덕적 리더십』에 묘사된 새로운 리더십의 모습은, 덕양중학교의 모습과 너무나 흡사하다. '도덕적 리더십'은 기존의 리더십 개념을 완전히 뒤바꾸어 놓았다. 그는 '도덕적 리더십'이 구현되는 학교를 '도덕적 학교'로 불렀다.

'도덕적 학교'에서는 교사들이 '교장'의 지시를 따르는 것이 아니라 '학교의 가치'를 따른다. '학교의 가치'는 교장이 정하는 것이 아니라 교사, 학생, 학부모들이 모여 함께 정한다. 그리고 그 '가치'는 '공동체가 함께 지켜야 할 규범'으로 정착된다.

덕양중학교의 공동체적 가치는 '존중과 평화'이다. 덕양중학교 교사들은 모든 학생들을 하나하나 소중한 존재로 존중한다. 존중을 경험한 학생들은 다른 학생들과 교사들도 존중하게 된다. 이러한 존중의 가치가 공동체 규범으로 정착된 것이 「배움과 존중을 위한 덕양중 생활협약서」와 「학급별 존중의 약속」이다. 덕양중학교는 평화를 지향한다. 그리고 이 가치를 모든 교육활동을 통해 구현하고자 한다. 평화의 가치가 공동체 규범으로 정착된 것이 「덕양중학교 평화교육과정」이다.

서지오바니는 교장도 공동체의 가치와 규범을 따르는 구성원 중 한 명이 되어야 한다고 말했다. 리더는 '이끄는 사람'이고 나머지 사람은 리더의 말에 '따르는 사람'이 아니라, 리더 역시 구성원의 일원으로서 공동체의 가치를 '함께 따르는 사람'이 되어야 한다. 교장이 해야 할 일은 "나를 따르라!"라고 명령하는 것이 아니라, 모든 구성원이 학교의 가치를 함께 따를 수 있는 여건을 만드는 것이다.

교장이 가장 먼저 해야 할 일은 교사, 학부모, 학생들의 의견을 경청하는 일이다. 아무리 능력 있는 교장이더라도 먼저 이들의 목소리에 귀를 기울이고 "어, 그거 좋은 생각이네요? 어떻게 그런 생각을 하게 되셨어요?"라고 자꾸 격려해 주어야 한다. 누구든지 회의 시간에 편안하게 말할 수 있는 분위기를 형성해야 집단지성이 발휘될 수 있다.

무엇보다 교장은 남들보다 솔선수범하는 리더십을 보여야 한다. 이를 '섬기는 리더십'이라고도 한다. 교장은 수업하느라 바쁜 교사들의 눈길이 미치지 못하는 곳을 살펴보아야 하고, 수십 명의 학생들을 지도하느라 힘겨워하는 교사들의 손길이 닿지 않는 아이들에게 먼저 다가가야 한다.

또한 교장은 학교공동체를 지키는 든든한 울타리 역할을 해야 한다. 교육당국과 지역사회, 학부모 속에서 학교는 취약한 위치에 놓여 있다. 교육당국은 각종 지침을 통해 학교교육을 위축시켜 왔고, 학부모는 자기 자녀만 두둔하는 경우가 많다. 이런 때야말로 교장이 적극적으로 나서 학교의 울타리 역할을 해야 하고, 학부모를 설득시키거나 단호한 입장을 취해야 한다.

이러한 여건이 형성되어야 교사들의 내면에 위축되어 있었던 잠재력이 깨어날 수 있다. 교사들의 내면에 존재하는 아픔에 공감해 주고, 새로운 도전을 할 수 있도록 격려하고, 혹시 그 과정에서 문제가 발생하면 교장이 먼저 책임을 지는 모습을 보여야 한다. 그럴 때 교사 리더십이 형성될 수 있다.

최근에 『잠자는 거인을 깨워라』라는 책이 번역 출판되었다. 학교혁신을 위한 교사 리더십을 다룬 책이다. 제목이 아주 인상적이다. 우리 교사들 내면에는 모두 거인과 같은 잠재력이 존재한다. 다만 그것이 관료주의적 행정과 경쟁교육 속에 억눌려 왔을 뿐이다. 학교혁신에 필요한 리더십은 교장만의 리더십이 아니라 교사 리더십을 함께 형성하는 것이다.

교사 리더십이 형성되면 그 힘을 바탕으로 자연스럽게 학생 리더를 길러 내게 된다. 덕양중학교는 학교 구성원 모두를 소중하게 여기는 존중의 문화가 형성되어 있다. 공부를 잘하는 학생이나 그렇지 않은 학생이나 모두 소중한 인격체로 존중을 받는다. 학생들은 자신이 존중을 받아 본 경험이 있어야 다른 사람을 존중하게 된다. 존중의 문화 속에서 학생자치가 싹을 틔운다. 교사들은 학생들을 존중하기 때문에 그들의 목소리를 경청한다. 학생의 의견이 모든 학교 운영에 반영되는 가운데 학생들이 스스로 학교의 주인으로 성장한다. 그 속에서 학생 리더십이 함께 형성된다.

덕양중학교에서는 학부모도 학교의 주인이다. 덕양중학교 학부모들은 '내 아이'뿐만 아니라 '모든 아이'를 자기의 자녀처럼 생각한다. 이러한 학부모의 공적 의식이 성숙하려면 학부모가 학교에 공적으로 참여하는 통로가 필요하다. 덕양중학교에서는 매주 목요일 저녁에 운영되는 학부모 학교(이슬비 사랑)에서 자녀 교육법을 함께 배운다. 학부모의 마음속에 잠재된 '내면 아이'를 성찰하고, 자녀와 좋은 관계를 맺는 방법을 배운다. 이렇게 학부모 학교를 통해 길러진 역량을 통해 다양한 방법으로 학교에 기여한다. '이모 되어 주기' 프로젝트를 통해 가정에서 방치된 아이, 마음에 상처를 입은 아이들을 따뜻하게 돌봐 준다. 중3 학부모들은 중1 신입생 학부모를 교육하는 프로그램을 스스로 운영한다. 졸업생 학부모는 마을학교 교사로서 방과후학교에 참여한다. 그 속에서 학부모 리더십이 형성된다.

이렇게 덕양중학교는 교장 개인의 리더십이 아니라 교사, 학생, 학부모들의 '공동의 리더십'이 형성된다. 교장은 '섬기는 리더십'으로 솔선수범하며 교사, 학생, 학부모들의 어려움을 살피고 그들이 가지고 있는 역량을 발휘할 수 있도록 돕는다. 교사들은 다양한 학습공동체를 통해 협력적 전문성을 발휘해 함께 수업을 개선하고 학교의 문제점을 해결한다. 학생과 학부모들도 학교의 주인으로 존중받으며 학교자치의 주체로 성장한다. 학교 구성원들은 교장의 지시를 따르는 수동적인 존재가 아니라 '평화'와 '존중'이라는 학교의 가치를 추구하는 주체이다. 『도덕적 리더십』의 저자인 서지오바니Sergiovanni가 덕양중학교의 모습을 관찰했다면, 덕양중학교가 '도덕적 학교'로 손색이 없을 것이라고 말했으리라. 이러한 리더십이야말로 학교혁신에 필요한 새로운 리더십이 아니겠는가.

2.

[학교문화] '존중'에서 시작되는 '민주주의'

가. '학교민주주의'는 '존중'에서 시작된다

학교는 교사와 학생들의 배움의 공간이자 삶의 공간이다. 인간은 누구나 자기가 살고 있는 삶의 터전에서 행복을 추구할 권리가 있다. 행복하지 못한 공간에서 행복을 배울 수 없고, 민주적이지 못한 삶의 공간에서 민주주의를 배울 수 없다. 따라서 학교는 반드시 민주주의를 직접 체험할 수 있는 곳이어야 한다. 모든 사람들이 인간으로서의 존엄성을 존중받을 때 민주주의는 시작된다. 그렇기 때문에 덕양중학교에는 교사와 학생의 입에서 '존중'이라는 말이 자연스럽게 나오는 문화가 형성되어 있다.

서로의 다름을 인정하며 존중하는 것은 참 어렵다. 성인들도 서로를 존중하는 것이 어려운데, 신체적·정서적 변화가 왕성하고 자신의 정체성을 고민하는 청소년 시기에 타인의 다름을 인정하는 것은 더욱 쉽지 않은 일이다. 그럼에도 불구하고 이 시기에 다름을 존중하고 약자를 배려하는 일을 배우는 것은 참 어렵지만 매우 가치 있는 일이다.

타인을 존중하는 법을 배우려면 우선 타인으로부터 존중을 받아 본 경험이 있어야 한다. 어려서부터 부모님께 존중을 받아 본 경험이 없는 아이, 학교에서 선생님들께 존중을 받아 본 경험이 없는 아이가 다른 사람을 존중하기란 매우 어렵다. 그렇기 때문에 덕양중학교에서는 교사들이 먼저 학생들을 존중하는 실천 운동을 다음과 같이 전개했다.

첫째, 덕양중학교 교사들은 아이들의 이름을 불러 주고, 아이들과 이야기를 할 때 아이의 눈을 바라보며, 아이들과 대화를 하는 시간을 충분히 갖자는 운동을 전개하였다. 김춘수의 시 〈꽃〉에도 나오듯이 누군가의 이름을 불러 준다는 것은 그 사람의 존재 의미를 확인하는 행위이다. 이름을 불러 주지 않으면 그저 수많은 학생 중의 하나일 따름이지만, 이름을 불러 주고 눈을 마주칠 때 그 학생은 인생에서 매우 소중한 사람으로 다가오게 된다. 이름을 불러 주고 눈을 마주칠 때 진정한 대화와 소통이 시작된다. 덕양중학교는 전교생이 200명이고 전체 교사가 20명인 작은 학교이다. 덕양중학교 교장실과 교무실에는 모든 학생의 얼굴과 이름이 붙어 있는 큰 종이가 붙어 있다. 덕양중학교 선생님들은 200명 학생들의 이름을 모두 외우고 있으며, 학교장 역시 모든 학생과 적어도 한 차례 이상 대화를 나누었다.

전교생의 사진이 붙어 있는 덕양중 교무실 풍경

둘째, 덕양중학교 교사들은 '학생이 없는 곳에서 험담하지 않기'를 약속하였다. 정보 공유라는 명목으로 교무실에서 학생들의 잘못을 다른 교사들에게 이야기하는 교사도 간혹 있다. 학생들이 교사들을 '뒷담화'하듯이 교사들도 학생들을 '뒷담화'한다. 덕양중학교 교사들은 그것이 학생들을 진정으로 존중하고 신뢰하는 데 방해가 된다는 것을 공감하였다. 만약 학생에게 어떤 문제가 생기면 생활교육협의회에서 공식적으로 문제를 공유하고 해결 방안을 찾고 있다.

셋째, 덕양중학교 교사들은 '학생들을 공개적인 자리에서 야단치지 않기'를 약속하였다. 아이들이 다른 친구들 앞에서 꾸지람을 들었다는 것 때문에 자존심이 상처를 받으면, 오히려 마음의 문을 닫아 버리고 자신의 잘못을 성찰하는 데 방해가 된다.

이렇게 교사들이 먼저 학생들을 존중하는 문화가 형성되어야 학생들도 교사를 존중하게 된다. 이러한 존중의 문화 속에 학교민주주의가 시작될 수 있다.

나. 학급별 「존중의 약속」 만들기

덕양중학교의 모든 공식 문서에 '존중'이라는 말이 빠짐없이 등장한다. 교사, 학생, 학부모들이 함께 만든 규정인 「배움과 존중을 위한 덕양중 생활협약서」에도 '존중'이라는 말이 핵심 키워드이다. 덕양중학교는 교사와 학생이 함께 지켜야 할 규칙을 학급마다 회의를 통해 정한다. 이 규칙의 이름도 「존중의 약속」이다.

덕양중학교에서는 학년 초에 학급마다 「존중의 약속」을 만들기 위해 다음과 같은 절차를 공식적으로 운영하고 있다.

■ 존중의 약속 세우기

1단계: 존중을 주제로 신뢰 서클 열기(20분)

존중을 주제로 한 서클을 진행한다. 아래 질문에 대해 답변을 하면서 서로의 경험을 공유하고 상대방을 이해한다.

"내가 존중을 받았을 때는 언제이고 그때의 느낌은?"

"내가 존중을 받지 못했을 때는 언제이고 그때의 느낌은?"

"우리 반에서 존중이 필요한 부분(시간, 장소, 사람, 행동 등)은 어디인가?"

2단계: 존중의 약속 사례 나누기(10분)

존중의 약속 예시를 확인한다. 학생들은 각자 필요하다고 생각하는 약속을 빈칸에 기록한다.

(1) 학생이 선생님을 존중하기 위해

_____

(2) 선생님이 학생을 존중하기 위해

_____

(3) 학생이 학생을 존중하기 위해

_____

(4) 모두가 공동체를 존중하기 위해

_____

3단계: 존중의 약속 모둠별 통합하기(15분)

모둠별로 학생들이 적은 약속들을 영역별로 합의하고 정리한다.

4단계: 모둠별로 발표하고 비슷한 내용에 표시하기(15분)

다른 모둠의 발표를 들으면서 비슷한 내용이 나오면 모둠지에 표시한다. 모둠별로 같은 내용은 색깔로 표시해서 모두가 원하는 존중의 방식임을 알린다.

5단계: 모둠별로 나온 내용 모두를 학급에 게시하기(2주)

학급 안에서 나온 약속들의 실천 가능성을 타진하는 단계로 2주간 게시한 약속을 지키도록 유도한다.

6단계: 게시한 내용을 바탕으로 존중의 약속에 대한 서클 운영하기

다음의 질문에 대답하면서 2주일의 생활을 돌이켜 본다.

"존중의 약속은 어떤 역할을 했나요?"

"무엇이 잘 지켜지고 지켜지지 못했나요?"

"약속의 내용 중 추가하거나 보완할 것은 무엇인가요?"

7단계: 학급 존중의 약속으로 통합하기

최종적으로 합의된 약속을 정하고 학급 게시판에 게시한다.

8단계: 존중의 약속 연습하기(1주)

약속을 어겼을 때 서로에게 압력으로 작동할 수 있는 시그널을 정한다.

9단계: 존중의 약속 실행하기(시그널 활용)

■ 존중의 약속 합의 과정

1. 존중의 약속은 다른 방향으로 가는 길을 만드는 것임을 기억하라.
2. 합의하는 과정은 관계를 만드는 것이고, 공동체를 세워 가는 과정이다.
3. 합의의 과정을 통해 결과를 만들어 내는 것보다, 이 과정 중에 생기는 관계의 변화를 확인하는 것이 중요하다.

■ 주의할 점

1. 다른 사람의 의견에 대해 논쟁하는 시간을 만들지 마라.
2. 다른 사람의 생각에 개방적 자세를 갖고 경청하도록 노력한다. 공개적인 자기표현과 차이를 인정하는 경청의 문화가 필요하다.
3. 논쟁하지는 않되 갈등을 피하기 위해 자신의 생각을 포기하지는 말아야 한다. 내 생각을 양보하고 다른 생각을 따라가 주는 것이

합의가 아니다.
4. 다수결 등 타협을 위해 주고받는 기술을 사용하지 않도록 한다.
5. 차이가 논의를 풍성하게 한다는 믿음을 가지고 끝까지 신뢰 안에서 진행하도록 한다.

이러한 과정을 통해 학년 초에 학급마다 「존중의 약속」을 만든다. 그리고 이 약속이 제대로 지켜지고 있는지 일상적으로 점검을 한다. 교사가 학급의 규칙을 일방적으로 정하면 학생들이 이를 지키지 않는 경우가 허다하다. 하지만 학생들이 스스로 자신들이 지켜야 할 약속을 정하면 이를 스스로 이행하려는 책임감도 자연스럽게 생긴다.

2019학년도 2학년 1반 「존중의 약속」

우리는 선생님을 이렇게 존중하겠습니다.	선생님은 학생을 이렇게 존중하겠습니다.
• 선생님의 말씀을 경청하겠습니다. • 수업시간에 잠을 자지 않겠습니다. • 수업시간에 잡담을 하지 않겠습니다. • 수업시간에 음식을 먹지 않겠습니다. • 수업시간에 지각을 하지 않겠습니다.	• 바르고 고운 언어를 사용하겠습니다. • 수업 시작과 끝나는 시간을 지키겠습니다. • 학생의 생각을 물어보겠습니다. • 학생들의 인사를 반갑게 받아 주겠습니다. • 학생들을 공평하게 대하겠습니다.
학생끼리 이렇게 존중하겠습니다.	**우리들이 사용하는 공간을 존중하겠습니다.**
• 성과 관련된 장난을 하지 않겠습니다. • 학급회의 시간에 잡담을 하지 않겠습니다. • 남의 물건을 함부로 쓰지 않겠습니다. • 뒷담화를 하지 않겠습니다.	• 쓰레기를 버리지 않겠습니다. • 복도나 급식실에서 뛰어다니지 않겠습니다. • 욕하지 않겠습니다. • 실내·외화를 구분해서 신고 다니겠습니다. • 벽에 낙서하지 않겠습니다.

이렇게 학생들이 일상적인 수업과 생활에서 서로를 존중하는 문화를 배우는 것은 매우 중요하다. 그래야 학교가 폭력과 차별로부터 안전한 공간이 된다. 그러면 학교폭력도 자연스럽게 사라지게 된다. 나와 다른 이의 생각을 존중하고 협력하는 법을 알 때 학생들이 서로 협력

하는 배움 중심 수업도 이루어질 수 있고, 학생들이 주인이 되는 학생자치도 이루어질 수 있다. 그렇기 때문에 존중의 문화는 생활교육, 학생자치, 수업혁신의 출발이다.

다. 자존감이 바닥인 학생들,
   회복적 생활교육을 시작하다

10여 년 전만 해도 덕양중학교 학생들을 생활지도하는 것은 너무나 힘들었다고 한다. 사회경제적으로 낙후된 지역에 사는 아이들, 일상적인 무기력에 빠진 아이들, 수업시간에 늘 엎어져 잠만 자는 아이들, 학교를 자퇴해 버린 동네 형을 따라 오토바이를 타며 사고를 치는 아이들……. 이 아이들을 교사들이 도저히 감당할 수 없었다고 한다. 그래서 교실에서는 교사들의 체벌이 난무했고, 교무실에는 늘 꿇어앉아 벌을 받는 아이들이 있었다고 한다. 교사들도 이 아이들을 감당할 수 없어 학부모를 호출해 보았지만, 학교에 찾아와 자녀 교육에 대해 상담을 할 만한 시간적, 경제적 여유가 있는 학부모는 극히 일부였다. 그래서 교사들도 아이들을 포기하고 덕양중학교를 1~2년 만에 떠났다고 한다.

혁신학교를 시작하면서 교사들은 이 아이들의 자존감을 살려 주는 것이 가장 시급한 일이라고 생각했다. 자존감이 낮은 아이들에게는 두 가지 반응이 나타난다. 첫 번째 모습은 폭력적인 반응이다. 심리적인 고통과 분노의 화살을 외부로 돌리는 것이다. 두 번째 모습은 좌절과 수치심에서 시작된 마음의 고통을 자기의 탓으로 돌리는 것이다. 점점 더 자신을 미워하게 되고 다른 사람에게 못난 모습을 보이지 않으려고 커다란 담장을 쌓고 스스로를 고립시키는 것이다. 청소년들이 흔히 폭력적인 모습을 보이거나 아니면 무기력한 모습을 보이는 이유가 여기에 있다.

폭력적이거나 무기력한 아이들, 자존감이 낮은 아이들에게 필요한 것은 엄격한 처벌이나 통제가 아니다. 이들의 상처를 어루만져 주고 존중받는 경험을 하도록 하는 것이 우선이다. 다른 사람에게 존중을 받아 본 아이들이 다른 사람을 존중할 수 있다. 그래야 학교폭력 문제도 해결될 수 있다.

덕양중학교 교사들은 이를 위해 2012년부터 본격적으로 '회복적 생활교육'을 도입하기 시작했다. 우선 학생들을 대하는 교사들의 태도부터 달라져야 했다. 학생들을 있는 그대로 바라보고 존중하는 마음을 드러내려면 교사들이 학생들에게 쓰는 언어부터 달라져야 한다. 그래서 덕양중학교 교사들은 비폭력대화센터의 전문가를 초빙하여 '비폭력 대화 집중 연수'를 45시간 동안 운영했다.

'비폭력 대화'란 우리 마음 안에서 폭력적인 욕구를 가라앉히고, 나의 욕구와 상대방의 욕구가 동시에 만족될 수 있도록 하는 평화로운 대화법을 말한다. 비폭력 대화는 보통 '사실 관찰', '느낌', '욕구/필요', '부탁'이라는 네 가지 단계를 거친다.

비폭력 대화가 이루어지려면 우선 '사실'을 있는 그대로 바라보는 태도가 필요한데, 이것이 무척 어렵다. 교사들은 학생들을 '가르치거나 훈계하는' 말투에 익숙해져 있다. 그렇기 때문에 '의견'이나 '감정'을 배제하고 '사실 그 자체'에만 집중하여 말하는 것이 비폭력 대화의 시작이다. 예를 들어 "너 오늘 또 지각했구나!"라는 말은 '사실'인가, '감정'인가? 이 말 속에는 이미 '지각을 한 학생에 대한 비난'이라는 '감정'이 담겨 있다. '사실' 그대로 이야기를 하려면 "오늘 네가 10분 늦게 왔구나."라고 이야기해야 한다.

'사실'을 이야기한 후에는 이에 대한 '느낌'을 솔직히 드러내야 한다. "선생님은 네가 제시간에 오지 않아, 혹시 무슨 사고라도 난 것이 아닌지 걱정했어."라고 이야기하는 것이다. 다음 단계는 상대방의 욕구를 확인하고 자신의 요구를 전달하는 것이다. 어떤 학생이 지각을 습관적으로 한다면 혹시 특별한 사정이 있는지, 학교생활에 적응을 하지 못하는 것인지 확인해야 한다. 문제 상황을 진단한 후에는 교사의 부탁을 전달해야 한다. 예를 들어 "불가피하게 지각을 해야 할 사정이 생기면 선생님에게 미리 연락을 하렴. 그래야 선생님이 걱정을 하지 않을 것 같아."라는 부탁을 하는 것이다. 이러할 때 '지각'이라는 행위 자체를 비난하는 폭력적인 대화가 아니라, '사실' 그 자체만 관찰하고, 교사의 솔직한 느낌을 전달하며, 학생의 사정이나 욕구를 확인한 후에 해결 방안을 함께 모색하는 비폭력 대화가 이루어질 수 있다.

덕양중학교 교사들은 이러한 비폭력 대화 기법을 통해 학생들을 존중하는 자세를 길러 왔다. 그리고 교사가 학생들을 존중해 주는 만큼, 학생들도 교사와 다른 학생들을 존중해 주는 태도, 그러한 존중의 마음이 우러나오는 대화법을 사용할 수 있도록 지도했다.

덕양중학교에서 운영하는 '회복적 서클'은 회복적 생활교육의 중요한 방편이다. 서클 모임은 모든 참여자가 자신의 내면을 솔직히 드러낼 수 있는 안전한 대화의 공간을 만드는 것이다. 덕양중학교에서는 조회나 종례, 학급회의 시간에 일상적으로 서클을 운영한다. 그리고 서클이 원활하게 운영될 수 있도록 학생 퍼실리테이터를 양성하여, 학생 퍼실리테이터가 학급 내 소집단 서클을 운영하는 책임을 맡긴다. 이러한 서클 모임을 통해 학생들은 자신의 일상생활을 나누고, 학생자치활동을 스스로 계획하며 서로의 의견을 존중하는 법을 자연스럽게 배운다.

학생들 사이에 갈등 상황이 일어났을 때 서클 모임은 이 갈등을 해결하는 효과적인 역할을 한다. 사소한 학교폭력, 따돌림 같은 현상은 학생들 사이의 회복적 서클 모임을 통해 대부분 해결된다. 이때 교사가 직접 개입을 하기도 하지만 사소한 갈등의 경우 피스 파인더peace finder라 부르는 또래조정자가 학생들 사이의 갈등을 학생들 입장에서 해결해 준다. 때로는 학부모들이 학생들 사이의 갈등을 중재하는 역할을 하기도 한다. 물론 심각한 갈등 상황이 생기면 교사, 학부모, 상담사 등이 개입을 하여 문제를 해결한다.

회복적 생활교육을 바탕으로 교육공동체 세우기

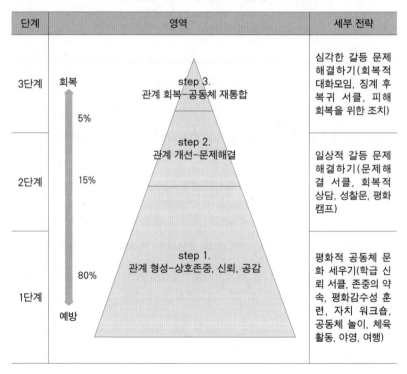

단계	영역	세부 전략
3단계	회복 step 3. 관계 회복-공동체 재통합 5%	심각한 갈등 문제 해결하기(회복적 대화모임, 징계 후 복귀 서클, 피해 회복을 위한 조치)
2단계	step 2. 관계 개선-문제해결 15%	일상적 갈등 문제 해결하기(문제해결 서클, 회복적 상담, 성찰문, 평화 캠프)
1단계	step 1. 관계 형성-상호존중, 신뢰, 공감 80% 예방	평화적 공동체 문화 세우기(학급 신뢰 서클, 존중의 약속, 평화감수성 훈련, 자치 워크숍, 공동체 놀이, 체육 활동, 야영, 여행)

이처럼 덕양중학교는 회복적 생활교육이 일상의 영역에서부터 심각한 갈등 상황에 이르기까지 체계화되어 있다. 그 결과 '학교폭력대책자치위원회'를 소집해야 하는 상황은 거의 일어나지 않았다.

'회복적 생활교육'이란 '회복적 정의'에 토대를 둔 생활교육의 새로운 패러다임이다. 기존의 학생생활지도는 '응보적 정의'에 기반을 둔 처벌과 통제 위주의 방식이었다. 예를 들어 학교폭력의 가해자가 누구인지 색출하고 그에게 합당한 처벌을 내리는 방식인데, 이러한 처벌과 통제 위주의 생활지도는 한계가 명확하다. 가해자를 처벌한다고 학생들 사이의 관계가 회복되는 것은 아니기 때문이다. 이와 반면에 '회복적 정의'에 기반을 둔 '회복적 생활교육'의 목적은 학생들 사이의 훼손된 관계를 회복하여 평화로운 공동체를 형성하는 것이다. 학교폭력이나 심각한 갈등이 발생하였을 때 '회복적 서클'을 통해 구성원들의 내면을 성찰하고 상대방의 아픔을 공감하며 관계를 새롭게 회복하기 위해서 무엇을 할 것인가를 이야기한다.

회복적 생활교육의 일차적인 관심사는 피해자의 심리적 회복이다. 이 과정에서도 가해자를 소외시키지 않고, 문제 행동의 내면에 숨겨진 가해자의 욕구, 가해자의 목소리를 듣고 자신의 행동에 대해 스스로 책임을 지게 함으로써 다시 공동체 속으로 통합시키고자 한다.

이처럼 회복적 생활교육은 가해자와 피해자, 그리고 공동체 모두의 관계성을 새롭게 회복시키는 데 목적이 있다. 그리고 갈등 상황이 발생하기 이전에 교사, 학생, 학부모의 소통과 관계성을 견고하게 다짐으로써 평화로운 공동체를 만들고자 한다.

라. 서클, 서로가 존중받는 안전한 공간

덕양중학교에는 아주 특별한 모임이 있다. 덕양중학교는 교사, 학생, 학부모 할 것 없이 각종 모임을 서클 방식으로 진행한다. 서클은 말 그대로 둥글게 앉아 서로의 생각을 이야기하는 모임 방식이다. 얼핏 보기에는 특별할 것 없지만 여기에는 중요한 의미가 담겨 있다.

서클 모임은 복잡하고 어려운 문제가 발생했을 때 둥글게 앉아 이야기를 나누던 아메리카 원주민들의 전통에서 유래한 것이다. 이것이 브라질 상파울루 빈민가에서 마약과 폭력을 일삼던 청소년들의 치유와 회복 프로그램으로 발전한 것이 회복적 서클의 시작이다.

서클은 참석자 모두가 둥글게 둘러앉고 사회자가 모임을 진행한다. 흔히 토킹 스틱taking stick이라 부르는 작은 막대기 혹은 상징물을 시계방향으로 돌리면서 대화를 진행한다. 토킹 스틱을 가진 사람만이 발언을 할 수 있으며, 만약 발언을 하고 싶지 않을 경우 스틱을 그냥 옆으로 돌리면 되고, 한 번에 한 명만 발언을 할 수 있다.

모임의 성격에 따라 서클 진행 방식은 달라질 수 있지만, 대개 진행자가 서클의 의미를 소개한 후 참석자들이 모임에 참여하게 된 계기나 '지금-여기'의 느낌을 이야기하는 것으로 시작된다. 이후 함께 논의해야 할 안건이나 질문에 대해 두어 차례 돌아가며 모임이 진행된다.

서클 모임은 보통 '체크 인'으로 시작해서 '체크 아웃'으로 끝난다. 이를 통해 '알아차림→자기표현→공감'의 과정이 이루어진다. 박숙영 선생의 『회복적 생활교육을 만나다』에서는 이 과정을 다음과 같이 소개하고 있다.

첫 번째 단계는 '느낌을 알아차리고 표현하기'이다. 서클 참여자들은 1분 정도 조용히 침묵의 시간을 보내면서 자신의 몸과 느낌을 살핀다. 그리고 "지금 내 느낌은 …….", "지금 내 몸은 ……." 등의 표현을 이용하여 자신의 몸 상태나 느낌을 간단히 한두 문장 정도로 말한다. 서클 참여자들은 다른 사람의 느낌과 표현을 존중하는 마음으로 경청한다.

두 번째 단계는 '자신에게 중요하거나 필요한 것을 알아차리고 표현하기'이다. 이 단계에서는 "지금 이 순간 나에게 중요하거나 필요한 것이 무엇인가?"를 스스로에게 질문한다. 그리고 돌아가면서 "지금 내게 중요한 것은…….", "지금 내게 필요한 것은……." 등의 표현을 이용해서 자신에게 중요한 것을 표현한다. 서클 참여자들은 다른 사람의 이야기를 존중하면서 마음으로 경청한다.

마지막 단계는 '열린 질문을 통해 서로의 차이를 발견하고 존중하기'이다. 서클 참여자들은 준비된 안건에 대해 자기 생각을 자유롭게 이야기한다. 이때 중요한 것은 다른 사람의 의견을 비난하거나 자기 생각을 강요하지 않고 다양한 관점을 발견하며 차이를 존중하는 태도이다. 이렇게 자신이 미처 생각하지 못한 다른 사람의 견해를 듣는 것도 새로운 배움의 계기가 된다.

일주일을 마무리하는 학급 서클

덕양중학교에서는 모든 학급에서 일주일이 시작되는 월요일 아침과 일주일을 마무리하는 금요일 오후의 조회·종례를 서클로 진행한다. 교사의 일방적인 훈계나 전달 사항으로 이루어지는 조회·종례와는 다른 방식이다. 월요일 아침에는 학생들이 지난 주말에 있었던 일들을 서로 나누고 일주일 동안 학급에서 실천해야 할 일들을 토의하는 서클 모임을 진행한다. 금요일 오후에는 일주일 동안의 생활을 돌이켜 보면서 함께 지켜야 할 약속을 제대로 지켰는지를 성찰하고, 중요한 안건을 토의하는 서클 모임을 진행한다.

교사들도 마찬가지다. 교직원회의나 각종 연수에서 서클 모임을 진행하면서 서로의 내면을 드러내고 어려움을 솔직히 표현하고 중요한 문제를 해결하기 위한 집단지성을 발휘한다.

서클로 진행되는 교직원회의

학부모들도 학부모회나 학부모교실에서 서클 모임을 진행한다. 각기 다른 조건에서 다양한 일을 하고 있는 학부모 모임에서 서클은 특별히 중요한 역할을 한다. 가정이나 직장에서 있었던 어려움, 자녀 교육의 문제점 등에 대해 솔직한 마음을 털어놓고 서로를 위로하고 격려하면서 학부모들은 새로운 힘을 얻게 된다. 이 과정을 통해 학부모들의 내면이 치유되기도 하고 '내 자녀'의 문제뿐만 아니라 '모든 자녀'의 문제를 함께 책임지려는 공적 의식을 성장시키게 된다.

캐롤린 보이스-왓슨과 케이 프라니스는 『서클로 나아가기』라는 책에서 서클을 '자기 자신과 타인을 환대하면서 참여자들이 모두 하나 되도록 돕는 구조화된 소통 과정'이라 정의했다. 서클은 모든 사람들의 목소리가 존중되는 안전한 공간을 만들고, 참여자들이 자기 내면의 자아를 향해 걸어 들어갈 수 있도록 격려하도록 고안되었다. 서클은 서로가 존중받는 안전한 공간이자, 공동체를 지탱하는 튼튼한 토양이다. 덕양중학교에서 서클 모임은 존중의 문화, 공동체적 의식, 학교민주주의를 성숙시키는 토대이다.

마. 소통이 있는 학교문화

학교민주주의가 이루어지려면 소통하는 학교문화가 형성되어야 한다. 그러나 예전에는 학교에서 도무지 소통이 이루어지지 않았다. 교사나 학생, 학부모가 아무리 학교 운영에 대해 이야기해도 그것이 받아들여지지 않았다. 그 속에서 무언가 자기 생각을 말하기 부담스러울 정도로 모두 위축되었고, 아예 생각 자체를 멈추었다. 침묵이 지배하는 학교, 그곳에서 새로운 아이디어나 실천이 나올 리가 없었다.

학교민주주의가 이루어지려면 자기의 생각을 편안하게 말할 수 있는 분위기가 형성되어야 한다. 그러므로 학교민주주의는 교사들에게 질문하는 것에서부터 시작된다. "당신은 어떤 교사이고 싶은가?", "당신이 만나는 학생들에게 필요한 것은 무엇인가?", "당신은 학생들과 어떤 세상을 함께 꿈꾸고 싶은가?", "당신이 만나는 아이들에게 필요한 것은 무엇인가?" 교사들이 함께 모여 이런 질문들에 대한 대답을 서로 주고받는 과정에서 학교의 비전이 만들어지고 공유되며 실현된다. 교사들 사이에서 이러한 질문이 사라지면 혁신교육은 주춤거리게 된다.

덕양중학교는 지난 10년 동안 학교공동체 안에서 개개인의 의견을 묻고 그 의견들의 접점을 찾으려고 노력해 왔다. 교직원회의나 학생자치회, 학부모회 모두에서 회의 시간에 두 가지 원칙을 지켜 왔다.

첫째, '의견에 제한 두지 않기'이다. 덕양중학교 회의 시간에는 다소 엉뚱하거나 실현 가능성이 없는 생각이라도 거리낌 없이 말하는 분위기가 형성되어 있다. 그 속에서 훨씬 창의적인 결과가 나온다는 것을 경험했다. 수업시간이나 학생자치회에서도 마찬가지다. 학생들은 어른들보다 훨씬 더 창의적이다. 창의성은 다양성을 인정할 때 보장될 수 있다. 그렇기 때문에 어떤 의견이든 거리낌 없이 말할 수 있는 분위기가 중요하다.

둘째, '선택한 의견은 공동의 아이디어로 채택하기'이다. "어, 좋은 의견이네요. 그럼 선생님이 맡아 보세요."라고 한다면 누가 의견을 편하게 낼 수 있겠는가. 학교공동체에서 좋은 의견이라고 인정되어 채택했다면 그 순간 그 의견은 모두의 의견이 되는 것이다. 그리고 그 의견을 어떻게 실현할 수 있을지 모두가 아이디어를 모은다. 이것이 바로 집단지성이 이루어지는 과정이다.

바. 마음의 습관, 삶의 방식으로서의 민주주의

덕양중학교는 학교민주주의를 통해 학생들을 민주시민으로 키우고자 한다. 민주주의는 지식으로 배우는 것이 아니다. "연애를 책으로만 배워 정작 연애를 못한다."는 우스갯소리도 있듯이 민주주의는 책으로 배우는 것이 아니라 삶을 통해 배우는 것이다.

존 듀이는 『민주주의와 교육』에서 민주주의란 정치제도나 사회체제만을 의미하는 것이 아니라 '마음의 습관', '삶의 방식'이라고 말했다. 학생들이 민주주의의 역사나 민주주의 제도를 지식으로 아는 것도 중요하지만, 학교에서 민주주의를 직접 경험함으로써 자기도 모르게 민주적 태도가 마음의 습관으로, 삶의 방식으로 자리 잡게 하는 것이 더 중요하다. 이렇게 민주주의가 마음의 습관, 삶의 방식으로 내면화된 학생들은 비민주적 상황에 부딪히면 그것을 불편하게 여기게 된다. 반대로 민주주의를 경험하지 못한 사람들은 아무리 불합리한 상황에 처하더라도 그것을 그냥 묵과하고 만다. 이처럼 학교에서 민주주의를 삶으로 배운 학생들이 우리 사회를 민주적인 사회로 만들어 갈 역량을 키우게 된다.

덕양중학교가 존중의 문화를 중시하는 것은 존중이야말로 민주주의의 출발이기 때문이다. 덕양중학교에서는 기간제 교사나 학교장이나 모두 동일한 존재로 인정된다. 학급에서도 마찬가지다. 공부를 잘 못하는 학생이라도 전혀 기죽지 않고 자기의 생각을 떳떳이 말할 수 있다. 타인을 있는 그대로 존중하는 것, 나와 다른 의견도 경청하는 것, 차이를 인정하는 것이 민주주의의 시작이기 때문이다.

앞에서 이야기했듯이 덕양중학교는 학급마다 학생들의 의견을 모아 '존중의 약속'을 정한다. 학생들이 교사를 존중하는 약속, 교사가 학생을 존중하는 약속, 학생들끼리 서로 존중하는 약속을 정하고 이를 실천하기 위해 노력하고, 약속이 잘 지켜지지 않으면 서로에게 신호를 보내 약속을 지키도록 촉구한다.

덕양중학교의 모든 모임에서 서클을 운영하는 것도 민주주의의 훈련이다. 자신의 내면을 솔직히 드러낼 수 있는 분위기를 만드는 것, 발언을 독점하지 않는 것, 다른 사람이 이야기할 때 최대한 그에게 주목하고 경청의 신호를 보내 주는 것, 서로 지지하는 안전한 공간을 만드는 것, 모든 사람이 환대받는 공동체를 만드는 것, 이것이야말로 모두의 존엄성이 존중되는 민주주의 공동체를 만들어 가는 과정이다.

이 속에서 진정한 소통이 이루어진다. 교사와 교장 사이에도, 교사와 교사 사이에도, 교사와 학생 사이에도, 학생과 학생 사이에도, 학부모 내부에서도, 학부모와 학교 사이에도 활발한 소통이 이루어질 때 민주적 학교가 만들어질 수 있다.

3.

[교사문화] 교사의 내면을 치유하는 교사 공동체

가. 단절과 고립, 교사도 학교가 두렵다

교육행정학의 고전으로 알려진 『교직사회』의 저자 로티Lortie는 학교조직의 특징을 '달걀판'으로 비유했다. 달걀판에는 달걀이 40개가 모여 있지만, 달걀과 달걀 사이에는 보이지 않는 벽이 있다. 학교의 모습도 이와 똑같다. 교무실에 40명의 교사가 함께 앉아 있지만, 교사들 사이에 교육적 대화가 오가는 학교는 흔하지 않다. 다들 열심히 일을 하고 있지만 각자 자기의 컴퓨터 모니터만 보고 있을 따름이다.

로티는 '고립'된 학교조직에서 '현재주의', '보수주의', '개인주의'의 문화가 생긴다고 본다. '현재주의'는 미래의 비전을 보지 못하고 당장 눈앞에 놓인 문제만 보는 것을 말한다. 문제 상황이 생겨도 임기응변으로 대처하며 "오늘도 무사히" 지나가기를 바라는 문화이다. 이런 문화 속에서는 당연히 새로운 변화에 저항하는 '보수주의'가 싹튼다. 새로운 시대적 변화를 감지하지 못하고 "이 또한 지나가리라."를 외친다. 현재주의와 보수주의가 자리 잡은 학교에서 협력의 문화가 생길 리가 없다. 교사들은 자기만의 세계에 갇힌 채 '외롭더라도 혼자인 게 낫다'고 느낀다.

이는 교사들의 잘못도 아니고 우리나라만의 문제가 아니다. 근대 공교육 시스템 자체가 교사의 단절을 낳았다. 우선 교육과정 자체가 교사들이 서로 다른 학년에서 각기 다른 과목을 나누어 가르치게 되어 있다. 초등학교는 특히 '학급 사이에 보이지 않는 벽'이 있다. 초등학교에서는 하루 종일 자기 학급에만 머무르는 것이 가능하다. 그래서 초등학교 교실을 '담임교사의 왕국'이라고 부르기도 한다.

중등학교는 교사들이 교무실에서 함께 근무하므로 초등학교에 비해 서로 얼굴 보고 지내는 시간이 많지만, 초등학교와 달리 '교과 사이에 보이지 않는 벽'이 존재한다. 중등교사는 교과별로 임용되기 때문에 다른 교과의 교육과정에 대해 제대로 알 기회가 없다. 교무실에 모여 근무하더라도 각자의 수업 준비와 업무에 바빠서 수업에 대해 이야기를 나누는 경우는 흔하지 않다. 엄기호 선생은 『교사도 학교가 두렵다』라는 책에서 이러한 교무실의 풍경을 '태평양에 떠 있는 섬들'이라고 표현했다.

교사도 속내를 털어놓을 대상이 필요하다. 교사가 의존할 수 있는 사람은 결국 '동료 교사'이다. 동료 교사의 지원을 받지 못하기 때문에 교사들도 학교에서 외롭다. 아니 학교가 두렵기까지 하다.

그런데 공교육 교사는 '공적인 존재'이다. '나의 수업'은 나만의 수업이 아니라 '우리 모두의 수업'이고, '우리 반 학생들'은 나만의 학생들이 아니라 '우리 모두의 학생들'이다. 공교육 교사는 자신의 교육활동의 결과에 따라 우리 사회의 미래가 좌우될 수도 있는, 두려운 임무를 숙명적으로 마주친 존재이다. 게다가 교사가 매일같이 대하는 사람은 아직은 나이가 어린 연약한 아이들이다. 어린 학생들의 말 한마디에 교사도 상처를 받는다. 교사들에게도 치유가 필요하다.

이처럼 교사들은 '공적인 임무'를 '단절적 조직, 개인주의적 문화' 속에서 수행해야 하는 모순적 상황에 놓여 있다. 따라서 우리가 지향해야 할 교직문화는 '교사 전문성을 위한 협력'이다. 교사의 협력과 치유를 위한 교원학습공동체가 필요한 이유가 여기에 있다.

나. 왜곡된 협력과 진정한 협력

많은 나라들이 교직사회에 만연한 현재주의, 보수주의, 개인주의를 극복하기 위해 여러 교육정책을 펼쳐 왔다. 그 정책은 크게 보아 교직사회에 경쟁 요소를 도입하는 방식과 교사의 협력적 전문성을 강조하는 방식으로 나눌 수 있다. 교직사회에 변화가 필요하다는 인식은 동일하지만, 그것을 해결하기 위한 정책적 방향은 완전히 상반된 철학에 기반을 두고 있다.

신자유주의자들은 교사들을 '철밥통'에 안주하는 무능력한 존재로 바라보았다. 그들은 공교육에 대한 대중의 불신을 끊임없이 조장하며, 교직사회에도 경쟁이 필요하다고 역설했다. 대표적인 정책이 바로 교원능력개발평가, 교원성과급제도이다. 소위 유능한 교사, 성과가 높은 교사에게는 인센티브를 주고 소위 무능한 교사, 성과가 없는 교사에게는 패널티를 주는 방식이다. 교원능력개발평가, 교원성과급제도가 시행된 지 10년이 넘었지만 이 제도가 교사의 전문성을 신장시켰다는 증거는 그 어디에도 없다.

그 이유는 간단하다. 어떤 사람이 자기가 행하는 일 자체에 보람을 느껴 스스로 열심히 하고 있다고 가정해 보자. 그런데 어느 날 직장에서 그 일에 성과를 매기고 그에 따라 보상을 주겠다고 한다. 그러자 그 사람은 그 일에 대한 보람을 잃어버리게 된다. 그 일을 열심히 하는 이유가 보상을 바라기 때문이라고 다른 사람들에게 오해를 받기 때문이다. 결국 일에 대한 보람도 사라지고, 인센티브 제도가 의도했던 목표도 달성하지 못하게 된다. 이것을 심리학에서는 '과잉정당화이론'이라고 한다.

교육활동은 더더욱 그러하다. 이윤을 목표로 하는 기업체와 달리 학교는 교사의 성과를 수치로 확인하는 것이 애당초 불가능하다. 학교는 학생의 성장을 목적으로 하는 곳이고, 학생의 성장은 눈에 보이지 않게 조금씩 이루어진다. 더욱이 교사들은 교육적 보람을 먹고 산다. 아이들이 어느 순간 훌쩍 성장했을 때, 교사들의 마음을 아프게만 했던 아이가 졸업식 날 펑펑 울며 교사에게 안길 때, 그런 보람 때문에 교직에 남아 있는 것이다. 이런 교사들에게 성과급이라는 잣대를 들이대는 것 자체가 교사의 자존심을 훼손하는 행위이다.

이와 반대로 진정한 교육개혁의 길은 공교육에 대한 신뢰와 교사의 협력을 강조한다. 최고의 교육 선진국으로 인정받고 있는 핀란드 교육의 핵심은 '신뢰'와 '협력'이다. 교사들은 최고의 전문가로 사회적 신뢰를 받고 있으며, 교사들은 자신의 전문성을 신장하기 위해 끊임없이 연구하고 협력적으로 일하고 있다. 교직사회의 단절과 고립을 극복하는 비결은 교사를 믿고 교사들이 협력할 수 있는 여건을 만드는 것이다. 교사들을 서로 경쟁시키는 신자유주의 정책으로는 결코 교사의 잠재력을 키울 수 없다. 더디더라도 믿고 맡기는 것, 서로 협력하며 자신의 잠재력을 키울 수 있는 여건을 만드는 것 이외의 방법은 없다.

요즘 학교마다 '전문적 학습공동체'가 활발히 운영되고 있다. 교사들이 공동체적 학습을 통해 자신의 전문적 역량을 키우도록 하는 것이다. 불과 10여 년 전만 해도 교사들이 학교에서 함께 책을 읽고 공부하는 문화를 상상할 수 없었다. 오히려 학교 관리자들은 교사들이 함께 모여 공부하는 것을 불온하게 여겼다. 그래서 뜻이 있는 교사들은 학교 밖에서 각종 모임을 만들어 서로의 경험을 나누고 자료를 공유하고 함께 책을 읽었다. 하지만 학교 밖에서 이루어진 학습공동체는 근본적으로 한계가 있었다. 개인의 역량은 성장했을지 몰라도, 그 역량이 자기가 근무하는 학교를 바꿀 수는 없었다.

진보 교육감이 등장하고 혁신학교 운동이 확산되면서 학교마다 학습공동체 모임이 만들어졌다. 교육청이 예산을 지원하고 그 예산으로 전문 강사를 초빙하여 연수를 듣거나 책을 사며 독서토론을 진행했다. 학교 안의 문제점들을 교사들이 머리를 맞대며 고민하고 해결책을 찾기 위해 집단지성을 발휘했다. '배움의 공동체', '회복적 생활교육', '공동체 생활협약', '교육과정 재구성', '성장을 돕는 평가' 등 지금은 상식이 되어 버린 무수한 담론들이 교사들의 집단지성 속에서 제기되고 실천 속에서 검증되고 많은 학교로 전파되었다. 이것이 바로 전문적 학습공동체의 힘이다. 교사들의 협력적 전문성이 학교교육을 바꾸어 왔다.

그러나 형식적으로만 운영되는 전문적 학습공동체도 적지 않다. 대부분의 교육청이 전문적 학습공동체 운영을 강조하다 보니, 수요일 오후마다 교사들이 모이는 각종 행사, 예를 들어 교직원회의나 심지어 교사들의 취미 모임을 '전문적 학습공동체'라고 칭하는 경우도 있다.

풀란Fullan은 『학교를 개선하는 교사』에서 왜곡된 협력문화의 유형을 '당파적 협력', '편의적 협력', '인위적 협력'으로 나누어 설명했다. '당파적 협력'이란 '끼리끼리만 모이는 협력'이다. 예를 들어 특정 대학, 특정 지역, 특정 성별끼리만 모이는 모임이다. 아직도 그런 모임이 있느냐고 묻는 분들도 있겠지만 여전히 그런 모임이 있다. 이런 모임을 통해 자기들끼리는 협력이 잘 이루어질지 모르겠으나, 학교 전체에는 큰 해악을 준다.

'편의적 협력'이란 교육에 대한 근본적인 철학적 고민은 없이 실용적인 목적으로 도움을 주고받는 문화를 말한다. 예를 들어 수업 철학에 대한 이야기는 하지 않은 채 수업 자료만 공유하는 수준의 협력이다. 어찌 보면 학교에서 가장 흔하게 발견할 수 있는 모습이다. 당장은 도움이 될지 모르겠지만 이런 수준의 협력이 학교를 바꾸지는 못한다.

'인위적 협력'이란 '위에서 강요하는 협력', '마지못해 하는 협력', '성과를 내기 위한 협력'을 말한다. 연구학교, 시범학교, 선도학교 등의 사업에서 이런 모습이 나타나기 쉽다. 교원연수 시간을 억지로 채우기 위해 수요일 오후마다 이런저런 연수를 진행하는 것도 마찬가지다. 마음에서 우러나지 않은 협력은 빛 좋은 개살구에 불과하다.

진정한 협력적 문화에는 세 가지 요소가 있다. 우선 교사들을 하나로 묶을 수 있는 비전이 있어야 한다. 다음으로는 학교의 모든 문제를 모든 교사의 책임으로 생각하는 책임감이 있어야 한다. 그리고 그 속에서 교사 개인의 성장이 아니라 교사 모두가 공동체적으로 성장하는 반성적 성찰이 이루어져야 한다.

다. 교원학습공동체, 학교를 바꾸는 힘

덕양중학교도 학교를 혁신하기 위해 교원학습공동체를 강조해 왔다. 하지만 처음부터 잘 운영되었던 것은 아니다. 교원학습공동체가 앞에서 말했던 '당파적 협력, 편의적 협력, 인위적 협력'의 모습을 벗어나 교사의 협력과 학습을 중심으로 한 일상적인 문화로 완전히 자리 잡기까지 3~4년은 걸렸다.

처음에는 교사들이 관심 있는 주제를 중심으로 전문적 연수를 시작하였다. 일주일 중 하루의 일과를 5교시까지만 운영하고, 이후의 6~7교시 시간대를 연수로 활용할 수 있도록 물리적 시간을 확보했다. 수업, 학생 생활교육, 학급운영 등에 대해 실천해 온 전문가를 강사로 섭외하여 교사들에게 실질적으로 도움을 줄 수 있도록 했다.

협동학습 연수를 들은 교사들이 실제 수업에서 좋은 반응을 경험하면서, 이 분야에 대한 심화된 배움을 요구하게 되었다. 그래서 협동학습 심화과정을 열었고, 이후에는 아예 자체적으로 '협동학습 연구모임'을 만들었다. 이후에는 '독서모임', '수업활동지 연구모임'으로 발전하여 교사들 간의 다양한 학습을 가능하게 해 주었다.

교사의 집단지성을 발휘하는 교원학습공동체

이러한 연구모임은 학교교육과정과 수업에 많은 변화를 주었다. 수업에 대한 고민이 깊어지면서 공개수업의 필요성에 대한 공감대가 형성되었다. 교사들은 자신의 학습지를 공유하기 시작했고, 수업에 대한 아이디어를 내놓고 함께 고민하는 시간이 늘어났다. 다른 학교에서 이루어지는 수업혁신의 노력들을 소개하고, 함께 그 학교에 방문해서 그 학교가 수업혁신을 위해 어떤 노력을 하고 있는지 함께 관찰한 후에 그것을 우리 학교에 어떻게 적용할 것인지 토의했다.

수업에 대한 논의와 함께 우리 학생들이 겪는 어려움이 무엇이고, 우리 학생들에게 필요한 것이 무엇인지에 대한 진지한 논의가 이루어졌다. 처음에는 그것을 주로 창의적 체험활동에 반영하였다. 그러다 그 체험활동이 좀 더 아이들에게 의미 있는 학습으로 이어지게 하기 위해 교과-창의적 체험활동 융합 수업을 기획하게 되었다. 이런 과정을 통해 교사들은 자기 교과의 수업뿐만 아니라 다른 교과의 수업에 대해서도 관심을 갖게 되었고, 자연스럽게 서로 비슷한 교과 내용을 함께 녹여 내는 통합교과 수업을 진행하게 되었다. 통합교과 수업의 가치를 깨닫게 된 교사들은 이후 학교에서 지향하는 중요 가치를 중심으로 통합교육과정을 만들어 내기 시작했고, 마침내 덕양 평화역량 중심 교육과정을 체계화했다.

이처럼 덕양중학교의 교원학습공동체는 학교의 수업과 교육과정을 바꾸어 내는 힘이 되었다. 처음에는 외부 강사의 연수를 듣는 것으로 시작하다가 관심이 있는 주제를 중심으로 자체적인 연구모임을 만들었다. 이러한 연구모임을 바탕으로 수업을 바꾸려는 노력을 시작했고, 수업을 바꾸려면 자신의 수업을 다른 교사에게 공개하고 함께 논의해야 한다는 것을 깨닫게 되었다. 자신의 수업을 다른 교과 교사들에게 공개하다 보니 다른 교과의 수업 내용에 대해서도 이해하기 시작했다. 그래서 우리 학생들에게 꼭 가르쳐야 할 가치를 자신의 교과에서뿐만 아니라 다른 교과와 통합해서 가르치게 되었다. 이러한 통합교육과정이 체계화된 것이 '덕양중학교 평화교육과정'이다.

이렇게 덕양중학교의 교육과정과 수업을 바꾸는 힘은 교원학습공동체에 있다. 지금은 교원학습공동체를 다음과 같이 정례화하여 운영하고 있다.

■ 교사 학습공동체 운영

• 평화로운 학교, 행복한 배움을 위한 교사들의 전문적 학습공동체 운영
• 공동 연구와 실천을 통한 수업 전문성 향상
• 학기 초 교육과정연구회를 통한 주제통합 교육과정 및 평가에 대해 협의 및 공동 연구
• 학기 말 교육과정 평가회를 통한 공동 연구 과제를 공유하며 발전 방안 모색
• 생활교육 및 수업 성찰을 위한 시스템 구축(매주 수요일 또는 금요일)

구분	1주 차	2주 차	3주 차	4주 차
내용	생활교육 연구회	수업공개 및 수업연구회	회복적 생활교육 연수	교육과정 협의회

■ 공개수업 및 수업연구회 운영 및 개방

• 공개수업 및 수업연구회 시기 및 방법

공개수업	전체 공개수업연구회	소그룹 공개수업연구회	일상적 공개
시기 (방법)	1년 4회 (수요일 6교시, 전 교사 참여)	1년 14회 (수요일, 금요일 수업친구 교사 참여)	일상적 공개 희망 교사 참여

라. 교사, 서로의 내면을 치유하다

요즘에는 대부분의 학교에서 이러한 교원학습공동체를 운영하고 있다. 경기도교육청은 이를 '전문적 학습공동체'라 칭하면서 주 1회 운영할 것을 의무화하고 있다. 덕양중학교의 교원학습공동체에는 아주 특별한 것이 있는데, 교사 공동체를 통해 교사들의 상처받은 내면이 치유되고 있다는 것이다. 이는 아주 놀라운 일이다.

교사도 상처를 받는다. 자기를 무시고 권위적인 자세로 일방적으로 명령하는 교장에게 상처를 받기도 하고, 터무니없는 민원을 제기하는 학부모에게도 상처를 받고, 서로 마음이 맞지 않는 동료 교사에게도 상처를 받는다. 이보다도 더 큰 상처는 학생들에게 받은 상처이다. 어른들에게 받은 상처는 그럭저럭 넘어가면 그만이지만, 학생들에게 받은 상처는 오래 남는다. 교사의 존재 이유가 학생이기 때문이다. 교사 입장에서는 선의로 한 행동이 학생들에게 상처를 줄 수도 있고, 학생들이 무심코 던진 말 한마디가 교사에게 깊은 상처를 주기도 한다.

예전 학교에 근무했을 때의 일이다. 김수진 선생님(가명)은 유독 한 학생과 관계가 아주 좋지 않았다. 다른 선생님들은 다들 손현수 학생(가명)에게 아무런 문제가 없다고 이야기를 한다. 예절도 잘 지키고 수업시간에 똑똑하게 대답도 잘하는 학생이어서 선생님들은 다들 손현수 학생을 좋게 평가했다. 그런데 유독 김수진 선생님은 손현수를 너무나 싫다고 한다. 심지어 마음속으로 이 학생을 해치고 싶다는 생각까지 들었다고 한다.

김수진 선생님과 깊은 이야기를 나누었다. 그리고 이 선생님이 왜 손현수를 유독 싫어하는지, 이 선생님 마음속에 어떤 내면 아이가 있는지 알게 되었다.

어느 날 주방에 있는 형광등이 고장이 나서 남편이 형광등을 갈았다. 서른일곱이 된 남편이 형광등을 갈고 주방에서 일하고 있는 아내에게 다가와서 "여보, 나 형광등 잘 갈지?"라며 자랑을 했더란다. 별다른 대꾸를 하지 않았으나 김수진 선생님의 마음에서는 무언가 꿈틀거리며 불쾌한 감정이 올라오는 것을 느꼈다. 그래서 그 자리를 피했더니 남편이 자기를 따라와서 "여보, 나 없으면 우리 집 암흑이겠지?"라고 잘난 척을 했더란다. 그때 김수진 선생님은 온 동네 사람들이 다 들을 수 있는 큰 소리로 "이 세상에 형광등 하나 못 가는 인간이 있어?"라고 자신도 모르게 크게 소리를 쳤다고 한다.

이 선생님의 어린 시절의 이야기를 들어 봤다. 어린 시절부터 늘 오빠만 챙기는 집안에서 자랐다고 한다. 할아버지와 할머니는 물론 부모님과 친척들까지도 장손인 오빠만 챙기고 자신은 늘 관심 밖의 아이로 지냈다고 한다. 할아버지가 세뱃돈을 오빠에게 더 많이 주었거나 고모님이 오빠에게만 신발을 사 줄 때나 항상 자신에게 와서 자랑하며 약을 올리는 오빠가 많이 미웠다고 한다. 결정적으로 오빠가 대학에 갈 무렵, 집안에 돈이 없으니 자기는 대학에 갈 생각을 하지 말라는 엄마의 이야기를 들었다고 한다. 그래서 오히려 이를 악물고 공부를 했다. 그리고 등록금이 비교적 싼 국립대 사범대학에 진학했고, 혼자서 학비를 벌었고, 교사가 되었다고 한다.

이 선생님의 마음속에는 늘 귀한 대접을 받으며 잘난 척을 하는 오빠에 대한 미움이 가득 담겨 있었다. 결혼 후 고작 형광등 하나 갈면서 잘난 척을 하는 남편에게 갑자기 자기 오빠의 모습이 투사되어 내면에서 분노가 올라온 것이다. 학교에서 수업시간에 잘난 척하는 남학생만 보면 어린 시절 오빠의 모습이 투사되어 그 아이가 미치도록 밉게 느껴지는 것이다.

부부는 사실 두 명이 함께 사는 것이 아니다. 각자의 마음속에 있는 내면 아이까지 네 명이 함께 사는 것이다. 한 학교에 교사 40명이 근무한다면 사실상 80명이 함께 근무하는 것이다. 평상시에는 아무런 문제가 없이 지내다가도, 자신의 존재감이 첨예하게 침해받는 상황이 되면 자기 마음속의 내면 아이가 튀어나온다. 학생과의 관계에서도 마찬가지다. 중학생과 갈등을 빚는 교사의 모습을 보면, 교사 안의 내면 아이가 그 학생과 갈등을 빚는 셈이다. 어른이 아이를 타이르는 것이 아니라 중학생과 중학생이 다투는 꼴이다.

사람들에게는 누구나 자기가 기댈 수 있는 언덕이 필요하다. 자기의 내면 아이를 드러내 놓고 마음껏 울 수 있는 안전한 공간이 필요하다. 그곳이 가족이면 좋다. 그곳이 직장이면 더더욱 좋다. 우리 학교가, 교사들이 근무하는 교무실이 그런 공간이 될 수 있을까?

덕양중학교의 교무실은 그런 공간으로 거듭나 왔다. 이 책의 서두에서 언급했듯이 10년 전만 하더라도 덕양중학교는 교사들도 오고 싶지 않은 학교였다. 교무실에서 교사들은 자기 일에만 몰두할 뿐 그 누구와도 마음을 터놓기는커녕 대화조차 나누지 않았다.

2009년부터 혁신학교를 운영한 이래 혁신은 교무실 문화의 변화에서 시작되었다. 수업에 대한 논의를 하다 보니 단지 수업 방식의 문제만은 아님을 알게 되었다. 수업에 참여하지 않는 아이들의 내면, 수업에 두려움을 느끼는 교사의 내면에 대해서도 관심을 갖게 되었다. 그래서 학생과 교사의 내면의 아픔을 치유하는 훈련도 함께 하였다. 학생들의 삶을 잘 이해하기 위해 '애니어그램을 통한 학생 이해', '교사역할 훈련', '비폭력대화', '셀프파워 인간관계 훈련' 연수를 진행했다.

이런 모임을 통해 교사들은 서로의 삶을 개방하고 나누는 경험을 하고, 그 과정을 통해 동료의 마음과 삶을 좀 더 깊이 이해하게 되었다. 아이들을 만나면서 겪었던 아픔을 들으면서 서로 위로했고, 업무 추진 과정에서 서로에게 미쳤던 영향들을 나누면서 자발적인 사과와 용서의 모습을 보여 주기도 했다. 업무 중심이었던 학교에서 서로의 마음을 위로하고 지지하는 생활공동체로 거듭나면서 교사들은 학생들을 넉넉하게 품을 수 있는 자생력을 갖게 되었다.

교사의 내면을 치유하는 교사 공동체

이러한 연수를 지속적으로 진행했고, 그 안에서 많은 역사가 일어났다. 여기저기서 교사들이 펑펑 울기 시작했다. 서로 끌어안으며 다독였다. 교사들이 마음을 내려놓고 꼭꼭 숨겼던 내면을 드러내기 시작했다. 자기의 아픔을 드러냈을 때 느꼈던 후련함, 그것을 수용해 주고 지지해 주는 동료의 든든함, 그런 공동체 속에서 느끼는 안전함. 이렇게 자신의 내면을 드러내고 서로를 존중해 주는 안전한 공동체가 덕양중학교 교무실의 문화가 되었다.

덕양중학교의 교직원 연수는 보통 서클 방식으로 진행한다. 서클이란 2장에서도 이야기했듯이 둥글게 앉아 서로의 생각을 이야기하는 모임 방식이다. 이 속에서 '자기 자신과 타인을 환대하면서 참여자들이 모두 하나 되도록 돕는 구조화된 소통'이 이루어진다. 서클은 서로가 존중받는 안전한 공간이자, 공동체를 지탱하는 튼튼한 토양이다.

덕양중학교는 진로교사와 보건교사를 제외한 20명의 교사가 모두 한 교무실에서 근무한다. 교무실과 교장실 사이에도 장벽이 없다. 교장도 수시로 교무실에 드나들고, 그걸 불편해하는 교사는 없다. 정기적인 교사회의도 있지만 교무실에서 일상적인 회의가 이루어진다. 교무실 가운데 탁자에서 서로 차를 마시며 이야기를 나누면 그것이 곧 학년협의, 교과협의가 된다. 전체 교사가 긴급하게 이야기해야 할 안건이 있어도 굳이 교직원회의를 소집하지 않아도 된다. 피자 다섯 판만 교무실로 배달시키면 된다. 교무실에서 함께 피자를 먹으며 이야기를 나누면 그것이 곧 교직원회의가 된다.

이런 교무실 문화에 익숙하지 않은 교사도 물론 있다. 고립된 문화에 익숙해져 왔던 교사들은 다른 사람들과 모든 것을 내려놓고 소통하는 것이 쉽지는 않다. 우리 학교에 새로 전입해 온 한 선생님 중에 그런 분이 있었다. 선생님들이 아침에 도란도란 티타임을 하고 있을 때 그 선생님이 학급조회를 마치고 교무실 문을 열었다. "선생님! 이리 오세요. 함께 차 한잔하세요."라고들 인사를 하니, 그 선생님은 자기도 모르게 책상 밑으로 쑥 들어가 숨어 버렸다. 그 정도로 자기의 내면을 드러내고 다른 사람들과 어울리는 걸 힘들어하던 분이었다. 하지만 2~3년 정도 지나면서 점차 덕양중 교사 공동체 안에서 그 선생님의 자존감이 완전히 회복되었다. 지금은 수업이나 학급경영, 회복적 생활교육 분야에 탁월한 능력을 인정받는 훌륭한 선생님으로 성장했다.

교사들의 내면에는 다들 고립된 내면 아이가 있다. 학교현장에 있는 교사들은 대학입시, 임용시험 등 엄청난 경쟁에서 승리한 사람들이다. 그런데 그들의 내면에 엄청난 트라우마가 있다. 경쟁질서 속에서 상처를 받고 고립된 학교문화 속에서 상처를 받았다. 사교육이 아주 치열하고 학부모의 영향력이 큰 어느 지역, 신규 교사가 스스로 목숨을 끊는 사건이 있었다. 평상시에 아주 발랄하고 수업도 잘하고 아이들에게 인기도 많은 교사였는데, 시험 문제 하나 잘못 출제했다는 이유로 학부모들의 엄청난 민원에 시달렸다. 한 번도 당해 보지 않았던 모욕과 수치심 때문에, 그리고 그것을 이겨 낸 경험이 없었기 때문에, 학교에서 아무도 그 문제를 자기 일처럼 나서는 사람이 없었기 때문에, 자신의 고통을 하소연할 수 있는 곳이 없었기 때문에 그 선생님은 극단적인 선택을 할 수밖에 없었다.

그래서 교사의 내면을 치유할 교사 공동체가 필요하다. 희망은 있다. 인간은 본성적으로 관계 중심적이다. 사람은 누구나 자신의 말을 경청하는 상대에게 따뜻한 감정을 느낀다. 경청은 억압받은 내면을 치유하는 훌륭한 도구가 될 수 있다. 누구나 안전한 분위기를 만들어 주고 경청을 해 주면 내면의 아픔을 마음 놓고 털어놓게 된다. 이러한 교사 공동체가 학교혁신의 중심이 된다.

마. 교육활동에 온전히 몰입하는 교사들

교원학습공동체와 함께 학교혁신에서 매우 중요한 것은 교사들이 오로지 교육활동에만 전념할 수 있는 여건을 만들어 주는 것이다. 과거 교사들은 자신이 행정직원인지 교사인지 헷갈릴 정도로 수많은 공문 처리를 하느라 시간을 허비해 왔다. 진보 교육감 당선 이후 대부분의 시도교육청에서 교사는 오로지 교육활동에만 전념해야 한다는 취지로 '교원업무정상화' 사업을 추진하였다. 교육청은 불필요한 전시성 행사와 공문을 줄이고, 학교에는 행정실무사를 배치하여 교사들의 행정업무를 대신 처리해 주고, 교사들의 업무분장을 학년부 체제로 바꾸어 담임교사는 행정업무를 되도록 맡지 않도록 해 왔다.

그러나 여전히 교사들은 행정업무로 바쁘고 공문 처리하느라 수업 준비를 할 시간이 없다고 하소연한다. 각종 데이터를 보면 분명히 과거에 비해 공문이 줄었고 행정인력이 늘어났다. 그럼 무엇이 문제인가? 업무 때문에 바쁘다는 것은 단지 교사의 핑계일 뿐인가? 아니면 과거에 비해 교사가 해야 할 일이 더 복잡해진 것인가? 아니면 교사들에게 마음의 여유가 없는 것인가?

여전히 대부분의 학교에서 교사들이 업무 때문에 힘들어한다는 것은 단순히 해야 할 일이 많다는 것을 의미하지 않는다. 문제의 본질은 교사의 정서적 소진burn-out이다. 정서적 소진 현상이란 어떤 일에 몰두하던 사람이 갑자기 모든 에너지가 소모되어 극도의 무기력에 빠지는 것을 말한다. 보통 정서적 소진은 어떤 일에 많은 에너지를 쏟았지만 이에 대한 합당한 보람을 느끼지 못하는 경우, 혹은 사람을 만나는 감정 노동에 시달리다 극도의 스트레스를 느끼는 경우에 일어난다.

교사들도 감정 노동과 정서적 소진을 심하게 겪는다. 교사들은 일차적으로 나이 어린 학생들과의 만남, 그리고 민원 보따리를 안고 오는 학부모와의 만남 속에서 지쳐 떨어지는 경우가 많다. 예를 들어 학교폭력 사안이 대표적인 예이다. 학교에서 학교폭력 사안 업무를 자진해서 맡는 교사는 거의 없다. 학교폭력 업무 자체가 일이 많은 것이 아니라, 학교폭력 사안에 휘말리면 극도의 스트레스와 정서적 소진을 겪기 때문이다. 교육부는 학교폭력 업무를 담당하는 교사들에게 승진 가산점을 부여하고 있지만, 승진에 관심이 없는 교사라면 그것이 어떠한 유인가도 될 수 없다.

교육자로서의 보람을 느끼지 못하는 업무 역시 정서적 스트레스를 준다. 예를 들어 국회의원의 요구 자료에 들어갈 데이터를 정리하는 일이 대표적인 예이다. 이런 일에 보람을 느끼고 몰입을 하는 교사는 있을 수 없다.

큰 학교에 비해 작은 학교가 교사의 업무 부담이 더 많다고들 한다. 큰 학교나 작은 학교나 학교가 해야 할 업무량은 똑같지만, 교사 수가 적다 보니 교사 개인의 업무 부담은 많을 수밖에 없기 때문이다. 그런데 전 교사가 20명에 불과한 덕양중학교 교사들은 업무 때문에 수업 준비할 시간이 없다는 이야기를 하지 않는다. 오히려 학생들을 위한 행사를 하나라도 더 하려고 새로운 아이디어를 쏟아낸다. 도대체 어떻게 된 일일까?

1장에서 소개했던 서지오바니Sergiovanni는 '도덕적인 학교'에서는 교사들이 일 자체에 대한 '몰입flow'을 느낀다고 했다. 학교가 지향해야 할 공동의 가치를 교사들이 공유하고 있고, 교사들의 협력적인 문화 속에서 전문성을 신장하고, 교사들이 서로의 내면을 솔직히 드러내 놓고 서로를 지지하는 치유의 공동체 속에서는 교사들이 자기가 마땅히 해야 할 일 자체에 몰입감을 느끼게 된다. 학교가 마땅히 해야 할 일을 서로에게 떠넘기는 것이 아니라, 누군가 새로운 아이디어를 내면 그 아이디어가 공동의 아이디어로 채택되고, 누가 먼저라 할 것 없이 솔선수범하는 교사 공동체 문화 속에서 교사들은 학교 일을 '잡무'가 아니라 '보람 있는 일'로 여기게 된다.

서지오바니는 그의 저서 『도덕적 리더십』에서 교사들이 얼마나 일 자체에 몰입하고 있는지를 측정하는 설문 문항을 제시하였다. 이를 그대로 활용하여 덕양중학교 교사들의 '몰입도'를 측정하였다. 그 결과는 다음의 표와 같다.

문항	평균값 (4단 척도)
1. 우리 학교 교사들은 새로운 아이디어와 가능성을 탐구한다.	3.94
2. 우리 학교 교사들은 재능을 자유롭고 충분히 발휘한다.	3.94
3. 우리 학교 교사들은 업무에서 다양성과 도전을 경험한다.	3.94
4. 우리 학교 교사들은 교육과정에 대한 결정에 모두 참여한다.	3.88
5. 우리 학교 교사들은 학급운영 방식을 스스로 결정한다.	3.76
6. 우리 학교 교사들은 간섭이나 방해를 받지 않고 집중해서 일한다.	3.64
7. 우리 학교 교사들은 수업 방식을 스스로 정한다.	3.88
8. 우리 학교 교사들은 학교교육에서 무엇에 관심을 갖고 무엇을 해야 하는지 분명히 인식하고 있다.	3.76
9. 우리 학교 교사들은 자기가 얼마나 잘하고 있는지 피드백을 받는다.	3.64
10. 우리 학교 교사들은 다른 사람들과 친밀하게 일하고 있다.	4.00
11. 우리 학교 교사들은 자기를 관리하는 주체가 될 수 있다.	3.88
12. 우리 학교는 구성원을 결속시키는 원대한 목표와 비전이 있다.	3.58
13. 우리 학교 교사들은 학교의 가치 아래 각자의 목표를 결정한다.	3.70
14. 우리 학교는 교사들의 자율성과 자기 결정권을 허용한다.	3.82
15. 우리 학교 교사들은 자신을 외부의 조정을 받는 사람이 아니라, 자기 행동의 주체로 인식한다.	3.82
평균	3.81

서지오바니는 이 척도에서 평균 3.0 이상이 나오면 '일 자체에 대한 몰입'이 이루어진 학교로 보았다. 그의 관점에 따르면 덕양중학교는 교사 공동체의 힘을 바탕으로 교육활동 그 자체에 보람을 찾고 몰입

하는 문화가 형성된 학교라 할 수 있다.

칙센트미하이Csikszentmihalyi는 그의 저서 『몰입』에서 '몰입flow'을 '어떤 활동에 몰입한 경험 자체가 너무나 소중하여 다른 대가를 치르고서라도 그것을 행하려는 상태'라고 정의하였다. 한국의 교사들은 학교에서 이런 몰입을 한 경험이 있는가? 수업 준비를 하는 시간이 너무 소중해서, 다른 교사들과 학습공동체 모임을 하는 시간이 너무 소중해서 그 일 자체에 흠뻑 빠져 보신 적이 있는가?

교원업무정상화는 교사들이 교육활동에 전념하는 토대를 만드는 것이다. 공문을 줄이고 불필요한 행사를 없애고 행정인력을 늘리는 것도 중요하다. 하지만 일 자체가 줄었다고 해서 학교교육이 살아나는 것은 아니다. 교사들이 마땅히 해야 할 일 자체에 보람을 느껴야 한다. 그러기 위해서는 무엇보다도 교장이 먼저 섬김의 리더십을 보이고, 교사들의 의견을 존중해 주어야 한다. 교사들은 학교가 지향해야 할 가치를 함께 공유하고, 그 가치에 의해 이루어지는 모든 일을 자기의 일처럼 함께 책임을 지려는 자세를 가져야 한다. 때로는 힘든 일에 부딪힐 때 교사들이 서로를 지지해 주고 치유해 주는 공동체성이 형성되어야 한다. 이러한 문화 속에서 교사들이 교육활동 자체에 보람을 갖고 몰입할 수 있다.

4.

[학생자치] 학생은 학교의 실질적 주인이다

가. 교장실에서 노는 아이들

덕양중학교는 교장이나 기간제 교사나 모두 똑같이 존엄한 존재로 존중받고 있다. 교사들도 공부 잘하는 학생이나 그렇지 못한 학생들 모두 존중하고 있다. 그럼에도 불구하고 교사들의 눈에 띄지 못하는 학생이나 소외되는 학생이 있기 마련이다. 그들을 눈여겨보고 먼저 다가가 말을 건네는 사람이 교장이어야 한다.

덕양중학교 교장실은 학생들의 놀이터이다. 학교 어디에도 있을 곳이 없는 아이들, 교실에서 소외된 아이들이 교장실에 아무 때나 찾아와 교장에게 말을 건네고 간식도 먹고 쉬었다 가기도 한다. 기타를 잘 치는 아이는 교장실에 와서 기타를 치며 노래를 같이 부르고, 목공을 좋아하는 아이들은 교장실에 있는 나무토막을 깎아 토킹 스틱talking stick을 만든다. 그러다가 마음속에 감추어 뒀던 내밀한 이야기를 꺼내고, 자연스럽게 교장과 상담을 하곤 한다.

교장실에서 기타를 배우는 아이들

교장은 아이들의 팬이 되어야 한다. 아이들의 인기를 얻는 비결은 아이들을 먼저 존중하는 것이다. 교장에게 부여된 권위보다는 아이들을 사랑하는 팬으로 바라보면 모두 사랑스러워 보인다. 학교를 경영하는 '교장'이라는 딱딱한 직함보다는 우리 아이들의 팬으로 있을 때가 더 행복하다. 우리 덕양중학교 아들딸들을 바라보는 것만으로도 마음이 한없이 즐겁고 행복하다. '아, 교장 선생님은 우리 편이구나!'라고 아이들이 느낄 때, 아이들은 마음의 문을 열고 교장에게 다가갈 수 있다.

교장실 문을 꼭꼭 닫아 놓은 학교, 교장실에 가려면 먼저 행정실에 들어가 교장이 있는지 확인하고 노크를 해야 하는 학교에서는 아이들은 물론이고 교사들도 교장과 소통할 수 없다. 덕양중학교에서는 가장 권위적인 장소인 교장실이 학생들의 놀이터로 변화했다. 이것은 하루아침에 이루어진 것이 아니다. 여기에는 참으로 지난한 역사가 숨겨 있다.

학생과 교장의 합동 공연

나. '땡감' 같은 아이들

"초등학교 땐 착했는데, 중학생이 되더니 이상해졌어요."

중학교 학부모들에게 흔히 듣는 말이다. 초등학교 때는 말을 잘 듣던 아이가 중학생이 되었다고 통 이야기도 하지 않고 심지어 반항을 하기 시작했다는 것이다.

"중학교에 가기가 두려워요."

고등학교에 근무하는 교사들에게 흔히 듣는 말이다. 중학생들은 도저히 이해할 수 없는 행동을 많이 한다는 것이다. 고등학교는 입시지도 때문에 힘들지만 중학교는 학생생활지도 때문에 힘들다고 한다.

사춘기로 접어든 중학생들은 부모나 교사라는 권위로 누르려고 하면 반항을 한다. 하지만 중학생 입장에서 보면 반항이 아니라 자신의 생각을 말하는 것뿐이고, 자신의 삶을 스스로 살아갈 준비를 하는 것일 뿐이다. 하지만 부모나 교사 입장에서는 아이들이 갑자기 달라지는 것을 견디기 힘들어한다.

발달심리학적 관점에서 볼 때 중학생은 두뇌 속의 전두엽이 왕성하게 형성되는 시기이다. 전두엽은 대뇌 앞쪽에 있는 부분으로 기억력, 사고력, 판단능력 등 아주 중요한 기능을 담당한다. 초등학생 때는 어른들의 말을 그대로 수용하다가 중학교 때 갑자기 자기주장이 강해지는 것은 이 시기에 전두엽이 형성되기 시작했기 때문이다. 하지만 중학생 때 전두엽 발달이 완성되는 일은 없다. 그렇기 때문에 중학생은 흔히 충동적이기 쉽고 자기만의 세계에 빠지는 경우가 많다. 전두엽이 제대로 발달하려면 신체를 왕성히 움직여야 하고 폭넓은 인간관계 속에서 다양한 경험을 해야 한다. 만약 이 시기에 학원이나 독서실에만 갇혀 꼼짝도 못 하게 하면 전두엽이 제대로 발달하지 못한다. 그럴 경우 충동성 장애, 자기조절 장애 같은 문제가 생길 수 있다.

따라서 분명한 사실은, 사춘기를 어떻게 보내느냐에 따라 아이의 인생이 달라질 수 있다는 것이다. 사춘기를 아름답게 보낼지, 아니면 내면의 상처를 입어 부모도 힘들게 하고 자기도 평생 상처를 안고 살아가게 될지는 부모와 교사 등 성인들의 몫이다. 부모와 교사의 역할 중에 가장 중요한 것은 아이를 있는 그대로 '인정'하고 '존중'하며, 그들의 말을 '경청'하고 기다려 주는 수용성이다.

30여 년 동안 사춘기 아이들과 부대끼며 살아오면서, 이 아이들을 볼 때마다 이재무 시인의 〈땡감〉이라는 시가 얼마나 이들의 심리 상태를 적절하게 표현했는지 감탄하게 된다.

땡감

이재무

여름 땡볕
옳게 이기는 놈일수록
떫다

떫은 놈일수록
가을 햇살 푸짐한 날에
단맛 그득 품을 수 있다

떫은 놈일수록
벌레에 강하다
비바람 이길 수 있다
덜 떫은 놈일수록
홍시로 가지 못한다

아, 둘러보아도 둘러보아도
이 여름 땡볕 세월에
땡감처럼 단단한 놈들은 없다
떫은 놈들이 없다

땡감같이 성장하는 아이들

　땡감은 여름내 푸릇푸릇한 빛깔과 떫은맛을 간직한 채 지낸다. 만약 땡감이 떫은맛 대신에 단맛을 낸다면 벌레의 먹이가 되거나 금방 썩어 버렸을 것이다. 땡감은 떫은맛이 있기 때문에 여름의 강하고 따가운 땡볕을 이겨 낼 수 있다. 그리고 시간이 흘러 가을 햇살 푸짐한 날에 단맛 그득한 홍시가 될 수 있다.

　그런데 부모나 교사들은 아이들이 하루아침에 뚝딱 홍시가 되기를 기대한다. 기다려 주지 못한다. 하지만 땡감 같은 아이들은 무서울 것이 없다. 보이는 대로 말하고 행동으로 옮긴다. 이러한 땡감의 떫음에 부정적인 것만 들어 있는 것은 아니다. 딱딱하게 굳어 버린 기성세대의 고정관념과 아집을 용감하게 거부하는 힘이 있다. 그것이 좌충우돌하는 것처럼 보일지는 몰라도, 그러한 떫음의 시기를 온전히 지내야 홍시와 같이 성숙한 존재로 성장할 수 있다.

학생회장 선거 토론회 장면

학생들이 기획하고 운영하는 체육대회

다. 학생, 교육의 대상을 넘어 학교의 주체로

학교의 주인은 학생이다. 이 당연한 명제가 실현되는 학교가 얼마나 있을까? 학생이 학교의 주인이라면, 학생과 관련된 모든 일은 학생들이 스스로 결정하고 집행해야 한다. 이것을 학생자치라고 한다.

덕양중학교 학생자치의 시작은 교사가 학생을 존중하는 문화에서 시작된다. 또한 회복적 생활교육을 통해 학생들끼리 서로 존중하고 스스로 갈등을 해결하는 역량을 키우고 있다. 이러한 기반 위에 학생자치가 다각도로 실천되고 있다.

학생자치활동 보장의 법적 근거는 이미 교육기본법과 초·중등교육법에 추상적으로나마 마련되어 있었다. 경기도의 경우 2010년에 제정된 학생인권조례 제17조, 제18조, 제19조, 제22조를 통해 '자치활동의 권리', '학칙 등 학교 규정의 제·개정에 참여할 권리', '정책 결정에 참여할 권리', '문화활동을 향유할 권리'를 명확히 보장하고 있다.

덕양중학교가 처음 혁신학교를 시작할 무렵에는 학생자치활동이 주로 학생들이 진행하는 입학식, 졸업식, 체육행사 정도에 머물러 있었는데, 해를 거듭할수록 학생자치의 영역은 확대되어 갔다. 학생들이 입학식, 졸업식, 체육행사를 진행하는 단계를 넘어 모든 프로그램을 스스로 계획하고 교사들은 이를 그대로 인정해 주었다. 학칙 개정에 학생들의 의견을 반영하는 수준을 넘어 아예 학칙을 폐지하고 '덕양중 생활협약서'를 새롭게 만들었다. 그리고 평화기행 등 창의적 체험활동을 학생들이 스스로 계획하게 하였고, 지금은 학교교육과정평가회에 학생들이 주체로 참여하여 새로운 학교교육과정을 교사들과 함께 만들어 가고 있다.

물론 이 과정이 순탄하지만은 않았다. 덕양중학교에서 회복적 생활교육과 학생자치를 본격적으로 모색하기 시작한 것은 2013년 무렵이었다. 그때만 해도 회복적 생활교육이라는 단어 자체가 낯설어 외부 단체의 도움을 많이 받았다. 교사들이 먼저 비폭력 대화, 회복적 서클을 체험한 후에 학생들에게 이를 가르쳤다. 교사들이 먼저 교사회의를 제대로 하는 경험을 한 후에 학생들에게 학급회의를 진행하는 방법을 가르쳤다.

학교자치가 자칫 학교장 자치로 왜곡되는 경우도 있듯이, 학생자치 역시 학생회 임원만의 자치로 머무는 경우도 있다. 그래서 덕양중학교에서는 학생회만의 자치활동이 아니라 학생 전체의 자치가 이루어지는 방법을 고민해 왔다. 앞에서도 언급했듯이 학생 퍼실리테이터를 양성해서 학급마다 학급회의가 활발하게 이루어질 수 있도록 하였다. 그리고 학급회의에는 덕양중학교가 공동체적으로 해결해야 할 문제를 토의하도록 했다. 예를 들어서 수업을 방해하는 학생들에 대해 어떤 지도가 필요할지 학생들 스스로 해답을 찾아보도록 했다. 뚜렷한 해답이 나오지 않더라도 학생들이 끊임없이 학교 문제를 자기의 문제로 인식하도록 유도했다.

라. 함께 만드는 덕양중 생활협약서

덕양중학교에는 학칙이 따로 없다. 다만 학급별로 만든 '존중의 약속', 그리고 '존중의 약속'을 모아 만든 '덕양중 생활협약서'가 있다.

대부분의 학교에는 학생의 생활질서와 관련된 학칙이 있다. 과거에는 이 학칙에 온통 학생들의 일상을 규제하는 내용으로 가득했다. 대표적인 것이 '귀밑 3센티미터'까지만 허용하는 두발 규제이다. 교사들은 이런 규정을 지키지 않는 학생들을 잡아내기 위해 쓸데없는 에너지를 낭비했다. 학생들은 그 규칙을 왜 지켜야 하는지 모른 채 교사들의 눈을 피해 가며 규칙을 어겨 왔다. 그런데 그 규칙을 누가 정했는지 아무도 알 수 없었다. 교사와 학생 사이에 불필요한 갈등만 생겨났다.

2010년 경기도 학생인권조례가 제정되면서 '개성 표현의 자유'가 보장되었다. 또한 학생인권조례에서는 학교공동체의 질서를 위해 반드시 필요한 규칙은 학생의 참여를 통해 제·개정하도록 규정하고 있다. 이에 따라 많은 학교에서 학생들의 의견을 반영해 학칙을 개정해 왔지만, 학생들의 의견을 형식적으로 반영하는 경우가 적지 않았다.

덕양중학교에서는 아예 새롭게 학칙을 만들기로 했다. 그리고 규제의 느낌이 물씬 나는 '학칙'이라는 용어 대신에 '생활협약서'라는 용어를 사용하기로 했다.

'덕양중 생활협약서'를 제정하기까지 학생들은 학급회의를 통해 치열하게 토론을 했다. 학급별 회의의 결과를 모아 학생회에서 또다시 토론을 하고 생활협약서 초안을 만들었다. 그리고 학생들이 만든 생활협약서 초안을 놓고 학생대표, 교사대표, 학부모대표 그리고 전교생이 모두 모이는 '덕양 아고라' 대토론회를 통해 '덕양중 생활협약서'를 제정했다.

'덕양중 생활협약서'의 앞부분에는 세 가지 원칙이 나온다. '① 나와 타인의 배울 권리 존중', '② 차이에 대한 인정', '③ 존엄을 지키기 위한 노력'이다. 이 세 가지 원칙이 덕양중학교 구성원들이 지켜야 할 약속의 기본 철학이다.

'④ 학교공동체를 지키는 일상의 약속'이 학교에서 흔히 이야기하는 학칙에 해당한다. 그런데 이 학칙을 살펴보면 이전 학교에서 흔히 발견할 수 있었던 '규제'가 최소화되어 있다. 우선 두발에 대한 규정이 아

■ 배움과 존중을 위한 덕양중 생활협약서

1. 덕양중학교는 배움을 위한 공간이다. 나와 타인의 배울 권리를 존중한다.

2. 우리는 모두 다르다. 타인의 다름을 인정하고, 다르다는 이유로 비난하거나 차별하지 않는다.

3. 모든 인간은 존엄하다. 폭력과 욕설을 거부하고 서로의 안전과 존엄을 지키기 위한 모든 노력을 다한다.

....

4. 학교공동체를 지키는 일상의 약속
① 실내화와 실외화를 구분하여 생활한다.
② 학교 내에서는 자전거를 타지 않는다.
③ 교내에서 이성 간의 신체적 애정표현을 하지 않는다.
④ 외출은 선생님의 동의를 받은 후에 할 수 있다.
⑤ 휴대전화는 조회시간 이전에 제출하며 하교 때 돌려받는다. 필요하면 담임교사의 허락하에 사용할 수 있다. 미제출 시 3일 사용정지 기간을 둔다.
⑥ 색조화장은 학생들의 자율에 맡기되, 선생님의 지도가 있을 경우 따르도록 한다.
⑦ 복장은 현재 정해진 교복을 기준으로 하되, 학생대표가 참여하는 교복선정위원회에서 제시하는 가이드라인을 지킨다.

2016년 8월 30일
학생대표 학부모대표 교사대표

예 없다. 덕양중학생들은 머리를 길게 기르든 염색을 하든 이에 대해 아무런 규제를 받지 않는다. "교복을 기준으로 하되, 학생대표가 참여하는 교복선정위원회에서 제시하는 가이드라인을 지킨다."는 약속도 인상적이다. 다른 학교에서는 양말, 신발, 외부에 대한 세부적인 기준까지 마련하고 있는 곳이 적지 않다. 덕양중학교에서는 그런 불필요한 규정이 없다. "색조화장은 학생들의 자율에 맡기되, 선생님의 지도가 있을 경우 따르도록 한다."는 약속은 요즘 대부분의 청소년들이 선호하는 화장에 대한 규제는 없지만, 지나친 위화감을 주는 화장을 하는 경우 교사의 지도를 따라야 한다는 내용이다.

이 외에 다른 학교에는 없지만 학생들이 스스로 정한 약속이 있다. 예를 들어 "학교 내에서는 자전거를 타지 않는다."는 약속이다. 학교에 자전거를 타고 등교하는 학생들이 간혹 학교 운동장에서 자전거를 타다가 안전사고를 일으키는 경우가 있어 이런 약속을 만들었다. "교내에서 이성 간의 신체적 애정표현을 하지 않는다."는 약속도 마찬가지다. 학생들이 이성 교제를 하는 것은 본인들의 자유이지만, 신체적 애정표현이 다른 학생들에게 심리적 불편함을 준다는 문제 제기가 있어 이런 약속이 만들어졌다.

이처럼 '덕양중 생활협약서'에는 불필요한 통제를 없애는 대신, 공동체의 평화를 위해 지켜야 할 약속을 학생들이 스스로 만들었다. 학생들이 자신의 필요에 의해 스스로 만든 약속이기 때문에 학생들이 이를 지켜야 할 책임이 자연스럽게 따라온다. 덕양중학교에서는 정기적으로 이러한 약속이 잘 지켜지고 있는지 학생들이 스스로 평가하는 시간을 갖는다. 만약 약속이 지켜지지 않는 경우에는 학생들이 스스로 권고를 함으로써 자연스럽게 약속을 지켜야 한다는 책임감을 갖도록 한다.

이렇게 스스로 약속을 정하고 이를 지키도록 하는 것을 '자치입법의 원리'라고 한다. 나와는 무관한 어른들이 정한 규칙, 국민의 대표자라는 의원들이 자신들의 이해관계에 따라 밀실에서 정한 법률을 구성원들이 이를 지키고자 하는 준법의식이 자연스럽게 생길 리가 없다. 그렇기 때문에 규칙이나 법률을 어기는 사람은 이러저러한 불이익을 받게 된다는 규칙이나 법률이 별도로 생겨난다. 이것이 대의민주주의의 한계이다.

학교는 직접민주주의의 실험장이 되어야 한다. 이러한 직접민주주의를 실험하기 위해 덕양중학교에서는 학생들이 직접 약속을 정하고 이를 지키도록 하는 '자치입법의 원리'를 구현하고 있다.

또한 덕양중학교에서는 매년 '생활협약서'를 제대로 지켰는지 평가하고, 만약 생활협약서 자체에 문제가 발생하면 이를 개정하는 작업을 거친다. 1학년 신입생 입장에서는 3학년 졸업생들이 만든 생활협약서를 자신들이 만든 약속이라고 인정하기 어려운 상황이 발생한다. 그렇기 때문에 또다시 생활협약서를 점검하고 개정하는 작업을 반복한다. 그리고 이 작업은 학급별로도 이루어지고 전교생이 모두 모인 자리에서도 이루어진다. 이렇게 전교생이 모두 모여 학교의 현안을 토론하는 자리를 '덕양 아고라'라고 부른다.

마. 직접민주주의의 실험장, '덕양 아고라 대토론회'

'덕양 아고라'는 직접민주주의, 숙의민주주의의 실험장이다. 고대 그리스 아테네에서 모든 시민이 아고라(광장)에 모여 국가의 중요한 정책을 결정했듯이, 덕양중학교에서는 중요한 안건이 생기면 전교생이 모두 모여 토론에 참여한다. 때로는 다목적실에서, 때로는 운동장에 모든 학생이 둥글게 모인 가운데, 학생대표 2인, 교사대표 2인, 학부모대표 2인이 토론을 진행한다. 학생대표, 교사대표, 학부모대표는 각기 학생회, 교직원회, 학부모회에서 논의한 결과를 모아 토론을 진행한다. 토론이 진행되는 중간중간에 사회자는 전교생 누구에게나 발언권을 준다.

'덕양 아고라 대토론회' 장면

2019년 11월 또다시 '덕양 아고라 대토론회'가 열렸다. 생활협약을 개정해야 할 필요성이 제기되었기 때문이다. 이날의 핵심 안건은 "⑦ 복장은 현재 정해진 교복을 기준으로 하되, 학생대표가 참여하는 교복선정위원회에서 제시하는 가이드라인을 지킨다."는 약속과 "⑤ 휴대전화는 조회시간 이전에 제출하며 하교 때 돌려받는다. 필요하면 담임교사의 허락하에 사용할 수 있다. 미제출 시 3일 사용 정지 기간을 둔다."는 약속이다.

교사대표 오늘 토론회의 취지를 설명할게요. 2학기가 시작되면서 교사, 학생, 학부모님들의 다양한 생각을 듣고 지금의 생활협약을 계속 유지할지, 아니면 일부라도 바꿔야 할지 각 주체들의 생각을 모으는 과정을 거쳤어요. 특히 우리 학생들은 여러 번 자치시간을 진행했고, 대의원들이 각 학급의 의견을 모으는 시간을 가졌어요. 오늘은 어떤 사항을 최종적으로 결정하는 자리가 아니라 서로의 의견을 듣는 자리입니다. 오늘 토론한 내용을 바탕으로 설문조사를 다시 진행하고, 그 의견을 바탕으로 최종적인 결정을 내릴 예정입니다.

사회자 첫 번째 안건에 대한 토론을 진행하겠습니다. 현재 우리 생활협약에는 "복장은 현재 정해진 교복을 기준으로 하되, 학생대표가 참여하는 교복선정위원회에서 제시하는 가이드라인을 지킨다."라고 되어 있습니다. 여기서 말하는 가이드라인을 자세히 말씀드릴게요. "교복은 하의와 셔츠 착용을 기본으로 한다. 동복 하의 대신 진한 바지를 입는 것을 허용한다. 상의는 반드시 교복을 착용해야 한다. 교복 위에 외투를 입는 것은 허락하지만 외투 안에는 교복을 입어야 한다. 체육복을 입고 등교할 때에는 트레이닝복이 아니라 덕양중 체육복만 허용한다."로 되어 있습니다. 여기저기서 술렁거리는 소리가 들리네요. 여러분, 이 가이드라인이 있는지 잘 모르죠? 지금 여러분의 복장을 보니까 이 가이드라인을 지킨 학생이 1/3 정도 되는 것 같네요.

그럼 먼저 사전 설문조사 결과를 볼게요. 학생들은 현행 규정을 그대로 유지하자는 의견이 73%가 나왔습니다. 교사들의 의견은 완전히 다르네요. 교사들은 교복을 폐지하자는 의견이 69%가 나왔습니다. 이 문제에 대해 먼저 학생대표가 발언하겠습니다.

학생대표 1 학생들의 의견은 교복과 사복을 둘 다 자유롭게 입게 해 달라는 의견으로 수렴되었습니다. 지금의 규정을 유지해도 교복과 사복을 혼용해서 입자는 학생들의 의견이 반영될 수 있다고 봅니다.

학부모대표 1 저도 가이드라인이 있는지 정확히 몰랐어요. 현재 가이드라인을 지키는 학생이 거의 없지만, 이 정도 가이드라인이라도 있기 때문에 지금의 자유로운 복장이 유지되는 거라고 생각해요. 덕양중 교복이 다른 학교보다 매우 자유로운데, 이 자유가 없어지기 전에 적당한 선에서 학생들이 스스로 가이드라인을 지키는 것이 좋다고 봐요.

교사대표 1 교사들은 교복을 폐지하자는 의견이 대부분이고, 학생들은 교복이 필요하다는 의견이 대다수인 상황이 몇 년째 지속되고 있어요. 교복이 필요하다는 의견이 조금 더 많아 지금까지 교복이 유지되고 있어요. 그런데 사실상 학교생활을 하는 데 교복은 불편해요. 가이드라인을 지키는 학생도 1/3에 불과해요. 그런데 이것을 굳이 고집할 필요가 있을까요? 만약에 교복이 필요하다면 구시대적인 양장 차림이 아니라 청바지와 후드티 정도가 우리 학교 교복일 수도 있어요. 우리 학교는 학생들이 자유롭게 움직이는 교육활동이 많은데, 이런 교육활동에 어울리는 복장이 좋겠어요. 그래서 현재의 교복을 폐지하자는 것이 교사들의 다수 의견입니다.

교사대표 2 학생들이 교복 찬성, 교사들이 교복 반대. 굉장히 재미있는 세상이네요. 제가 교복선정위원회 위원이에요. 학생들에게 왜 교복을 입고 싶으냐고 물어봤어요. 학생들은 정장 개념으로 교복이 있었으면 좋겠다고 생각을 하는 것 같아요. 이제 내년부터 신입생에게 경기도에서 교복을 무상으로 지급할 예정이에요. 그렇다면 정장 개념으로 신입생 때 교복을 지급받고, 교복과 사복을 자유롭게 혼용하면 될 것 같아요. 그러면 지금 규정 자체는 필요가 없어지게 되고, 규정을 지켰느냐 안 지켰느냐를 따질 필요가 없죠. 학생 여러분이 규정을 없애지 않으면, 우리 교사들은 여러분이 규정을 지켰느냐를 검사하지 않을 수 없어요. 그럼 불필요한 갈등만 생기게 되죠. 저는 교복 규정을 너무 없애고 싶어요.

학생대표 2 가이드라인 때문에 그나마 이 정도 복장이 유지되고 있다는 학부모님의 의견을 반박하고 싶어요. 지금 학생들은 가이드라인의 존재 자체를 잘 몰라요. 저희들은 가이드라인이 있어도 어차피 복장을 자유롭게 입고 있으니까 굳이 가이드라인을 없앨 필요가 없다고 봐요.

사회자 이제 학생, 학부모, 교사대표의 의견을 모두 들었으니 청중들의 자유 발언을 들어볼게요.

○○○ 교사 경기도에서 무상교복 정책을 발표해서 교사들도 엄청 고민에 빠지게 되었어요. 교복 지원금도 나오는데 굳이 교복을 없애야 하나? 그런데 여러분이 청바지와 후드티를 교복으로 하겠다고 정하면, 그것을 우리 학교 교복이라고 해서 지원금을 받을 수 있을 것 같아요. 1인당 30만 원 이내 지급을 할 예정이라니까 청바지 한 벌과 후드티 2벌 정도를 지원받을 수 있을

거예요. 정장을 입고 싶어 하는 여러분의 심정도 알겠지만, 현실적으로 도움이 되는 옷을 지원받는 것이 좋겠어요.

○○○ **학생** 저도 교복을 없애고 사복을 입는 것에 찬성해요. 하지만 사복을 자유롭게 입고 다니더라도 적정선은 만들어야 한다고 봐요. 짧은 치마, 찢어진 바지 같은 것, 사복에도 규제를 할 필요가 있다고 봅니다.

토론의 양상이 무척 흥미롭다. 일반적인 상식과는 달리 교사들은 "교복을 폐지하자."는 의견이 70% 정도 나왔고, 학생들은 "현재의 규정을 유지하여 교복을 입도록 하자."는 의견이 70% 정도 나왔다. 이를 두고 치열한 토론이 진행되었다.

교사들은 교복을 아예 없애자는 의견이 압도적으로 높게 나왔다. 역사적인 기원으로 볼 때 교복 자체가 학생들을 규제하는 구시대적 발상일 뿐만 아니라, 정장 스타일의 교복이 학교생활에 매우 불편하다는 점, 교복과 관련된 규정 때문에 교사와 학생 사이에 불필요한 갈등이 생겨난다는 점을 문제 삼고 있다.

학생들의 의견은 이와 다르다. 어차피 학생들이 교복을 입든 사복을 입든 사실상 이것이 허용되어 있기 때문에 굳이 현행 규정을 없앨 필요가 없다는 의견이다.

논리적으로 볼 때 교사들의 의견이 더 합리적인 것으로 보인다. 학생들이 주장하듯이 어차피 현행 규정이 무력화되어 있으므로 현행 규정을 유지해도 상관없다는 것은 논리적 모순이기 때문이다. 그런데 덕양중학교 교사들은 이 학생들의 논리적 모순을 논파하여 자신들의 생각을 강요하려 들지 않는다. 대신 학생들의 의견 속에 숨겨진 그들의 욕구를 읽어 낸다. 즉 학생들의 심정에는 '정장 스타일의 교복'을 갖고 싶다는 욕구가 있다는 것이다.

그래서 교사들은 두 가지 대안을 제시했다. '정장 스타일의 교복'을 갖고 싶다는 욕구를 인정하되, 학교에서 교복을 입든 사복을 입든 학생의 자유에 맡기는 것을 약속으로 정하자는 것이 첫 번째 대안이다. 두 번째 대안은 정장 스타일의 교복이 다양한 활동 수업을 진행하는 덕양중학교 생활에 불편함을 주니 '청바지에 후드티' 정도를 교복으로 정하자는 대안이다.

그런데 뜻밖의 변수가 생겼다. 경기도에서 향후에 교복을 무상으로 지급하겠다는 정책을 발표한 것이다. 교복 폐지를 찬성하는 교사들도 교복이 무상으로 지급되는데 굳이 교복을 없앨 필요가 있는가 하는 딜레마를 느낀 것이다. 이에 또 다른 교사는 '청바지에 후드티'를 덕양중학교의 교복으로 정하고 이를 지자체로부터 무상으로 지급받자는 또 다른 대안을 제시한다.

마지막 학생의 발언은 이러한 논의에 보완 의견을 제시한다. 교복을 없애는 것에 동의하지만, 이것 역시 공동체에 지나친 위화감을 주어서는 안 된다는 것이다. 예를 들어 '지나치게 짧은 치마', '찢어진 청바지'와 같은 사복은 적절히 규제할 필요가 있다는 의견이다.

이러한 논의 과정을 살펴보면 덕양중학교의 직접민주주의, 숙의민주주의가 매우 높은 수준으로 성숙되었다는 점을 알 수 있다. 어떤 쟁점에 대해 찬반토론이 진행될 때 흔히 상대방의 의견을 무조건 꺾고 자신의 의견만 관철시키려는 모습을 보인다. 정치인들의 토론이 대표적인 예이다. 하지만 덕양중학교에서는 모든 학생이 참여하는 직접민주주의, 쟁점에 대해 서로의 의견을 확인하고 그 의견 속에 담긴 욕구를 이해하고 더 나은 대안을 마련하기 위해 노력하는 숙의민주주의가 생생하게 구현되고 있다.

사회자 그럼 오늘의 가장 뜨거운 쟁점을 다루겠습니다. 현재의 생활협약에는 "휴대전화는 조회시간 이전에 제출하며 하교 때 돌려받는다. 필요하면 담임교사의 허락하에 사용할 수 있다. 미제출시 3일 사용 정지 기간을 둔다."라고 되어 있습니다. 사전 설문조사 결과를 보니, 학생들은 이 조항을 폐지하자는 의견이 57%가 나왔고, 교사들은 이 조항을 유지하자는 의견이 100%가 나왔습니다. 또다시 술렁술렁 대는 소리가 들리네요. 먼저 학생대표의 의견을 듣겠습니다.

학생대표 1 저희 학생들도 수업시간에는 핸드폰을 사용하지 않는다는 의견에 동의합니다. 하지만 쉬는 시간에는 핸드폰을 자유롭게 쓰도록 하자는 의견이 많습니다. 예를 들어 교실마다 핸드폰 주머니를 설치해서 수업시간에는 집어넣고 쉬는 시간에는 꺼내서 사용하자는 의견입니다.

학부모대표 1 우리 학부모들은 대부분 선생님들의 의견과 같아요. 학생들의 마음은 잘 알겠지만, 학부모들은 걱정이 많아요. 만약 쉬는 시간에 핸드폰을 쓰기 시작하면 과연 수업시간에도 참을 수 있겠는지 문제가 바로 생길 거예요.

교사대표 1 핸드폰은 한마디로 요물이에요. 교사인 나도 스마트폰이 재미있어요. 저도 퇴근하고 집에 가면 저녁에 한두 시간은 핸드폰을 보게 돼요. 만약 학생들에게 완전한 자율을 주면 어떤 일이 생길까요? 수업시간과 쉬는 시간의 구분이 가능할까요? 여러분은 시도해 보지도 않고 어떻게 아느냐고 하겠지만, 시도해 보지 않아도 알 수 있어요. 조회시간에 들어가 보면 이미 교실이 게임장이 되어 있어요. 아이들끼리 담소를 나누는 모습이 없어요. 휴대폰 때문에 가족, 친구들과 대화가 사라지고 노는 문화가 달라졌어요. 친구 집에 놀러 가도 각자 게임을 하면서 놀아요. 만약 휴대폰을 전면 허용을 하면, 선생님들은 여러분을 통제하는 존재가 될 수밖에 없고 엄청난 갈등이 생길 거예요. 우리 선생님들은 그것이 두려워요. 서로 신뢰하는 문화가 깨질까 봐, 불신의 장벽이 생길까 두려워요. 그래서 선생님들은 100% 합의를 한 거예요.

교사대표 2 저도 작년에는 휴대폰 자유를 주장했어요. 가급적 규정은 없는 게 좋다는 생각 때문이에요. 하지만 휴대폰이 청소년의 두뇌에 미치는 영향을 알기 위해 방송국에서 우리 학교를 대상으로 실험을 했잖아요. 그 이후에 제 생각이 완전히 바뀌었어요. 이건 통제의 문제가 아니에요. 휴대폰이 학생들의 삶에 방해가 되기 때문이에요. 이 문제에 대해서는 교장 선생님의 이야기를 들어 보죠.

교장 실리콘밸리 직원들은 왜 자녀에게 스마트폰을 주지 않을까요? 선진국은 스마트폰이 청소년의 전두엽에 미치는 영향을 알기 때문에 이를 금지하는 법을 만들고 있어요. 청소년에게 술이나 담배보다 더 무서운 것이 스마트폰이에요. 쉬는 시간에 게임을 하다가 수업에 들어가면 40% 이상 잔상이 남는다고 해요. 어른들도 통제하기 어려운 기계에요. 교장 선생님이 고백하나 할게요. 저도 돈이나 쾌락을 절제하는 것이 지금도 힘들어요. 앞으로는 우리나라도 법제화를 해서 스마트폰 자체를 청소년이 갖지 못하도록 해야 한다고 생각해요.

사회자 이제 학생들의 자유발언을 들어 볼게요.

학생 1 저는 스마트폰을 전면 허용해야 한다고 생각합니다. 선생님들이 워낙 강하게 반대하니까 토론의 의미가 있을까도 싶지만, 용기를 내서 말을 하는 거예요. 솔직히 수업시간에 핸드폰 생각이 나는 것은 어쩔 수 없다고 봐요. 이건 솔직히 선생님들이 학생들의 반응을 이끌어 내지 못했기 때문이라고 생각해요. 교사들이 본인의 수업에 대해 되돌아보면 어떨까 하는 제안을 하고 싶어요. 저도 핸드폰 중독이고, 해롭다는 걸 알아요. 하지만 이미 문화가 형성되어 있어요. 요즘 애들이 놀 때 다 핸드폰으로 놀고 핸드폰으로 소통을 해요. 핸드폰을 허용하는 새로운 시도를 하는 것도 좋은 교육의 기회라고 생각해요.

학생 2 교사들이 학생의 반응을 이끌어 내지 못한 것이 문제라고 이야기했는데, 자기 방향으로만 유리하게 해석할 수 없다고 봐요. 솔직히 쉬는 시간 10분 동안 핸드폰으로 뭘 할 수 있을지 모르겠어요. 수업시간에 제대로 교실에 들어가지 못하는 애들도 많은데, 그 상황에서 과연 수업에 바로 집중할 수 있을까요? 저도 집에서 핸드폰 때문에 부모님과 충돌이 있는데, 학교에서 군이 그럴 필요가 있을까요?

학생 3 스마트폰이 부정적인 측면이 있는 건 사실이에요. 하지만 그렇지 않은 면도 있어요. 게임 시장이 성장하고 있고, 게임과 스마트폰이 창의성을 유발한다는 연구 결과도 있어요. 그래서 외국 학교에는 책상마다 태블릿 PC가 있어요.

학생 4 다른 나라에는 학생 책상에 태블릿이 있다고 하지만, 그건 학습용이지 게임을 할 수는 없어요. 우리는 핸드폰으로 총싸움을 해요. 그게 창의력과 무슨 상관인가요? 쉬는 시간에 게임을 하다가 수업시간에 핸드폰을 바로 낼 학생이 누가 있겠어요? 실제로 가능할지 의문입니다.

교장 이제 마무리를 해야 할 시간이네요. 덕양중학교의 힘은 다른 사람의 이야기에 귀를 기울이는 거예요. 모든 공동체의 집단지성이 모아지는 거예요. 중학생의 집중력은 7분이라고 하는데, 여러분은 무려 90분 동안 집중해서 토론을 했어요. 여러분, 사랑합니다.

'스마트폰 사용' 문제는 2018년 생활협약 개정할 때부터 덕양중학교에서 토론이 진행되어 온 '뜨거운 감자'이다. 그 당시 74%의 학생들이 스마트폰을 학교에서도 사용할 수 있게 해 달라고 요구하면서 시작되었다. 교사, 학생, 학부모 대표가 모여서 이 문제를 논의했다. 그 자리에서 "한 달간 학생들에게 스마트폰을 스스로 관리할 수 있도록 허용하여 잘 지켜지면 그대로 유지하고, 많은 문제점이 보이면 지금의 생활협약 내용인 조회시간 이전에 제출하며 하교 때 돌려받는다는 약속을 그대로 유지하자."는 학생대표들의 제안을 학부모, 교사대표가 받아들였다. 교사대표가 교직원회의 자리에서 이러한 결정을 발표했다. 그러자 교사들의 의견이 정확하게 50:50으로 갈라졌다. "약속했으니 한 달간 줘 보자."는 의견과 "마약을 줘 보는 것과 같다. 절대로 안 된다."는 의견으로 나뉜 것이다.

이 자리에 있던 내가 제안을 했다. "결정을 유보하자. 중학생들이 스마트폰을 많이 사용하면 뇌에 어떠한 영향이 있는지 과학적으로 실험을 해서 치명적인 영향이 있으면 아이들에게 섣부르게 약속한 것을 사과하고 한 달간 허용해 보는 것을 취소하자. 그러나 별 영향이 없다면 약속한 대로 한 달간 허용해 보자." 이러한 나의 제안에 모든 교사들이 동의했다. 그러나 어려운 문제가 남아 있었다. 덕양중학교 학생교육활동비 1년 예산을 모두 실험에 써도 부족하리라는 사실을 나중에 알게 된 것이다. 나는 방송국의 도움을 받아야겠다고 생각했다. 공중

파 방송에 의사를 타진하고 긍정적인 답을 보낸 KBS에 프로그램 제작 제안서를 보냈다. '중학생들의 스마트폰 사용 여부가 전두엽에 어떤 영향을 주는지'에 관한 실험을 하자는 것이었고 이 제안을 KBS 측이 받아들였다.

스마트폰은 어른들뿐만 아니라 아이들에게도 일상의 일부가 되었다. 아이들은 주로 게임을 위해 스마트폰을 사용한다. 친구 집에 놀러 가도 각자 스마트폰으로 게임을 하면서 논다. 가족들과 식사를 할 때도 아이들은 스마트폰을 하면서 밥을 먹는다. 가족과의 대화를 단절시킨다. 더욱이 스마트폰 게임에 빠진 자녀들과 부모들은 늘 이 문제 때문에 심각한 갈등 상황이 벌어진다.

스마트폰은 어른들에게도 좋지 않지만 청소년들에게는 더 큰 해악을 미친다. 그래서 소아청소년 전문의와 뇌 촬영 전문 업체의 도움을 받아 실험을 하게 되었다. 그 실험 결과는 KBS의 〈시사기획 창-중학생 뇌가 달라졌다〉라는 프로그램으로 2019년 7월에 방송되었다.

이는 '3개월 동안 스마트폰 안 쓰기 프로젝트'이다. 여기에 덕양중학생 16명이 자발적으로 신청을 했고 실험에 적합한 7명이 최종적으로 선발되어 프로젝트에 참여했다. 실험집단과 함께 비교집단 학생을 선정해서 스마트폰을 사용한 학생과 사용하지 않은 학생 사이에 어떤 변화가 나타났는지를 연구했다. 실험집단에 참여한 학생들 가족도 스마트폰 사용하지 않기 프로젝트에 동참을 했다.

그동안 '스마트폰이 뇌에 미치는 영향'에 대한 연구는 많이 이루어졌다. 이 연구는 반대로 '스마트폰을 절제했을 때 특히 중학생의 전두엽에 미치는 영향'을 연구하였다. 여기에는 이화여대 김은주 교수 연구팀이 참여했다. 스마트폰을 사용하지 않은 학생 7명의 뇌를 촬영해 인지 변화를 연구하였다.

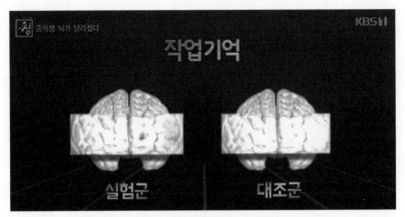

KBS에서 방영된 〈스마트폰이 청소년의 뇌에 미치는 영향〉

스마트폰 안 쓰기 프로젝트에 참여한 학생들은 처음에는 무척이나 괴로워했다. 하지만 70일 이후 참여 학생들의 두뇌 기능 능력을 측정해 본 결과, 스마트폰 절제 학생들의 자기조절 능력, 억제 능력을 담당하는 전두엽 기능이 매우 활성화된 것으로 나타났다. 뿐만 아니라 고난도의 문제를 해결하는 작업기능 능력도 눈에 띄게 향상되었다. 이렇게 되면 학업 능력도 향상될 가능성이 매우 높다.

학생들도 이런 긍정적인 기능을 스스로 느꼈다. 아이들은 스마트폰을 내려놓은 대신에 가족들과 대화를 하고, 운동을 하고, 독서를 하는 시간이 대폭 늘었다. 소감을 묻는 자리에서 아이들은 "스마트폰을 사용하지 않아 참 좋았지만, 앞으로도 스마트폰을 쓰지 않을 수 있을지는 자신이 없다."고 하였다. 결국 이 아이들도 다시 스마트폰을 사용하고 있다. 하지만 적어도 자기 스스로 스마트폰을 무분별하게 사용하는 것을 절제하는 능력을 길렀다.

이 실험을 지켜본 덕양중학교 교사들은 적어도 학교에서는 스마트폰을 쓰지 못하도록 지도해야 한다고 확신을 하게 되었다. 그래서

"③ 휴대전화는 조회시간 이전에 제출하며 하교 때 돌려받는다. 필요하면 담임교사의 허락하에 사용할 수 있다. 미제출 시 3일 사용 정지 기간을 둔다."는 약속을 유지하는 데 100%의 교사가 찬성하게 되었다. 8월 중순, 여름방학이 끝나고 개학날부터 이 실험 결과를 가지고 학교장이 직접 전교생 대상으로 각 반 교실에 들어가서 수업을 했다. 많은 아이들이 동의했다. 하지만 3개월이 흘러간 11월에는 학생들의 입장이 달라졌다. 8월에 교장이 수업한 '스마트폰이 중학생의 전두엽 발달에 미치는 영향'에 대한 내용을 많이 잊은 듯했다. 이 약속을 폐지하자는 학생들의 의견이 57%가 나왔다는 데서 알 수 있다.

매우 치열한 토론이 진행되었다. 교사들은 어른들도 스마트폰의 유혹에서 벗어나기 어려운데 청소년들이 과연 스스로 스마트폰을 자제할 수 있겠느냐는 의문을 강하게 제기했다. 학생들은 쉬는 시간에만 스마트폰을 사용하고, 수업이 시작되면 보관함에 넣도록 하자는 의견을 제시했다. 이때 교장인 내가 직접 개입을 했다. 다른 안건들은 교장의 발언을 자제하고 조용히 경청해 왔지만, 이 문제만큼은 직접 발언을 해야겠다고 작심을 했다. 실리콘밸리 직원들이 자녀에게 스마트폰을 주지 않는 이유가 무엇인지, 청소년에게 술과 담배를 판매하는 것이 금지되어 있듯이 청소년들이 스마트폰을 사용하는 것 자체를 법으로 막아야 한다고 강변했다.

이쯤 되면 논란이 마무리될 만도 한데, 교장의 발언이 끝나자마자 바로 그 의견을 반박하는 학생이 나왔다. 이 학생은 학생들이 수업시간에 자꾸 스마트폰 생각을 하는 것은 교사가 학생들을 참여시키는 수업을 제대로 하지 못했기 때문이라고 직설적으로 비판했다. 토론장 분위기가 술렁대기 시작했다.

이 학생의 발언은 내용적으로 볼 때는 옳지 않다. 하지만 덕양중학교는 학생들이 교장의 의견을 직접 반박하고 교사의 수업을 비판하는 것도 허용되는 문화이다. 그래야 학생들의 생생한 목소리가 살아날 수 있다.

이 학생의 목소리를 잠재운 것은 다른 학생들의 의견이었다. 한 학생은 교사의 수업 방식을 비판하기 전에 학생들의 수업 참여 태도를 먼저 성찰해야 한다고, 쉬는 시간에 스마트폰으로 게임을 하다가 바로 수업에 집중하는 것은 불가능하다고 반박을 했다. 그러자 또 다른 학생이 이 학생의 의견에 반박했다. 교육 선진국에서는 수업시간에 태블릿을 활용해서 창의력을 높이는 수업을 한다는 요지였다. 그러자 또 다른 학생이 그것은 교육용 프로그램이지 게임 프로그램이 아니라고 반박을 했다. 쉬는 시간에 스마트폰으로 게임을 하는 것과 창의력을 키우는 것은 아무런 관련이 없다는 의견이었다.

이 토론회를 마치고 다시 설문조사를 진행했다. 학교에서 휴대전화 사용을 규제해야 한다는 약속을 계속 유지해야 한다는 학생의 의견이 기존 43%에서 56%로 늘어났다. 학생, 학부모, 교사의 의견을 모두 합치면 80%가 이 약속을 유지해야 한다고 응답했다. 이러한 변화가 직접민주주의, 숙의민주주의의 힘이다.

이렇게 교장과 학생이 대등한 자격으로 토론을 하고, 학생과 학생이 대안을 서로 만들어 가는 과정이 직접민주주의와 숙의민주주의가 살아 숨 쉬는 덕양중 아고라 대토론회의 풍경이다. 이 속에서 학생들은 민주주의를 책이 아니라 자신의 삶으로 배운다. 이런 학생들이 사회에 진출했을 때 우리 사회를 더욱 성숙한 민주사회로 만들 수 있으리라 믿는다.

5.

[학부모자치] 부모와 자녀가 함께 성장하는 학교

가. 학부모는 학교에서 어떤 존재인가?

우리는 흔히 교육의 3주체를 교사, 학생, 학부모라고 말한다. 하지만 학부모가 교육의 주체라는 말에 대해서는 서로 다른 생각을 하고 있다. 교사들은 대부분 학부모가 학교 일에 지나치게 '간섭'하는 것을 불편하게 여긴다. 학부모를 존중하는 마음을 가진 교사들도 학부모가 '자기 자녀'만을 생각하는 이기적 존재로 여기는 경우가 많다. 반대로 학부모들은 학교의 장벽이 너무 높다고 생각한다. 학부모들은 교사들이 지나치게 '불친절'하다고 느낀다. 더욱이 생업에 종사하느라 시간을 내기 어려운 학부모들은 학교에 참여하는 것 자체가 어렵다. 그래서 학부모회나 학교운영위원회에 참여하는 학부모들은 대체로 여유가 많은 가정, 혹은 공부 잘하는 자녀를 둔 부모인 경우가 적지 않다.

그래서 학교와 학부모 사이에는 여전히 '불신'의 장벽이 높다. 교사나 학부모는 서로에게 '가까이하기엔 너무 먼 당신'이다. 학부모는 교사들이 자기 자녀를 볼모로 삼아 기득권을 지키고 있다고 비판하고, 교사들은 학부모를 쓸데없는 민원을 일삼는 이기적인 존재라고 비판한다. 여전히 학부모가 교육의 주체가 되기에는 넘어야 할 산이 많다.

이렇게 학부모의 위상이 애매한 데는 역사적인 이유가 있다. 학부모들은 그동안 때로는 '동원의 대상'으로, 때로는 '교육 소비자'로, 때로는 '계몽의 대상'으로 호명되어 왔다.

그동안 학부모는 주로 '동원의 대상'이 되어 왔다. '육성회', '녹색 어머니회'가 대표적인 예이다. 초등학교에서는 학부모들이 교실 대청소에 동원되기도 했다. 일부 사립학교에서는 '학교발전기금'을 할당받기도 했다. 학부모들은 울며 겨자 먹기 식으로 학교에 동원되어 자신의 노동을 제공하거나 심지어 주머닛돈을 털리기도 했다. 혹시나 자기 자녀가 학교에서 불이익을 당하지 않을까 하는 심정에서 자신의 수고를 기꺼이 학교에 바쳤다. 학부모는 동원의 대상이었지 학교 운영의 주체가 아니었다. 학부모회가 운영되더라도 이는 임의기구에 불과하지 공식적인 권리와 의무를 행사할 수 있는 법적 기구는 아니다.

학교운영위원회가 법적 기구로 제정되면서 학부모가 학교 운영에 참여할 수 있는 공식 통로가 열렸지만, 상황은 크게 달라지지 않았다. 학교운영위원회에 참여할 수 있는 학부모위원은 2~3인에 불과하다. 학부모자치가 실질적으로 작동하지 않는 조건에서 이들이 학부모 전체의 의견을 대변하기는 어렵다. 형식적인 거수기 역할을 하거나 자기 자녀의 이익을 대변하는 사적 역할을 할 따름이다.

신자유주의 교육정책이 전면화되면서 학부모들은 '교육 소비자'로 불리기 시작했다. 신자유주의 교육정책은 교육을 '시장'으로 본다. 학교와 교사는 교육 서비스 공급자이고 학부모는 교육 서비스 수요자이기 때문에, 수요자의 요구에 따른 학교교육을 제공해야 한다는 논리이다. 이러한 논리에 따라 자율형 사립고 등을 설립해 학부모의 소위 '학교선택권'을 보장했고, 교원능력개발평가를 통해 학부모가 교사의 수업을 평가할 수 있는 권리를 보장했다.

하지만 학교는 물건을 사고파는 시장이 아니다. 이른바 소비자 주

권론이 학부모의 권리를 보장하는 것처럼 보이지만, 이는 교육을 상품으로 간주하는 천박한 논리이다. 소비자 의식으로 무장된 학부모들은 노골적으로 학교에 자기 자녀 이기주의적인 요구를 하기 시작했다. 더욱이 이러한 권리를 주장할 수 있는 학부모는 '구매력이 높은 소비자'에 불과하다. 사회경제적 지위가 높고 공부를 잘하는 자녀를 둔 학부모만이 소비자로서의 권리를 주장할 수 있게 된다. 그 결과 특히 고등학교에서는 학부모의 요구라는 미명하에 입시 위주의 교육을 더욱 강화하는 결과를 낳게 되었다.

이렇게 학부모 이기주의로 무장한 소비자 의식이 높아지자, 일각에서는 학부모를 '계몽의 대상'으로 보게 되었다. 다음은 한때 인구에 회자되었던 공익광고협의회의 광고 문구이다.

> 부모는 멀리 보라 하고, 학부모는 앞만 보라 합니다.
> 부모는 함께 가라 하고, 학부모는 앞서가라 합니다.
> 부모는 꿈을 꾸라 하고, 학부모는 꿈꿀 시간을 주지 않습니다.
> 당신은 부모입니까? 학부모입니까?
> 부모의 모습으로 돌아가는 길, 참된 교육의 시작입니다.

이 글은 내용만으로 볼 때 훌륭하다. 하지만 이 글의 담론구조는 부모와 학부모를 이분법적으로 나누고 학부모의 이기적 욕망을 질타하는 계몽적 구조이다. 이런 공익광고를 아무리 많이 한다고 해도, 학부모의 의식은 바뀌지 않는다.

학부모의 의식이 바뀌어야 교육이 바뀐다고들 한다. 반은 맞고 반은 틀리다. 모든 인간의 의식은 사회경제적 토대를 반영한다. 학부모들이 철저히 자기 자녀 중심의 이기적 욕망을 지닌 이유는 우리 사회의 구조가 그러하기 때문이다. 그렇다고 사회구조가 바뀐다고 해서 사람들의 의식이 곧바로 바뀌는 것도 아니다. 인간의 마음속에 깊숙하게 뿌리내리고 있는 무의식 구조를 성찰하고 그것을 드러낼 수 있는 장이 마련되어야 인간의 의식은 온전히 변화할 수 있다.

학부모는 '동원의 대상'도, '교육의 소비자'도, '계몽의 대상'도 아니다. 학부모는 '참여의 주체'가 되어야 한다. 학부모가 진정한 교육의 주체로 학교에 참여하려면 그것이 가능한 구조를 마련해야 한다. 하지만 아무리 학부모회를 활성화하고 학부모교실을 열어도 학부모가 여기에 선뜻 참여하는 것은 쉽지 않다. 학부모의 마음을 열어야 하고, 학부모가 학교를 신뢰할 수 있어야 학부모의 학교 참여가 시작된다.

나. 학부모의 '내면 아이'

학부모들이 자녀의 성적, 대학 진학에 이토록 연연하는 이유는 무엇일까? 물론 그것은 자녀를 위하는 순수한 마음일 수도 있다. 우리 사회가 학벌 사회이다 보니 어쩔 수 없는 선택일 수도 있다. 자신의 부와 권력을 자녀에게 세습하려는 이기적인 욕망일 수도 있다. 하지만 가만히 들여다보면 학부모의 욕망 속에는 불안이라는 내면 아이가 숨어 있다. 학부모의 어린 시절, 공부를 잘하지 못했다는 이유로 주변 사람들에게 인정받지 못했던 상처를 자녀에게 전이하는 경우가 많다. 자녀의 독립성을 인정하지 못하고 지나치게 자녀에게 집착하는 부모의 내면에는 고립된 자아, 방치된 자아가 숨어 있다.

이 책의 1장에서는 교장들이 왜 이렇게 권위를 내세우려 하는지 그들의 내면 아이를 통해 설명해 보았다. '내면 아이'란 어린 시절의 경험이 만들어 놓은 비합리적 신념과 모순된 감정들이 지속적으로 영향력을 행사하고 있는 심리 상태를 말한다. 이러한 내면 아이를 자기 자신이 발견하기란 쉽지 않다. 하지만 내면 아이는 대인 관계에서 막강한 영향력을 행사한다. 인정받지 못한 내면 아이가 인정받고 싶어서 몸부림을 친다. 방치되거나 고립된 내면 아이는 늘 다른 사람의 시선을 의식하며 외로움에 서럽게 운다.

사람들은 내면 아이가 어떻게 자신의 삶에 영향을 미치고 있는지 인식하지 못한 채 살아간다. 그러다가 자기와는 전혀 다른 내면 아이를 지닌 사람을 만나면 그 사람과 좋은 관계를 맺기 어렵게 된다. 그러다 보니 부부 관계, 부모-자녀 관계가 악화된다.

신혼부부들은 "연애할 때에는 안 그랬는데, 결혼을 하더니 사람이 달라졌다"라고 서로를 비난한다. 자녀를 키우는 부모는 "이 아이가 초등학교 때까지는 착했는데, 중학생이 되더니 반항을 시작한다."고 비난한다.

이른바 '청소년 문제'의 본질은 무엇인가? 앞에서도 이야기했듯이 청소년은 '땡감'과 같은 존재이다. 그들은 지금 성장통을 겪고 있을 뿐이다. 이들에게 문제는 없다. 자연스러운 성장의 과정일 뿐이다.

문제의 본질은 어른들에게 있다. 부모나 교사의 마음속에 있는, 성숙하지 못한 내면 아이의 문제이다. 부모와 교사들이 자녀와 학생을 수용할 수 있을 만큼의 마음의 폭이 넓지 못한 것이 문제이다. 특히 상처받은 내면 아이가 청소년의 성장 과정에서 일어나는 문제를 수용해 주지 못하기 때문에 발생하는 문제이다. 쉽게 말하면 어른들 속에 있는 어린아이와 실제 어린아이가 서로 갈등을 겪는 것이다.

예를 들어 인정받지 못한 내면 아이가 있는 부모는 살아오면서 주변 사람들의 인정을 받기 위해 애쓰며 살아왔다. 그런데 자기 아이는 하라는 공부는 하지 않고 늘 게임에 빠져 산다. "게임 좀 그만하고 공부 좀 해!"라고 말했더니 "아, 짜증 나! 공부하면 되잖아!"라고 소리를 친다. 부모 입장에서는 아이가 잘되라고 훈계를 한 것인데, 아이는 부모 마음도 몰라주고 짜증만 낸다. 그러자 부모 마음속에 있던 인정받고 싶은 내면 아이가 당황해하며 화를 낸다. 그러면서 말이 거칠어지고, 훈계가 아니라 싸움이 일어난다. 부모 안에 있는 15살짜리 내면 아이가 15살 중학생과 싸우는 꼴이다.

부모나 교사로부터 비난을 자주 듣는 아이는 겉으로는 짜증을 낸다. 그러나 무의식 속에서는 '나는 왜 엄마 아빠를 화나게 하지? 난 참 못난 아이구나. 잘하는 게 없는 아이구나'라는 자아상을 형성하게 된다. 그것이 내면 아이로 자리 잡게 되면 어른이 되어서도 자기를 필요 이상으로 비난하게 된다.

그러나 어려서부터 존중과 사랑, 인정을 받고 자란 아이는 건강한 자존감이 형성된다. '나는 사랑받는 귀한 존재구나!'라고 스스로를 규정짓게 된다. 따라서 대인관계도 원만하며 매사에 안정적이며 자신의 삶에 대해 자신감 있게 선택하고 책임지며 살아간다. 특히 부모와 교사의 역할이 매우 중요하다. 가정에서 부모에게 사랑받고 학교에서 존중과 인정을 받는 아이는 힘든 사춘기가 와도 별 탈 없이 무사히 지나간다. 사회에 나가 절망적인 상황이 닥쳐도 잘 극복하고 헤쳐 나갈 힘이 있다. 이것이 건강한 자존감의 힘이다.

부모의 역할 가운데 가장 중요한 것은 자녀를 '인정'하고 '존중'하며, 자녀의 말을 경청해 주는 태도이다. 아이에게 "너는 참 괜찮은 아이야"라고 말해 봤자 아무 소용이 없다. 그러한 말 대신 아이가 말할 때 적극적으로 경청하며 공감해 주고, '너를 믿는다'는 눈빛으로 지켜봐 주는 것이 필요하다. 이렇게 기다려 주고 지켜봐 주면서 자신의 일을 스스로 선택하여 실행하며, 실수도 얼마든지 수용되는 경험을 하게 해 주어야 한다. 이러한 부모와 선생님과의 관계를 통해서 아이의 자존감은 형성되는 것이다.

아침마다 교문에서 등교하는 아이들을 맞이하며
얼굴 표정을 살핀다.

아이들의 밝고 해맑은 표정에는
아이를 향한 엄마 아빠의 사랑이 담겨 있다.
칭찬과 격려의 따뜻한 눈빛이 담겨 있다.

그런 모든 것이 스며들어
아이의 표정이 된다.

아이들의 긴장된 표정에는
아이를 향한 엄마 아빠의 심한 질책이 담겨 있다.
분노를 쏟아 내는 말과 못마땅한 눈빛이 담겨 있다.

아이들의 얼굴은 부모가 그린 그림이다.
부모가 이슬비처럼 뿌린 언행의 물감으로.

아이들의 얼굴은 부모가 기록한 역사책이다.
부모가 이슬비처럼 뿌린 언행의 붓으로.

한 아이의 얼굴에는

부모의 삶이 담겨 있다.

부모의 언행을 기록한 한 권의 책이다.

좋은 말을 듣고 자란 아이의 표정이 나쁠 수 없고

나쁜 말을 듣고 자란 아이의 표정이 좋을 수 없다.

_덕양중학교 홈페이지 '학교장 이야기' 글

다. 자녀를 사랑하는 법을 배우는 '이슬비 사랑 학부모교실'

덕양중학교에는 매주 목요일 저녁마다 아주 특별한 학교가 열린다. 이 학교의 학생은 덕양중학교 학부모들이다. 이 학교의 교사는 교장이다. 자녀 교육법을 공부하는 학부모교실이다. 이 교실의 이름을 '이슬비 사랑 학부모교실'이라고 부른다.

이슬비는 조금씩 조금씩 내리면서 알게 모르게 대지를 촉촉이 적신다. 그 이슬비를 먹고 풀이 자라고 아름다운 꽃이 피어난다. 부모의 자녀 사랑은 이슬비 같아야 한다. 한 번에 너무 많은 것을 퍼 주려 해서도 안 된다. 과잉보호는 아이들을 망친다. 무관심해도 안 된다. 무관심은 아이들의 내면을 메마르게 한다. 시나브로 조금씩 내리는 사랑, 이슬비 사랑이 필요하다.

처음에 학부모교실을 열었을 때 과연 몇 분이나 오실까 걱정을 많이 했다. 덕양중학교 학부모들은 대부분 생업에 종사하느라 학교에 올 시간적 여유가 없는 사람이 많다. 이들을 위해 저녁 시간에 학부모교실을 열었다. 하지만 먹고사는 데 지쳐 학교교육에 관심이 없는 부모들, 학교를 아직 신뢰하지 않는 부모들의 마음을 얻기는 쉽지 않았다. 그래서 교장이 일일이 전화를 했다. 필요하다면 가정 방문도 했다.

교사들에게 도와 달라고 할 수는 없었다. 교사들은 오로지 수업과 학생 교육에만 전념해야 한다. 학부모를 담당하는 역할은 교장이 해야 한다.

처음에는 소수의 학부모가 학부모교실에 참여했다. 하지만 시간이 지날수록 더 많은 학부모가 참여하게 되었다. 학부모들은 쉽게 자기 자신을 내려놓지 못했다. 오랜 시간 동안 견고하게 자리 잡은 '내면 아이'가 자기 자신의 성찰을 방해하고 있었다. 자녀 교육의 어려움을 자녀 탓, 교사 탓, 환경 탓으로 돌리는 학부모도 적지 않았지만 시간이 지날수록 마음이 열리기 시작했다. 자신의 내면 아이를 직면하고, 자녀와의 관계에서 자신들의 견고한 틀을 깨기 시작했다.

'이슬비 사랑' 학부모교실

한 사람이 자신의 내면을 확 쏟아 놓으면 여기저기에서 자신의 내면을 내려놓게 된다. 교장과의 신뢰 속에서, 학부모들끼리의 만남 속에서, 자신의 내면을 내려놓아도 괜찮은 안전한 공간이라는 분위기가 형성되었다. 그렇게 한 학기가 지나가니, 당시 학부모들이 말하기를 30년 지기 친구들도 모르는 자기의 고민을 다른 학부모들이 알게 되었다고 하였다. 이런 관계 속에서 자연스럽게 '내 자녀'의 문제를 '모든 자녀'의 문제로 함께 생각하게 되었다.

매주 목요일 저녁 진행되는 '이슬비 사랑' 학부모교실의 중요한 내용 중 하나는 부모 속에 있는 아직도 자라지 못한 '내면 아이Inner Child'를 찾아 직면하고 치유하는 것이다. 앞에서 이야기한 것처럼 부모의 내면 아이가 지금 나의 자녀와 갈등을 일으키고 서로에게 마음의 상처를 주기 때문이다. 한 부분을 예를 들어 소개해 보겠다.

자녀의 감정이나 간절한 요구에 귀 기울여 들어 주지 못하는 부모가 많다. 특히 부모의 마음이 불편할 때는 더욱 그렇다. 자녀가 부모에게 다가가서 무엇을 요구하기 위해 이야기를 꺼내려고 하면 다 들어보지도 않은 채 "안 돼!"라고 한다. 이런 식의 대화를 자주 경험하게 되면 자녀들은 입을 닫아 버린다. 부모와는 대화하려고 하지 않는다. 그러면 부모는 답답해하며 자녀에게 더 억압적인 태도로 지시를 하거나 잔소리를 많이 하게 된다. 이러한 부모-자녀 사이의 대화가 중단된 채 초등학교 고학년이 되고 중학생이 되어 사춘기를 맞이하게 되면 관계는 더 나빠진다.

이런 가족문화 속에서 자란 아이들은 자율성이 없고 타율적이 되기 쉬우며 스스로 결정하는 것을 어려워한다. 이처럼 강압적인 부모 밑에서 지시와 명령 속에서 살아온 아이들은 성인이 되어서도 지시와 명령이 없으면 오히려 불안해할 수도 있다. 초등학교 저학년 때까지는 지시하는 대로 순응하여 성적이 우수할 수도 있으나 나이가 들고 성장할수록 스스로 해야 하는 것이 많기 때문에 자율적 역량을 발휘하거나 리더십을 발휘하는 데 어려움을 갖게 된다.

억압적인 태도의 문제점을 부모님들에게 설명한 후, 이러한 태도나 대화 방식의 근원적인 문제를 찾아서 부모의 내면 치유하기 강의로 들어간다. 먼저 다음과 같은 질문지를 사용한다.

'억압받은 내면 아이(Inner Child)' 질문지

	질문 내용	예	아니오
1	나는 어떤 일을 스스로 결정하는 데 어려워하고 주저한다.		
2	나는 지시와 명령을 하는 위치보다 명령을 받는 위치에 있을 때가 더 편하다.		
3	나는 윗사람 앞에서 나의 생각과 감정을 주장하는 데 어려움을 느낀다.		
4	나는 계획은 빠짐없이 철저하게 세우지만 실천은 잘하지 못한다.		
5	나는 만성적인 피로와 무력감을 느끼고 있다.		
6	나는 공상이 많은 편이다. 공상을 즐기는 편이다.		
7	나는 잘 잊어버리며 기억을 못 하는 경향이 있다.		
8	나는 (나와 관련된 부분에서) 거짓말을 안 해도 되는 상황에서 사소한 거짓말을 할 때가 있다.		
9	나는 인터넷, 성인오락기, 술, 마약, 도박 등에 빠져 본 경험이 있다.		
10	나는 누가 무엇을 하라고 하면 의문을 제기하지 않고 그대로 한다.		
11	나는 누가 무엇을 하라고 하면 일의 내용과 관계없이 마음속에서 거부와 저항감이 일어난다.		
12	나는 내가 해야 할 일을 앞에 놓고 꾸물거리거나 늑장을 부릴 때가 있다.		
	'예'에 O표 한 개수 ( )개		

출처: 이준원·김은정(2017). 내면 아이. 맘에드림.

위의 질문지를 작성한 후에 5~6명씩 그룹을 만들어 아래의 내용을 가지고 서로의 생각을 나눈다.

이때 강의를 진행하는 교장이나 그룹 안에서 함께 이야기를 하고 경청하는 부모님들이 각각 자신의 감정을 마음껏 표현할 수 있도록 안전한 분위기를 만들어 주는 것이 중요하다. 각자 자신의 감정을 이야기할 때 같은 그룹에 있는 사람들이 적극적으로 경청해 주며 공감과 지지를 보내 준다. 이런 과정을 통해 친밀감이 형성되고 부모 속에 있던 내면의 상처가 치유되는 것이다.

매주 목요일 저녁 '이슬비 사랑' 학부모교실에서 공부하며 학부모들의 내면이 평안해지며 자녀들을 바라보는 시선이 변하는 것을 느꼈다. 학부모들은 자녀와의 갈등 문제가 자녀의 문제가 아니라 자기 자신의 문제임을, 학부모의 내면이 회복되어야 자녀와 좋은 관계를 맺을 수 있다는 점을 깨달아 갔다.

　참석자 모두가 자녀에게 용서의 편지를 쓰는 시간을 갖기도 했다. 자녀에게 사과할 일이 없는 부모는 아무도 없었다. 어떤 아버지는 편지를 쓰면서 눈물을 보이기도 했다. 그동안 단 한 명도 사과할 일이 없는 부모는 없었다. 어떤 아버지는 편지를 쓰며 눈물을 보이기도 했다. "더 늦기 전에 우리 딸에게 빨리 나의 잘못을 고백하고 관계를 회복해야 할 것 같습니다. 그동안 나 때문에 얼마나 힘들었을까 생각하니……"

　'이슬비 사랑' 학부모교실을 운영하면서 틈틈이 학부모님들에게 편지를 쓴다. 개인적인 상담의 편지는 메일로 보내고, 모든 학부모 대상으로 쓴 내용의 것은 학교 홈페이지 '학교장 이야기'에 올린다.

　지난 4월 학교 텃밭 뒤에 있는 방음벽에 담쟁이 넝쿨을 심었습니다. 오른쪽 방음벽은 예쁘고 푸른 담쟁이로 덮여 있는데 왼쪽 반 정도는 철제 방음벽이 삭막하게 그대로 드러나 있어서 담쟁이 넝쿨을 올리고 싶다는 소망을 가졌었는데, 고마운 분이 학교발전기금으로 기부해 주셔서 그 꿈이 이루어졌습니다.

　그런데 생각보다 너무나 작은 넝쿨을 보면서 마음속에 '언제 저렇게 높고 넓은 방음벽을 다 덮을 수 있을까?' 조바심이 자라기 시작했습니다. 거리를 걷다가도, 대학이나 연수원에 예쁘게 자란 담쟁이를 볼 때도 항상 '우리 학교 담쟁이는 언제 저렇게 덮일까?' 의구심이 생기고 한남대교를 건너 경부고속도로에 진입하면서도 방음벽을 가득 채운 담쟁이만 보였습니다.

　그러던 어느 날 학교 울타리에서 폐가廢家 쪽으로 자라 가고 있는 몇 개의 큰 담쟁이 넝쿨을 보고 '아! 이거다!' 반가운 마음이

들었습니다. "너는 이 구석에 있을 작품이 아니야. 옮겨 줄게!" 속삭이며 체육복으로 갈아입고 땀을 흘리며 뿌리째 캐서 성장이 너무 더딘 작은 담쟁이 앞에다 옮겨 심었습니다. 그리고 물을 충분히 주었습니다. 몸은 피곤했지만 '길이가 2~3m 정도 되니까 훨씬 빨리 이곳을 덮을 거야'라는 확신에 마음은 흐뭇했습니다.

그다음 날 출근하자마자 옮겨 심은 담쟁이가 궁금해서 뛰어갔는데 예상과는 달리 그 싱싱하던 잎사귀가 시들어 가고 있었습니다. '물을 충분히 주었으니 언젠가는 살아나겠지'라고 생각했는데 결국 갈색 낙엽으로 변했습니다. 그 옆에 작고 어리지만 이제 뿌리를 내리고 파릇파릇 잎사귀와 줄기가 자라 가고 있는 담쟁이들이 실망하고 서 있는 나를 보고 '깔깔깔' 웃으며 배꼽을 잡는 것 같았습니다. '이 바보야! 전문가들이 왜 작은 묘목일 때 식재하는지 알겠니?'라고 말하면서……

며칠 뒤 학부모 교육 강의를 하던 중에 "아이들의 성장을 기다려 주십시오."라고 힘주어 말하다가 화들짝 놀랐습니다. 머리를 한 대 얻어맞은 듯 잠시 말을 잇지 못했습니다. 시들어 마른 잎, 만지면 부서질 것 같은 갈색으로 변한 담쟁이 넝쿨이 떠올랐습니다. 부모님들께 강의하는 말과 실제로 살아가는 저의 모습이 얼마나 다른지 한 편의 영화를 보는 것 같았습니다. 제가 얼마나 조급한 사람인지 들켜 버린 기분이었습니다.

그다음 날 아침, 담쟁이들에게 가서 진심 어린 사과를 했습니다. "너희들이 살았던 그곳에 두었어야 했는데, 사람들에게 잘 보이는 장소로 옮겨 준다고 이곳으로 옮겨 와서 죽게 만들었구나! 정말 미안하다." 그제야 작은 담쟁이들이 눈에 들어오기 시작했습니다. '작은 담쟁이들아! 미안해! 지금 너의 모습이 이처럼 예쁜

데, 나는 방음벽을 덮을 만큼 크게 자란 담쟁이를 부러워했구나. 너의 지금 그대로의 모습도 참 아름답구나!' 작은 담쟁이들이 박수를 치며 환호하는 것 같았습니다.

대한민국 부모들이 자녀를 보는 눈도 이와 비슷한 것 같습니다. 성장 과정을 지켜보지 못하고 빨리 자라서 좋은 대학 가고, 좋은 직장에 들어가서 남부럽지 않게 사는 모습만 머리에 그리고 있는 것 같습니다. 다른 아이들보다 조금만 성장이 느리면 왠지 불안해집니다. 이웃집 아이가 유치원 가기 전에 영어로 표현을 하거나, 친구 딸이 피아노를 잘 치면 왠지 마음이 불편해집니다. 특히 옆집 아이보다 성적이 낮게 나오면 자녀에게 화가 나기도 합니다.

우리 아이들의 지금의 모습 그대로를 예쁘게 보아주지 못하고 기다리지 못합니다. 좀 더 빨리 잘하기를 바라는 조급한 마음에 자녀를 닦달하고, 비교당하고 무한경쟁에 노출된 우리 아이들의 마음이 얼마나 힘든지 마음을 보듬어 주지 못하고, 학원으로 과외로 자정이 다 되어 파김치가 되어 들어오는 자녀를 보면서 자녀 교육에 관심이 많고 최선을 다해 뒷바라지하는 부모라고 스스로 위로받는 것 같습니다. 끝도 없는 부모의 욕심을 만족시킬 수 없다고 좌절한 아이들이 어떤 길을 선택할지 10년, 20년 뒤에 우리 아이들의 정서적인 건강이 무척 걱정됩니다.

어리고 작은 담쟁이는 그 나름대로 예쁩니다. 자라 가는 과정을 지켜보면서 격려하고 칭찬해 주면 행복해진 작은 담쟁이는 언젠가 크게 자라 높은 벽을 덮을 것입니다. 우리 아이들도 지금의 모습을 있는 그대로 인정해 주고 격려해 주면 행복해지고 자존감이 높아질 것입니다. 자존감이 회복되면 잠재 능력이 싹을 틔우고 자라나기 시작합니다. 스스로 더 잘하려고 노력하고, 힘든 일을 만나도 포기하지 않는 뚝심이 생깁니다. 이때부터 부모는 자녀가 부탁하는 것만 도와주면 됩니다. 자라 가는 과정을 감사하며 즐길 수 있는 여유가 생길 것입니다. 조급해하지 말고 아이들을 있는 그대로 따뜻하게 품어 주면 좋겠습니다. 오늘, 지금, 가장 예쁜 우리 아이들을⋯⋯.   _덕양중학교 홈페이지 '학교장 이야기' 글

학교 담장에 자라고 있는 담쟁이

자연의 이치는 동일하다. 있는 그대로 존중해 주고, 오래 기다려 주면 모든 생명체는 자신의 빛깔과 향기를 가득 머금으며 존재의 가치를 꽃피운다. 우리 아이들도 마찬가지다. 부모의 역할은 있는 그대로 인정해 주고 격려해 주는 것이다. 그러할 때 부모도 자녀와 함께 성장할 수 있다.

교장 선생님의 편지를 읽고 너무 기쁘고 힘이 납니다. 그리고 안도하게 되었습니다. 우리 아이가 지극히 정상적인 사춘기를 보내고 있는 것이고, 우리나라의 교육을 개혁할 큰 인물이 될 수도 있다고 말씀해 주시니, 불안한 마음이 싹 가시고, 오히려 행복한 기운이 스멀스멀 올라옵니다. 그리고, 지금 저희 부부가 하고 있는 양육 태도가 올바른 것이라고 하시니 더욱 힘이 납니다. 아이를 믿고 기다려 주면 잘 자라날 것이라고 하신 말씀을 따라가려고 합니다.

제가 교장 선생님의 말씀에 더욱 확신을 가지는 이유는 교재 87쪽과 88쪽의 '아빠, 엄마를 생각하면 떠오르는 느낌'에 대해 체크하는 숙제였는데, 그 결과가 참 의미가 있었기 때문입니다. 지난봄에도 아이에게 같은 숙제를 부탁했기에, 그때 체크한 엄마에 대한 느낌과 이번에 체크한 느낌을 비교해 볼 수 있었습니다.

1학기에 우리 아이가 체크한 엄마에 대해 갖는 느낌은 '두려운', '불안한', '떠밀린', '실망한', '불편한', '미운', '참을 수 없는', '무시하는', '비난하는', '실망시키는' 등이었습니다. 교장 선생님의 강의를 듣고 제가 먼저 인내하고 아이를 믿고 지켜봐 주려고 노력하였습니다. 지금 우리 아이가 체크한 엄마에 대한 느낌은 '적절한', '중요한', '아껴 주는', '편안한' 등입니다. 아이와의 관계가 많이 좋아졌다는 걸 느낄 수 있었습니다.

그리고 교장 선생님께서 너무 아이에게만 집착하지 말라고 하신 말씀도 정말 와닿는 말씀입니다. 저는 도서관에서 독서모임 활동을 열심히 합니다. 그래서 집에서도 자연스럽게 책을 많이 읽게 되니, 아이에게 신경이 덜 가게 됩니다. 제가 책을 읽는다고, 아이에게 책 읽으라 강요하지 않습니다.

제가 방에서 책을 읽는 시간에, 아이는 거실에서 게임을 합니다. TV도 봅니다. 그리고 가끔 책 읽는 엄마를 보면서 한마디 합니다. "따뜻한 침대에서 차 한잔과 책을 읽는 엄마의 모습이 참 좋아 보이네요." 어떤 날은, 아이와 같이 TV 예능 프로 보면서 까르르 넘어갈 정도로 웃고 떠들다가 그 프로가 다 끝나면 TV를 제가 끄기도 합니다. 그럴 땐 반감을 안 가지더군요. 엄마랑 공감대를 형성하면서 실컷 즐겼기 때문인지 그런 상황에서는 TV를 끄는 것이 당연하고 자연스럽게 느껴지는 것 같습니다.

지금은 아이를 그냥 믿고 지켜봐 줄 수 있다는 자신감이 조금 아주 조금씩 생겨나고 있습니다. 제 안에 긍정적인 변화가 일어나고 있는 것이겠죠. 그동안 바쁘고 불안한 마음에 아이를 너무 다그쳤던 것 같습니다. 이제는 많이 기쁘고 많이 느긋해졌습니다. 더 편안한 마음으로 아이를 조금 더 따뜻한 눈으로, 사랑을 가득 부어 주면서 아이와 행복하게 지내야겠습니다.

교장 선생님, 날씨가 많이 추워졌습니다. 건강 조심하세요. 그럼 강의 때 뵙겠습니다. 감사, 감사드립니다.

위의 편지 내용 중에 '아빠, 엄마를 생각하면 떠오르는 느낌'에 대해 자녀가 체크하게 하는 숙제는 '이슬비 사랑' 강의 초기에 자녀에게 받아 보게 한다. 그리고 '이슬비 사랑' 학부모교실이 12주 이상 진행된 자녀의 부모에 대한 생각이 어떻게 변했는지를 확인해 본다. 숙제를 내줄 때 자녀의 마음을 솔직하게 표현할 수 있는 분위기를 만들어 주는 것이 중요하다는 것을 강조한다. 비폭력대화 연수 자료를 참고로 하여 다음과 같은 체크리스트를 사용했다.

(엄마, 아빠)를 생각하면 떠오르는 단어(느낌)에 모두 O표

좋은 감정		불쾌한 감정	
인정받는	희망적인	두려운	무시받은
적절한	중요한	화남	실망한
기쁜	훌륭한	불안한	고독한
사랑스러운	침착한	수치스러운	궁지에 몰린
아껴 주는	힘이 솟는	부끄러운	초조한
명랑한	평화스러운	지루한	욕심꾸러기
편안한	원기 왕성한	상처 입은	비난하는
자신 있는	재미있는	기만당한	떠밀린
만족한	기분 좋은	걱정스러운	후회스러운
용감한	자랑스러운	패배한	의심스러운
열심인	안정된	참을 수 없는	피곤한
자유로운	감동적인	사랑받지 못한	약 오른
기운찬	성공적인	불편한	확실치 않은
충만한	포근한	희망이 없는	미운
반가운	마음이 고요한	비교당하는	절망적인
이해받는 듯한	행복한	질투심	불행한
멋있는	기대가 되는	죄책감 드는	기가 죽은
소중한	포용적인	좌절한	원망스러운
자비로움	믿을 만한	주저하는	실망시키는
희망적인	매력적인	짜증 나는	차가운

위에 없는 단어: (   ) (   ) (   ) (   )
하고 싶은 말:

이 숙제를 해 오는 날 부모님들의 반응은 다양하다. 자녀가 부모인 나에 대해 그렇게 느낄 줄은 미처 몰랐다며 눈물을 흘리거나 당황해하는 경우가 많다. 부모가 자녀에게 하는 말이나 표정 등의 문제를 알고 의사소통 방법을 열심히 공부하고 연습하게 된다. 매주 목요일에 와서 한 주간 자녀와의 관계 개선을 위해 어떻게 노력했고 자녀의 반응은 어떠했는지 서로 나누고 성찰하는 시간을 갖게 된다. 이런 과정을 통해 부모가 성장하고 아이들은 행복해한다. 등교하는 아이들의 표정이 달라지는 것을 볼 때마다 보람을 느끼곤 한다.

라. 학부모, 학교교육의 주체로 우뚝 서다

이슬비 사랑 학부모교실을 통해 자녀를 진정으로 사랑하는 법을 배운 학부모들은 학교교육의 주체로 성장해 갔다. 가정에서뿐만 아니라 학교에서도 자신들이 할 일을 찾아 나서 학부모 자치를 실현해 갔다.

우선 학부모들은 스스로 학부모회를 운영해 갔다. 여느 학교와 달리 덕양중학교 학부모회의 특징은, 선배 학부모가 후배 학부모를 교육한다는 점이다. 매년 신입생이 들어올 때마다 학부모 신입생이 생긴다. 신입생 학부모들의 마음에는 불안감이 가득하다. 혁신학교가 좋아 덕양중학교에 자녀를 보냈지만, 여전히 혁신학교의 철학이 무엇인지 제대로 모른다. 덕양중학교 수업은 어떻게 이루어지는지, 학부모가 해야할 일이 무엇인지에 대해서도 궁금해한다.

일반적인 학교에서는 학년 초에 한 번 학교교육과정 설명회, 학부모총회를 하고 만다. 그것만으로는 턱없이 부족하다. 그렇다고 수업하기 바쁜 선생님들이 일일이 학부모를 상대하기도 어렵다. 그래서 덕양중학교에서는 선배 학부모가 후배 학부모를 교육하는 프로그램을 스스로 운영한다. 그러면서 후배 학부모들도 자연스럽게 학부모회 활동이나 이슬비 사랑 학부모교실에 참여하게 된다.

이러한 학부모회 활동을 통해 덕양중학교 학부모들은 학교교육의 주체로 나선다. 학부모총회, 학부모회 워크숍, 스승의 날 행사, 덕양 스포츠 한마당, 덕양 가족 캠프, 교육과정 평가회 등의 월별 공식 행사에 학부모도 교육의 주체로 참여한다. 매주 목요일 진행되는 '이슬비 사랑 학부모교실'은 교장이 진행하지만, 매월 정기적으로 진행되는 학부모 아카데미는 학부모회가 스스로 프로그램을 만들고 강사를 섭외

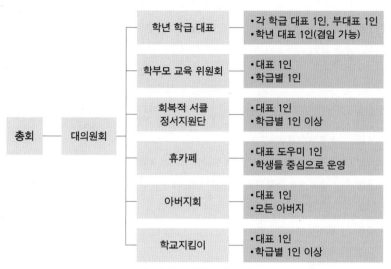

총회	대의원회	학년 학급 대표	• 각 학급 대표 1인, 부대표 1인 • 학년 대표 1인(겸임 가능)
		학부모 교육 위원회	• 대표 1인 • 학급별 1인
		회복적 서클 정서지원단	• 대표 1인 • 학급별 1인 이상
		휴카페	• 대표 도우미 1인 • 학생들 중심으로 운영
		아버지회	• 대표 1인 • 모든 아버지
		학교지킴이	• 대표 1인 • 학급별 1인 이상

덕양중학교 학부모회 구성

■ 덕양중학교 학부모회 운영 방향

• 학부모들의 자발적 참여로 운영된다.

• 월 1회 이상의 학급·학년 학부모회 모임과 동아리 모임을 통해 학교교육과 관련한 학부모 의견이 활발하고 안전하게 개진되도록 한다.

• 수렴된 학부모의 의견을 바탕으로 대의원회에서는 민주적이며 평화적인 의결을 거쳐 학부모회 사업을 정하여 학부모들의 자발적 참여로 진행한다.

• '더불어 사는 삶을 가꾸는 행복한 배움의 공동체'라는 덕양의 가치를 공유하고, 교육의 주체로서 학생, 교사, 부모가 모두 행복한 학교를 만들기 위한 교육활동에 참여한다.

• 좋은 부모로의 성장을 돕기 위해 함께 배우는 학부모 교육을 마련하고 지원한다.

• 학교 내 원활한 소통을 위해 노력한다.

하여 진행한다. 다음은 2019년 일 년 동안 진행되었던 학부모 아카데미 프로그램이다. 웬만한 학교의 교사 연수 프로그램보다 수준이 높다고 자부한다.

덕양 학부모 아카데미

시기	주제	강사
4월	회복적 생활교육 1	정진
5월	우리 아이 수학교육, 어떻게 방향을 잡아야 할까요?	최수일
6월	사춘기 우리 아이 마음엔 무엇이 있을까? 1	김현수
7월	사춘기 우리 아이 마음엔 무엇이 있을까? 2	김현수
9월	회복적 생활교육 2	정진
10월	우리 아이 진로교육	박재원
11월	아이들의 민주시민교육	고병헌
12월	아이들의 독서교육과 독서 동아리	김은하

덕양중학교 학부모회 활동은 단순히 교육이나 학교 행사 참여에 머무르지 않는다. 학부모들이 스스로 모든 아이들을 위한 교육 프로그램의 교사로 참여한다.

덕양중학교 학부모들이 가장 먼저 스스로 찾아낸 프로그램은 '이모 되어 주기 프로젝트'이다. 덕양중학교 학생들 가운데는 한부모 가정, 조손 가정, 맞벌이 부모 가정이 적지 않다. 이 아이들이 제대로 저녁밥도 챙겨 먹지 못할 때가 많다. 그때 이웃집 학부모가 스스로 '이모'가 되어 자기 자녀 친구들과 함께 식사도 하고, 반찬도 챙겨 주고, 함께 영화를 보러 가기도 한다. 이것이 혹여 낙인 효과를 낳지 않도록 최대한 자연스럽게 친구의 엄마이자 이모 노릇을 해 준다.

그러다 이런 프로그램이 방과후학교 프로그램으로 전환되었다. 학부모들이 스스로 방과후학교 강사가 되어 '영화 보기', '네일아트 하기', '목공 하기' 등의 프로그램을 운영했다.

학교 일과 중에도 학부모들은 든든한 보조교사 역할을 했다. 학부모 중에 일부는 회복적 생활교육의 전문가로 성장했다. 학급별 1인 이상으로 구성된 '회복적 서클 정서지원단'을 구성하여, 아이들이 평상시에 힘들어할 때 학부모가 상담사 역할을 해 주었다. 또한 학교 내에 아이들 사이에 갈등이 발생했을 때 '회복적 서클'을 운영하여, 엄마의 마음으로 아이들의 이야기를 경청하고 그들을 따뜻하게 품어 주었다. 덕양중학교에서는 이렇게 '회복적 서클'에 교사, 학부모, 학생이 모두 참여한다. 교사들도 회복적 생활교육 연수를 통해 모두가 회복적 생활교육의 전문가로 성장하고, 학생 가운데 회복적 서클 퍼실리테이터(또래 중조자)가 성장하고, 학부모 가운데 회복적 서클 전문가가 성장하였다. 이러다 보니 학교 안의 웬만한 갈등은 학생들 스스로, 혹은 학부모의 보살핌과 교사의 개입을 통해 해결해 왔다. 학교폭력대책자치위원회가 소집될 일이 거의 없었다.

덕양중학교에는 학부모가 운영하는 '갈등 부엌'이라는 공간이 있다. 작지만 아담한 공간에서 누구나 편하게 쉬었다 갈 수 있다. 학부모들이 순번을 정해 이곳에 상주를 하면서 마치 엄마처럼 아이들을 돌보아 준다. 배가 고픈 아이들이 부엌을 찾듯, 마음에 허기가 진 아이들이 이곳에 와서 간식도 먹고 학부모들과 도란도란 이야기도 나눈다. 수업 준비에 바쁜 선생님들과 미처 못 나눈 이야기를 나누다가, 마음속의 갈등을 털어놓기도 한다. 갈등 부엌, 이곳은 덕양중학교 학부모들의 이슬비 사랑이 모든 학생들에게 촉촉하게 내리는 곳이다.

마. 지역과 함께하는 마을교육공동체

"한 아이를 키우기 위해서는 온 마을이 필요하다."라는 말이 있다. 아이들은 동네에서 자라 학교에 다니며 마을에서 생활을 한다. 교육은 학교에서 끝나는 것이 아니라 가정과 지역사회로 이어져야 한다. 그래서 '마을교육공동체'라는 개념이 생겨났다.

'마을교육공동체'는 학교를 중심으로 지역사회의 인적·물적 자원이 연계되어 아이들을 함께 키우는 공동체이다. '마을교육공동체'는 구체적으로 '마을을 통한 교육', '마을에 관한 교육', '마을을 위한 교육'을 지향한다. '마을을 통한 교육'은 마을의 인적·물적 자원을 적극적으로 활용하여 이루어지는 교육을 말한다. '마을에 관한 교육'은 학생들이 살고 있는 마을과 지역사회에 대해 학습하는 것을 말한다. '마을을 위한 교육'은 학생들이 지역사회를 위해 자신의 역량을 발휘할 수 있도록 하는 교육을 말한다.

덕양중학교는 이러한 마을교육이 이루어지기에 여러 가지로 불리한 조건에 처해 있다. 지역사회에 아이들을 위한 인적·물적 자원이 매우 빈약한 편이다. 그래서 혁신학교 초창기에는 외부 기관의 지원을 많이 받았다. '대한민국교육봉사단'의 도움을 받아 학생들의 자기존중감 향상 및 진로탐색을 위한 '씨드 스쿨seed school'을 운영하였다. 매주 화요일 오후 12주 과정으로 '비전코칭 프로그램'과 '학습코칭 프로그램'을 진행했다. '비전코칭 프로그램'에서는 외부 전문가의 도움을 받아 학생들이 자아정체성을 탐구하고 자기존중감을 높이며, 셀프 리더십과 사회적 리더십을 함양하는 프로그램을 진행한다. '학습코칭 프로그램'에서는 아이들이 스스로 학습을 할 수 있는 능력을 키우기 위해 자기주도적 학습법을 지도한다.

덕양중학교 길 건너편에는 항공대학교가 있다. 혁신학교 초창기에는 항공대학교의 도움도 많이 받았다. 대학생 교육봉사를 받아 멘토링 활동을 진행하였다. 같은 마을에 살면서도 한 번도 만나 보지 못했던 대학생들을 형, 언니처럼 만나게 되니 아이들이 무척이나 좋아했다. 어려운 공부도 배우고 인생 상담도 하면서 아이들은 더 넓은 세상을 만나게 되었다.

하지만 외부 기관의 도움만으로는 한계가 명확했다. 지원이 언제까지 지속가능할지 알 수도 없고, 덕양중학교의 내부 사정을 이해하는 데는 한계가 있기 때문이다.

이때 학부모들이 마을교육의 주체로 등장하기 시작했다. 학부모교실, 학부모회 활동을 통해 학교의 주체로 성장한 학부모들은 빈곤한 마을 속에서도 아이들이 더 잘 배우고, 더 잘 놀 수 있는 기회를 마련하기 위해 고민했다. 그리고 그 해답을 학교 안에서 찾았다. 2013년부터 시작된 화전마을학교, 여전히 마을 안에 아이들을 위한 장소는 학교밖에 없기 때문에 학교를 마을학교의 공간으로 내주었다. 그동안 신뢰를 쌓아 온 교사와 학부모들이 마음을 모아 학교 안에 마을학교 교실이 만들어졌다.

그 시작은 청소년 휴카페(학교 매점)였다. 학교 주변에 아이들이 갈 만한 분식섬노 없는 상황에서, 건강한 먹거리를 제공할 방법을 찾던 학부모들의 모임이 생협 간식들을 주 메뉴로 한 매점을 열게 되었다. 처음에는 유기농 간식이 맛없다고 하던 아이들도 단골 고객으로 변해 갔다. 직접 물건을 구매하고 판매하고 정산하는 학부모들의 노력이 아이들에게는 쏠쏠한 즐거움이 됐다. 아이들의 먹거리에 대한 인식도 변화해 갔다. 하지만 학교 주변에 편의점이 생기기 시작하면서 학교 매점도 변화가 필요했다. 예전에는 학부모들만의 봉사로 운영되던 매점이 지금은 학생들도 운영에 참여하는 매점으로 바뀌었다. 아이들의 의견을 반영해 메뉴도 다양화하고, 위치도 옮기고, 운영 시간도 바꾸면서 매점이 더욱 활기를 띠었다. 학교협동조합에 대한 논의가 시작되면서 이를 위한 학습 모임도 운영되고 있다.

2013년 11월 청소년 휴카페 개장

덕양중학교가 위치한 화전 지역은 청소년들이 좋아할 만한 오락시설이나 문화시설이 거의 없다. 화전마을학교는 우리 아이들이 낙후된 마을에서도 친구들과 함께 잘 살아가기 위해 필요한 '삶의 기술과 나눔'을 기르는 것을 목표로 하고 있다.

아이들은 나무를 만지며 내 마음도 만지는 생태목공, 우리 동네 망월산에서 노는 망월산 보물찾기, 마을 지천에 피어 있는 야생화를 천으로 옮긴 야생화 자수, 삶의 지혜를 기르는 적정기술, 생태텃밭, 교실 책상을 밀고 돗자리를 깔고 누워 몸 펴기 운동을 하며, 학교를 내 집처럼 드나든다. 차도 지나다닐 수 없을 정도로 좁은 마을 골목에 돗자리를 펴고 골목놀이 축제와 '별별장터'를 열어 아이들이 마을과 만나는 기회를 만들었다. 아이들은 자연스레 동네 골목, 학교 뒷산을 알아갔고, 마을 어르신들과 만났다.

적정기술 놀이

7년의 시간이 쌓이면서 그저 봉사자였던 학부모들은 마을학교 교사로 성장했다. 초등학생으로 참여했던 아이들이 자라나 덕양중학교 봉사자로 마을축제와 장터, 또래 멘토링을 이끌면서 마을 안에서 순환하는 교육이 펼쳐지게 됐다. 덕양중학교 안에서 시작한 마을학교가 마을과 학교를 연결하고, 교육의 선순환이 마을에서 일어날 수 있도록 성장하게 되었다.

좁은 골목에서 돗자리를 펴고 공기놀이, 과자 따먹기, 사방치기를 하며 깔깔거리는 아이들의 웃음소리가 퍼져 나가자 시끄럽다고 하실 줄 알았던 동네 할머니들이 "애들 소리가 참 좋네. 우리 동네 생기고 처음이야."라고 해 주시던 이야기에 학부모님들은 보람을 느끼며 더 힘을 내게 되었다. 그리고 연결된 인연으로 찾아가 손을 잡고 나누던 경로당 평화봉사, 할머니 레시피를 전수받은 마을밥상, 텃밭 김장나눔 등등 헤아릴 수 없는 추억들이 마을과 학교를 촘촘하게 연결해 주었다.

잊을 수 없는 순간순간들이 가득하다. 목공수업을 한 지 두 해 만에 우연히 찾아온 20년 된 학교 식당의 식탁 교체. 학교장과 의기투합한 마을학교 목공팀이 나서고, 학부모, 아이들까지 모두 참여해 학교 식당의 식탁을 만들었다. 자르고, 문지르고, 20년 쓴 식탁 다리까지 재활용해 만든 학교 식탁에 천연 오일을 일곱 번이나 바르며 오래오래 잘 쓸 수 있길 염원했다. 덕분에 학교 식당 식탁은 아직도 깨끗하게 잘 유지되고 있고 학교의 자랑거리가 되었다. 2019년에는 교장실의 낡은 검은색 소파와 탁자를 교체해야 했는데, 마을학교 목공 동아리 어머니들이 권위적인 느낌이 나던 기존의 가구 대신 회의 탁자와 책상을 멋지게 만들어 주었다.

마을학교가 여기까지 온 또 하나의 힘은 아이들이었다. 마을에서 우연히 만난 동네 초등학생들의 아픈 마음을 학부모님들이 어루만져 주고, 이들을 덕양중학교에서 다시 만나게 된다. 재능이 뛰어난 강사는 많지만, 부모의 마음으로 아이들을 만나는 마을교사는 흔하지 않다. 함께 눈물을 흘리고, 마음 따뜻해지는 나눔의 순간을 경험하는 일이야말로 마을학교의 진정한 힘이다.

마을 어르신과의 마음나눔

골목놀이 축제에 즐겁게 참여하는 아이들

학교 식당 식탁을 만드는 마을학교 목공팀과 교사들

마을학교 목공팀이 만든 식당 식탁과 의자

아들과 딸 두 남매 모두 덕양중을 졸업시키고 지금은 마을학교 책임교사로 일하는 어머니의 이야기다.

마을학교를 떠올리면 교장 선생님을 잊을 수 없습니다. 언제나 웃으며 맞아 주셨던 마을학교 최고의 지지자. 늘 아이들 편에 서서, 학부모 편에 서서, 마을학교 편에 서서 귀를 열고 마음을 열고, 학교를 열어 주셨던 교장 선생님과 선생님들의 신뢰가 있었기에 마을공동체로 여기까지 오게 됨에 감사드립니다. 안팎으로부터 불어오는 외풍을 막아 주는 든든한 바람막이가 되어 주셨기에 마을학교는 흔들리면서도 봉우리를 맺게 되었습니다. 다른 학교 학부모님들을 만나 보니 그것이 얼마나 큰 특혜였는지 뒤늦게 알게 되었습니다. 어찌 보면 우연처럼 보이는 필연 속에 학교와 선생님 그리고 학부모와 마을이 사박자를 이루며 신뢰를 쌓아 온 건 학교의 넓은 품 덕분이었습니다.

학교 속으로 들어간 마을학교 교사들은 자유학기 주제선택활동으로 '텃밭요리', '미디어 창작반'을, 진로활동으로 '사람책 학부모 특강'을, 동아리활동으로 '목공 동아리', '벽화 동아리'를 운영하였다. 방과후학교로 생태목공, 자수, 맛 탐험대, 생태텃밭 등을 열었고 여기에 학부모와 지역 주민들이 기꺼이 자신의 소중한 시간과 재능을 내주었다.
이러한 마을교육공동체를 통해 아이들은 마을에 대한 자부심을 느끼게 되었다. 비록 교육적으로나 문화적으로 소외된 마을이지만, 아이들은 이곳을 자신들의 삶의 터전으로 여기게 되었다. 우리 마을에 어떤 곳이 있는지, 그곳에 어떤 역사가 있는지, 우리 마을을 위해 내가 무엇을 할 수 있는지 하나씩 알아 가게 되었다. '마을을 통한 교육'을 받으면서 '마을에 대한 교육'을 하게 되었다.

마을을 알아 가면서 아이들은 좀 더 주체적으로 마을을 위해 무엇을 할 수 있을지 생각해 보게 되었다. '1인 1프로젝트 참여 활동'을 통해 '나눔 공동체(우리 마을공동체에 필요한 나눔의 공간을 생각해 보고 프로젝트를 구상하여 실행하기)', '예술 공동체(예술이 가진 특성을 통해 마을공동체에 기여할 수 있는 방법을 찾아 실행하기)', '협동조합 공동체(우리 마을공동체 안에서 필요한 협동조합의 형태를 고민해 보고 프로젝트를 구상하여 실행하기)' 활동을 진행했다. 아이들은 미술 수업, 자유학기 활동, 동아리활동 시간을 활용하여 낙후된 마을을 아름답게 가꾸는 벽화 그리기 활동을 했다. '마을을 통한 교육', '마을에 대한 교육'에 이어 '마을을 위한 교육'이 이루어졌다.

마을 벽화 그리기에 나선 학생들

물론 여러 가지 어려움도 많았다. 학부모 활동은 늘 부침을 겪는다. 한창 활동이 왕성할 때도 있고, 동력이 소진될 때도 있다. 아이들을 위한 헌신이 부담스러운 의무로 느껴질 때도 있고, 시스템이 구축되면서 오히려 자발적인 역동성이 사라지기도 한다.

더욱이 덕양중학교는 고립된 섬과 같은 곳에 있다. 차를 타고 10분만 나가면 서울이나 고양 신도시로 갈 수 있다. 덕양중학교에서 이루어지고 있는 혁신교육을 이어 나갈 고등학교가 주변에 없다. 이 속에서 아이들이나 부모들은 때로는 내적 갈등을 겪기도 한다. 앞으로 덕양중학교 바로 인근에 2기 신도시가 개발될 예정인데, 그때가 되면 지역사회가 어떤 모습으로 바뀔지 예상하기 어렵다.

덕양중학교가 혁신학교로 운영되면서 마을을 살렸듯이, 향후에는 인근 지역사회를 변화시켜 나가야 한다. 물론 이 일은 덕양중학교 구성원들의 힘만으로는 불가능하다. 인근의 학교가 함께 혁신되어야 하고, 지자체의 도움도 절실하다. 그러나 덕양중학교 구성원들에게는 확신이 있다. 불모의 땅과 같은 곳에서 혁신교육의 꽃을 피웠듯이, 덕양중학교에서의 소중한 실천이 마을을 바꾸고 지역사회를 움직이는 씨앗과 같은 역할을 하리라.

2부
평화의 교육과정

평화를 의미하는 히브리어 '샬롬(shalom)'은 전쟁 없는 상태를 넘어, 정의와 평등에 기초하여 모두가 최상의 존재 상태를 유지하는 지속적인 평화 상태를 의미한다.

평화교육은 인간의 삶을 구성하고 있는 네 차원(개인적·주관적 차원, 대면 접촉의 차원, 사회적·정치적 차원, 생태적·우주적 차원)에서 서로를 살리는 상생의 관계를 맺어 갈 수 있는 능력을 기르는 것이다.

덕양중학교 교육과정에서 의미하는 평화교육은 개인적 차원에서 스스로를 이해하고 다른 사람과 공동체, 세계, 자연과의 올바른 관계를 맺고 그 속에서 일어나는 여러 갈등과 문제를 이해하고 해결하는 안목과 힘을 길러 주는 교육으로 규정하고자 한다.

_「2019학년도 덕양중학교 교육과정 운영계획」 중에서

1.

[교육과정] '평화교육과정'을 만들다

가. '교육과정 재구성'의 한계를 넘어

학교교육의 중심에는 교육과정이 있다. 교육과정은 학생들에게 '무엇을, 어떻게, 왜' 가르칠 것인가에 대한 체계적인 계획이자, 학생들이 학교에서 경험한 교육의 총체라 할 수 있다. 교육과정은 거시적으로 볼 때 우리 사회가 지향하는 미래상, 기르고자 하는 인간상 등을 담은 교육이념을 바탕으로 구체적인 교육 목표를 설정하고, 가르쳐야 할 교육 내용을 체계적으로 조직하며, 이를 바탕으로 수업을 진행하고 그 결과를 교육평가를 통해 확인하는 일련의 과정을 담고 있다.

초·중등교육법에는 "교육부장관은 교육과정의 기준과 내용에 관한 기본적인 사항을 정하며, 교육감은 교육부장관이 정한 교육과정의 범위에서 지역의 실정에 맞는 기준과 내용을 정할 수 있다.", "학교는 교육과정을 운영하여야 한다."고 규정하여, 교육과정에 대한 교육부, 교육청, 학교의 역할과 책임을 명시하고 있다. 따라서 교육과정은 크게 보아 국가교육과정, 지역교육과정, 학교교육과정으로 나누어 볼 수 있다.

우리나라 교육과정은 전 세계적으로도 유례가 없을 정도로 국가가 거의 모든 것을 일일이 규제하고 있는 중앙집권적, 획일적 교육과정이다. 정작 학생들을 직접 가르치는 교사들이 가르칠 내용을 스스로 결정할 수 있는 권한은 거의 없다. 교과서 제도 역시 매우 획일적이다. 초등학교의 경우 주요 교과에서 국정 교과서가 사용되고 있으며, 중등학교의 경우 엄격한 기준에 따라 만들어진 검정 교과서가 사용되고 있다. 그렇기 때문에 전국의 모든 학교에서 거의 비슷한 내용을 가르치고 있는 실정이다.

이렇다 보니 정작 '학교교육과정'이 존재하지 않는다. 서울의 학교나 농촌의 학교나, 대규모 학교나 소규모 학교나 가르치는 내용은 거의 교과서에 있는 내용 그대로다. 이렇게 획일화된 교육과정에 따라 수업이 진행되다 보니, 수업은 교과서 진도 나가기 식으로 이루어질 수밖에 없고, 평가 역시 교과서에 나온 지식을 얼마나 제대로 암기하고 있는지를 확인하는 과정에 불과하다.

과거 덕양중학교도 그러했다. 덕양중학교는 열악한 지역에 위치한 소규모 학교에다 학생들의 학업 능력이 매우 부족하지만 이러한 실정에 맞는 교육과정을 운영하지 못했다. 학생들은 어려운 내용을 이해하지 못해 수업시간에 늘 엎드려 잠을 잤고, 교사들도 신바람이 날 리 없었다.

교육과정에 변화가 필요했다. 국가교육과정에 따라 획일적인 교과서대로 진도 나가는 것이 아니라, 뭔가 우리 학생들에게 의미 있는 내용을 가르칠 필요가 있었다. 그래서 덕양중학교 교사들은 '교육과정 재구성'에 나섰다.

국가교육과정 총론에서는 "교과와 창의적 체험활동의 내용 배열은 반드시 학습의 순서를 의미하는 것은 아니므로, 지역의 특수성, 계절 및 학교의 실정과 학생의 요구, 교사의 필요에 따라 각 교과목의 학년군별 목표 달성을 위한 지도 내용의 순서와 비중, 방법 등을 조정하여 운영할 수 있다."고 하여, 교육과정 재구성의 여지를 열어 놓았다. 이에 따라 교사들은 교과서의 내용 중 학생들에게 지나치게 어렵거나 무의미한 내용을 덜어 내고, 학생들에게 유익한 학습 내용을 새롭게 추가하고, 가르치는 순서를 변경하고, 교과와 교과를 통합하고 있다. 이것이 현재 대부분의 학교에서 일반적으로 진행하고 있는 '교육과정 재구성'의 방법이다.

하지만 이러한 교육과정 재구성만으로는 한계가 명확하다. 교육과정 재구성을 통해 너무 어렵거나 너무 많은 내용을 덜어 내고, 학생들의 흥미를 유발할 만한 학습활동을 개발하고, 여러 교과를 연결하는 주제 중심 통합수업을 진행하는 것도 매우 의미가 있는 일이다. 하지만 이러한 활동을 통해 궁극적으로 학생들에게 어떤 가치를 심어 주고자 하는 것인지, 학생들에게 어떤 역량을 길러 주고자 하는 것인지에 대한 해답은 여전히 미지수로 남아 있다.

덕양중학교도 혁신학교 운영 초기에는 이러한 교육과정 재구성에 머물러 있었다. 수업시간에 잠들어 있는 아이들을 깨우기 위해 다양한 수업 방식을 도입했다. 그런데 기존 교육과정을 그대로 유지한 채 수업 방식만 바꾼다고 해서 학생들이 배움의 의미를 찾는 것은 아니다. 배워야 하는 내용 자체가 바뀌어야 했다. 그래서 덕양중학교 교사들은 교육과정 재구성을 위해 열심히 노력해 왔지만, 기존의 교육과정 재구성은 사실상 '교과서 재구성'에 가까웠다. 일부 내용을 덜어 내고, 새로운 내용을 추가하고, 가르치는 순서를 바꾸는 정도였다.

하지만 그 정도로는 부족했다. 학교를 통해 학생들이 배워야 할 것이 무엇인지 근본적인 성찰이 필요했다. 그래서 덕양중학교 교사들은 '교육과정 재구성'을 넘어 '학교교육과정' 자체를 새롭게 만들었다.

나. '평화교육과정'을 만들기까지

2009년부터 시작된 혁신학교 초창기에 덕양중학교 교사들에게 제기된 가장 큰 문제는 중학생들의 생활교육 문제였다. 학생들은 전반적으로 무기력한 상태였고, 학생들 사이의 갈등과 따돌림 현상 등이 심각하게 대두되었다. 그래서 덕양중학교 교사들은 학급운영, 상담활동 등을 통해 학생들의 자존감을 회복시켜 주고 갈등을 평화롭게 해결할 수 있도록 노력해 왔다.

그러나 학급운영이나 상담만으로는 한계가 명확했다. 그래서 덕양중학교에서는 창의적 체험활동(자율활동, 동아리활동, 봉사활동, 진로활동)에서 자존감 회복, 평화로운 학교공동체 만들기, 더불어 살아가는 민주시민 등의 내용을 반영하기 시작했다. 그러다가 본격적으로 교과 교육과정에서도 학생들의 실제 삶과 연계된 내용을 반영하기 시작했다.

2012년부터 본격적으로 가치 중심 통합 교육과정을 운영하기 시작했다. 1학년 교육과정에는 우선 '다양성과 존중'이라는 주제를 다루게 되었다. 특히 중학교에 갓 입학한 학생들 사이에 알력, 갈등, 따돌림 등이 심했기 때문에 이러한 주제를 다뤄야 했다. 모든 교과에서 '다양성과 존중'이라는 주제와 연결시켜 교과 내용을 다루었고, 이를 통해 학생들이 다른 친구들과 '차이'를 인정하고 더불어 살아가는 방법을 배우도록 하였다.

2학년은 우선 '성교육'을 중심 주제로 선정하였다. 사춘기 중학생들은 이 무렵 2차 성징이 왕성하게 일어나고 성에 대한 왜곡된 관념을 갖기 쉽다. 그래서 올바른 성교육을 중심으로 자아정체성을 확립하고, 이성을 존중하는 방법을 배움으로써 성폭력을 예방하는 효과를 거두고자 했다. 또한 2학년에서는 또한 '생태와 환경'을 주제로 선정하여 환경위기의 심각성을 깨닫고 자연과 더불어 살아가는 생태의식을 기르고자 했다.

3학년 교육과정은 '민주주의'를 중심 주제로 선정했다. 중학교 최고 학년이니만큼 자신들이 중심이 되어 학생자치를 이끌어 가는 주체로 성장하게 되기를 원했다. 나아가 우리 학생들이 우리 사회를 더욱 민주적인 사회로 만들어 가는 민주시민으로 성장하기를 원했다.

이러한 교과 교육과정을 진행하면서 동시에 2012년부터 회복적 생활교육을 본격적으로 도입하기 시작했다. 학생들이 자신의 내면을 성찰하고 타인의 감정을 공감하며 갈등을 평화롭게 해결하는 서클 모임을 일상적으로 진행했다. 학생들 사이에서뿐만 아니라 교사 모임이나 학부모 교육에서도 서클 모임을 통해 내면을 성찰하고 평화로운 공동체를 만들어 가는 데 전념하기 시작했다.

이렇게 다양한 방식의 주제 중심 통합교육과정, 회복적 생활교육, 서클 모임 등이 진행하면서, 이러한 교육활동이 궁극적으로 지향하는 키워드가 무엇인지 생각하게 되었다. 그리고 마침내 덕양중학교 교육과정이 궁극적으로 지향하는 철학과 가치를 '평화'로 정립하게 되었다.

평화를 의미하는 히브리어 '샬롬shalom'은 전쟁 없는 상태를 넘어, 정의와 평등에 기초하여 모두가 최상의 존재 상태를 유지하는 지속적인 평화 상태를 의미한다.

평화교육은 인간의 삶을 구성하고 있는 네 차원(개인적·주관적 차원, 대면 접촉의 차원, 사회적·정치적 차원, 생태적·우주적 차원)에서 서로를 살리는 상생의 관계를 맺어 갈 수 있는 능력을 기르는 것이다.

덕양중학교 교육과정에서 의미하는 평화교육은 개인적 차원에서 스스로를 이해하고 다른 사람과 공동체, 세계, 자연과의 올바른 관계를 맺고 그 속에서 일어나는 여러 갈등과 문제를 이해하고 해결하는 안목과 힘을 길러 주는 교육으로 규정하고자 한다.

위 문구는 2013년부터 지금까지 「덕양중학교 교육과정 운영계획」에 빠짐없이 등장하는, 학교교육과정의 총론에 해당한다. 이 교육과정 문서를 작성하기 위해 덕양중학교 교사들은 평화교육에 대한 이론을 연구하였다.

'평화'는 크게 '소극적 평화'와 '적극적 평화'로 나누어 볼 수 있다. '평화'를 지칭하는 말에는 라틴어 '팍스pax'와 히브리어 '샬롬shalom'이 있다. 이 중 '팍스'는 단순히 '전쟁이 없는 상태'를 가리키는 '소극적 평화'를 의미한다. 더욱이 이 개념은 '강자의 무력을 통해 전쟁을 억제하는 상태'를 나타내기도 한다. 로마가 전 세계를 무력으로 지배했던 평화의 시대를 '팍스 로마나Pax Romana'라고 한다. 현대의 패권을 행사하고 있는 미국이 엄청난 무력과 경제력을 바탕으로 세계 질서를 장악하고 있는 이 시기를 '팍스 아메리카나Pax Americana'라고 부르기도 한다. 이러한 평화는 진정한 평화가 아니다.

진정한 평화는 단지 '전쟁이 없는 상태'를 넘어 사회의 구조적인 폭력이나 비가시적인 문화적 폭력이 사라진 상태를 말한다. 이것이 '팍스'와 구분되는 '샬롬', '적극적 평화'이다. 이는 정의와 평등에 기초하여 모든 존재가 존엄성을 인정받는 상태를 말한다. 그러므로 적극적 의미의 평화 개념은 불평등의 해소와 사회 정의의 실현을 모두 포함한다.

이러한 평화 개념을 기반으로 한 평화교육은 인간의 삶을 구성하는 네 차원(개인적 차원, 타인과의 관계적 차원, 사회적 차원, 생태적 차원)에서 서로를 살리는 상생의 관계를 맺어 갈 수 있는 능력을 기르는 교육으로 정의될 수 있다. 그렇기 때문에 덕양중학교에서는 평화교육을 '개인적 차원에서 스스로를 이해하고 다른 사람과 공동체, 세계, 자연과의 올바른 관계를 맺고 그 속에서 일어나는 여러 갈등과 문제를 이해하고 해결하는 안목과 힘을 길러 주는 교육'이라고 규정하고 있다.

평화교육은 우선 개인적 차원, 내면의 평화를 추구한다. 우리 학생들의 마음속에는 자기를 비하하는 마음, 공격적 성향, 왜곡된 욕망과 불안 등 반평화적인 요소가 가득하다. 따라서 자신의 내면을 성찰하고 마음의 평화를 찾도록 하는 것이 필요하다. 자아존중감, 자기성찰 능력, 자기효능감, 회복탄력성, 반성적 능력, 자기주도적 능력, 자기관리 능력 등을 기르는 것이 평화교육의 첫 번째 요소이다.

평화교육은 자아의 회복과 함께 다른 사람과 좋은 관계를 형성할 수 있는 역량을 기르는 교육이다. 차이를 있는 그대로 인정하는 능력, 다른 사람에 대해 공감하는 능력, 타인과 의사소통하는 능력, 다른 사람과 협력하며 문제를 해결하는 능력 등을 기르는 것이 평화교육의 두 번째 요소이다.

평화교육은 다른 사람과의 조화로운 관계를 통해 평화의 공동체를 만들어 가는 역량을 기르는 교육이다. 공동체의 문제를 자기의 문제로 받아들이는 능력, 삶에서 부딪히는 문제를 동료들과 함께 해결하는 능력, 사회 구성원으로서 권리와 책임을 다하여 사회 발전에 기여하는 능력 등을 기르는 것이 평화교육의 세 번째 요소이다.

마지막으로 평화교육은 세계와 자연을 이해하고 올바른 관계를 맺어 가는 역량을 기르는 교육이다. 다양한 삶의 가치와 문화를 이해하고 수용하는 능력, 문화예술을 능동적으로 이해하고 향유하며 창조하는 능력, 자연의 아름다움을 느낄 수 있는 능력, 자신을 자연의 일부라는 생각으로 생태계를 바라볼 수 있는 능력, 생태감수성을 바탕으로 생태위기에 대응하는 능력 등이 평화교육의 네 번째 요소이다.

덕양중학교는 즐겁게 배우며 성장하는 사람, 스스로의 삶을 사랑하고 가꾸는 사람, 다른 사람을 존중하고 배려하는 사람, 다양한 문화를 이해하고 즐길 수 있는 사람, 자신의 삶을 지역과 사회에 나눠 줄 수 있는 사람을 기르기 위해 다음 아홉 가지 평화역량을 중심으로 교육과정을 수립하였다.

덕양중학교 평화 9역량

평화 범주	평화 역량	세부 역량
자아	자기 이해	• 자신의 가치를 내면화하는 자아존중감 • 자신의 삶을 돌아보고 이해하는 자기성찰 능력 • 자신에게 주어진 행동에 대하여 성공적으로 수행할 수 있다고 믿는 자기효능감 • 위기나 역경을 극복하고 행복이나 긍정적인 상태로 돌아갈 수 있는 회복력
	자기 관리	• 배움의 과정을 스스로 점검하고 통제할 수 있는 반성적 능력 • 자기 학습에 대한 책임감을 지니고 자기주도적으로 학습할 수 있는 능력 • 자기의 삶을 기획하고 목표 달성을 위해 행동을 절제하고 생활을 관리할 수 있는 능력 • 자신의 생활을 바람직하게 유지하기 위해 필요한 것들을 관리할 수 있는 능력
타인	평화 감수성	• 폭력과 아픔과 차별이 없는 마음 • 처지가 다른 사람과 쉽게 소통하고 공감하는 능력 • 다른 사람이 경험했던 고통, 현재 겪고 있는 고통에 대해 연민하고 나의 고통처럼 느끼고 타인의 시선을 통해 문제의 본질에 더 깊이 다가갈 수 있는 능력
	의사 소통	• 다양한 텍스트를 이해하고 다른 사람의 의견을 경청하며 자신의 의견을 표현할 수 있는 능력
	대인 관계	• 타인의 감정을 잘 이해하며 사회적 상호작용을 촉진하여 협력적 발전을 이루는 능력
공동체	협력적 문제 해결	• 자신에게 주어진 문제를 합리적으로 해결할 수 있는 능력 • 학습이나 삶에서 직면한 문제를 스스로 또는 동료와 함께 발견하고 합리적으로 해결할 수 있는 능력 • 공동체의 문제를 자기 문제로 받아들이고 협력적으로 해결하려는 능력
	민주 시민	• 평화적 태도를 길러 개인과 세계의 행복을 위해 노력할 수 있는 능력 • 사회 구성원으로서 권리와 책임을 다하고 사회 발전에 기여할 수 있는 능력 • 사회에 대한 책무성을 인식하고 발휘할 수 있는 능력

| 세계 | 문화적 소양 | • 문화·예술을 능동적으로 이해하고 향유하며 창조하는 능력
• 다양한 삶의 가치와 문화를 편견 없이 이해하고 수용하는 능력 |
| | 생태 감수성 | • 환경에 대한 아름다움, 신비로움, 환경 문제를 느낄 수 있는 능력
• 환경의 상황에 대해 공감하며 감정이입이 되는 능력
• 환경 그 자체 속에서 자신도 환경의 일부라는 생각으로 전체의 관계를 바라보고 생각하고 느낄 수 있는 감정조망 수용 능력
• 환경에 대한 심미적인 이해를 통해 감상하고 표현할 수 있는 능력 |

평화역량 중심 교육과정 실현 방안

더불어 사는 삶을 위한 평화 9역량 증진

존중과 배려, 관계의 회복을 지향하는 공동체 만들기

• 존중과 배려의 공동체 문화 만들기
• 회복적 생활교육을 통한 평화로운 학교문화 만들기
• 공동체를 지향하는 회복적 학급 만들기
• 한 사람도 소외되지 않고 더불어 배우는 수업 만들기

평화역량 기반의 교과 수업

• 평화역량 기반의 교과 교육과정 운영
• 삶과 연계된 주제를 탐구하는 수업
• 경청하고 표현하며 함께 공유하는 수업
• 서로 협력하며 문제를 해결하는 수업
• 평화를 배우는 교과통합 프로젝트 수업
• 평화감수성을 키우는 존중 프로젝트 수업
• 마을교육공동체와 함께하는 수업

더불어 사는 삶을 배우는 창의적 체험활동

• 스스로 기획하고 운영하는 학생자치활동
• 소외된 이웃과 함께하며 기여하는 방법을 배우는 평화봉사활동
• 여행을 통해 나를 돌아보고 우정을 나누는 평화기행
• 평화감수성과 공동체성을 기르는 마음을 여는 활동
• 나의 재능을 발견하고 함께하는 즐거움을 배우는 몸짓 프로젝트
• 감성을 살리는 생생감동 예술체험

자기정체성과 존중감을 향상시키는 방과후학교

• 자기존중감 향상 및 진로탐색을 위한 씨드 스쿨
• 자기 삶의 주인으로 성장하는 자율 동아리
• 함께 배우고 성장하는 또래 튜터링
• 삶을 가꾸는 방법을 배우는 목공, 음악, 미술, 스포츠, 야생화자수 교실(화전마을학교 연계)
• 기초학력 향상을 위한 배움 동행 프로그램(수학·영어)

다. '평화'를 중심으로 학년 교육과정을 만들다

중등학교 교육과정은 국어, 영어, 수학, 사회, 과학, 음악, 미술, 체육, 도덕, 기술가정 등 국가교육과정에서 정한 교과를 중심으로 한 교과 교육과정이다. 이는 대학의 학문체계를 그대로 중등교육에 이식한 교육과정이다. 하지만 중등학교 교육과정의 목적은 해당 교과의 전문가를 기르는 것이 아니다. 중등학교 교육과정의 목적은 학생의 전인적 성장을 돕는 것이다. 그렇기 때문에 현행 교과 중심의 교육과정은 학생의 성장발달 단계를 제대로 고려하지 못하고 있으며, 학생의 전인적인 성장을 돕는 데도 한계가 있다.

교육과정 이론을 정립한 타일러Tyler는 저서 『교육과정과 학습지도의 기본 원리』에서 "장래의 수학자가 되지 않을 학생에게 수학을 가르치는 것이 어떤 의미가 있는지를 생각하며 교육과정을 설계해야 한다."고 했다. 다시 말해 학교에서 수학을 가르치는 목적은 '미래의 수학자'를 기르는 것이 아니라 수학을 통해 수학적 사고력을 기름으로써 학생의 전인적 성장을 돕는 데 있다.

덕양중학교는 국가교육과정에서 정한 교과 교육과정을 운영하되, 분절적 교육과정을 넘어 교육과정을 최대한 통합하여 운영하려고 노력했다. 또한 단순히 교과의 내용을 통합하는 것뿐만 아니라 이를 통해 '평화'의 가치를 구현하고자 했다.

이를 바탕으로 덕양중학교에서는 '학년 교육과정'을 만들었다. 1학년, 2학년, 3학년 교육과정에서 공통적으로 '평화'의 가치를 중심으로 '나를 사랑해요', '있는 그대로 인정해요', '서로 도우며 함께 배워요'라는 영역을 설정했다. 그리고 '1학년에게 바라는 모습', '2학년에게 바라는 모습', '3학년에게 바라는 모습' 등 인간상을 중심으로 학년 교육과정을 위계화했다.

1학년 교육과정은 중학교에 갓 입학한 학생의 특성을 고려했다. 학생들이 중학교 생활에 적응할 수 있도록 돕는 교육과정, 자기 자신의 모습을 사랑하도록 돕는 교육과정, 차이를 인정하고 갈등이 생겼을 때 그 갈등을 해결하는 방법을 배우는 교육과정, 건강하고 창조적인 삶을 사람이 되기 위한 방법을 배우는 교육과정을 설정했다.

1학년 교과 교육과정

1학년에게 바라는 모습

중학교에 입학하여 나를 사랑하고 공동체 속에서 다름을 인정하며 갈등이 생겼을 때 그 갈등을 다루는 방법을 배우고, 건강하고 창조적인 삶을 사는 사람이 되기 위한 방법을 배운다.

1학년 평화교육과정 운영계획

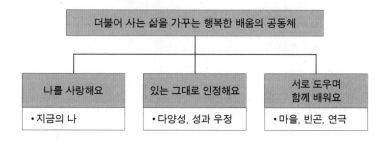

1학년 주제통합 교육과정

구분	3월	5월	6월 (평화봉사)	8월	9월 (평화기행)	10월	1월
주제	나	다양성	가치관	다름	평화기행	나	연극
프로 젝트	지금의 나	이웃, 텃밭	가치	성과 우정	평화기행	팝스 그래프	연극
수업 내용	• 자아 정체성, 존경 인물 (도덕) • 나의 흥미, 아바타 (진로) • 나 이해하기 (영어) • 청소년의 발달 특징과 나 (기술 가정) • 미래 명함 만들기 (과학) • 친구의 눈으로 보는 나 (미술)	〈이웃〉 • 약자를 위한 정책 만들기 (도덕) • 빈곤 (국어) 〈텃밭〉 • 의식주 생활 (기술 가정) • 생물의 다양성 (과학) • 세밀화 그리기 (미술)	• 나의 선택 가치 (도덕) • 나의 가치관 유형 (진로)	• 친구관계, 성적 발달 (기술 가정) • 성의 의미, 이성교제 (보건)	• 캐릭터 디자인 (미술) • 지도 (사회) • 픽토그램 (기술 가정)	• PAPS (체육) • 통계 (수학)	• 연극 • 뮤지컬
산출물	나의 포트폴리오	사회적 약자를 위한 정책 만들기 식물 세밀화	내가 추구해야 할 가치 글쓰기		평화기행 팸플릿		연극제

2학년 교육과정은 질풍노도의 시기를 달리고 있는 중학교 2학년 학생들에게 필요한 내용을 중심으로 했다. 사춘기의 절정에 있는 학생들이 다른 사람의 감정을 공감하는 능력을 기르는 교육과정, 다른 사람의 생각을 수용하는 능력을 기르는 교육과정, 이를 통해 나를 이해하고 사랑하는 방법을 배우는 능력을 기르는 교육과정, 공동체 속에서 자신의 몫을 다하며 조화롭게 살아가는 방법을 배우는 교육과정을 설정했다.

2학년 교과 교육과정

2학년에게 바라는 모습

사춘기의 절정에 있는 아이들이 다른 사람의 감정과 생각을 공감하고 수용하는 과정을 통해 나를 이해하고 사랑하는 방법을 배우며, 공동체 속에서 롤모델을 찾고 자신의 몫을 다하며 조화롭게 살아가는 방법을 배운다.

2학년 평화교육과정 운영계획

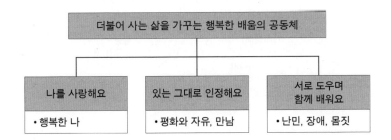

2학년 주제통합 교육과정

구분	3월	4월	5월	6월 (평화 봉사)	8월	9월 (평화 기행)	10월	1월
주제	나	존중	존중	만남	나	평화기행	협력	몸짓
프로젝트	행복한 나	조리 있게 말하기	어울림, ISH	사람에게 길을 찾다	친환경 주택	평화기행 책에서 길을 찾다	라디오 단막극	몸짓
수업 내용	• 노래로 표현하는 행복 (음악) • 행복이란 (철학)	• 토론 (국어) • 식물과 에너지 과학)	〈어울림〉 • 상황에 맞는 시 (국어) • 이주민의 역사 (역사) • 생명 기술과 적정기술 (기술 가정) • 장애 이해교육 (특수) • 유니버설 디자인 제안하기 (미술) 〈ISH〉 • 평화, 자유 글쓰기 (영어) • 주변 음미하기 (철학) • 그림 (미술)	• 진로 인터뷰 (국어) • 직업인 역할모델 탐색(진로)	• 주택 모형 만들기 (기술 가정) • 전기와 자기(과학)	〈평화기행〉 • 타이포 그래피 (미술) • 여행 책자 만들기 (영어) • 유적 답사 보고서 (역사) 〈책에서 길을 찾다〉 • 진로 독서 (진로) • 소설 −독후 활동 (국어)	• 희곡 쓰기 (국어) • 농민 봉기 (역사)	• 몸짓 활동
산출물	행복 노래	토론, 논술문	그림 속 에세이	진로탐색 인터뷰 보고서	친환경 주택 모형	평화기행 리플릿 독후감	라디오 단막극	몸짓 발표회

3학년 교육과정은 중학교 생활을 마무리하고 있는 3학년 학생들에게 필요한 내용을 중심으로 하였다. 이 시기는 특히 중학생 선배로서 학생자치의 역량을 키우고, 민주시민의식을 기르는 것을 중심으로 하였다. 나를 알고 표현할 수 있는 능력을 기르는 교육과정, 인권과 평화에 대한 감수성을 기르는 교육과정, 공동체 속에서 조화롭게 어울리며 자신의 이야기를 만들어 가는 방법을 배우는 교육과정을 설정하였다.

3학년 교과 교육과정

3학년에게 바라는 모습

중학교 생활을 마무리하는 3학년으로서 나를 알고 표현할 수 있으며 인권과 평화에 대한 감수성을 향상시킨다. 또한 공동체 속에서 조화롭게 어울리며 자신의 이야기를 만들어 가는 방법을 배운다.

3학년 평화교육과정 운영계획

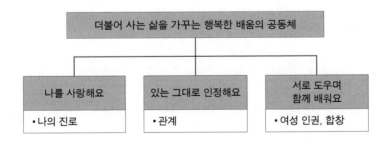

3학년 주제통합 교육과정

구분	3월	4월	5월	6월 (평화봉사)	9월 (평화기행)	10월	1월
주제	관계, 진로	나	여성 인권	협력	나	선거	합창
프로 젝트	관계, 나의 진로	나	노란 나비	하이큐	보이는 라디오 DIY	캠페인	합창
수업 내용	〈관계〉 •언어폭력, 평화 언어 사용 (국어) •관계 이해 (영어) 〈진로〉 •고등학교 이후의 진학정보 탐색 (진로)	•자서전 쓰기 (국어) •Speak Yourself (영어)	〈노란 나비〉 •인권문제 토론 (국어) •전쟁과 여성 인권 (역사) •인권의 역사, 기본권 (사회) 〈관계〉 •성 역할, 내가 원하는 삶의 방향 (영어)	•배구 경기 해설 (체육) •배구 영어 해설 중계 (영어)	•나만의 라디오 만들기 (음악) •방송극 시나리오 (국어)	•개인의 도덕적 삶과 국가의 관계 (도덕) •캠페인송 만들기 (음악) 〈진로〉 •진로 디자인 -진로 미니북 (진로)	•합창
산출물			인권 리플릿	배구 경기 해설 대본과 영상	보이는 라디오 극장	캠페인송 진로 미니북	합창제

라. '백워드 교육과정', '나선형 교육과정'으로의 체계화

앞에서 제시한 학년 교육과정을 살펴보면 이 안에서 '백워드 교육과정', '나선형 교육과정'의 원리를 발견할 수 있다. 덕양중학교 교육과정은 이런 방식으로 학생들이 배워야 할 내용을 반복·심화시키면서 목표에 도달할 수 있도록 체계화되어 있다.

'백워드Backward 교육과정'은 위긴스Wiggins와 맥타이McTighe의 책 『Understanding by Design』에서 제시된 것으로 '거꾸로 설계하는 교육과정'이라고도 부른다. 교육과정을 '거꾸로' 설계한다는 것은 일반적인 교육과정 설계와는 달리, 교육과정의 '궁극적인 도달점'을 먼저 생각하고 여기에 도달하기 위한 구체적인 절차를 설계하는 것을 말한다. 여기서 말하는 '궁극적인 도달점'이란 "학교교육과정을 통해 우리 학생들이 어떤 인간이 되기를 원하는가?", "우리 학생들이 무엇을 알고 무엇을 할 수 있게 되기를 바라는가?"를 의미한다. 이러한 궁극적인 도달점을 먼저 생각해야 하는 이유가 있다.

'백워드 교육과정 설계'의 모형

1단계		2단계		3단계
바라는 결과의 확인 (목적 설정)	⇨	수용할 만한 증거 결정 (평가 계획)	⇨	학습 경험 (수업 계획)

대부분의 학교에서는 어떠한 인간을 길러 내고자 하는 목적의식이 없이 그저 교과서에 나온 내용을 가르치는 경우가 많다. 이는 '교과를 위한 교과 교육과정'이라 부를 수 있다. 이러한 교육과정에서는 일반적으로 '교과서 진도 나가기 식 수업'이 진행된다. 반면에 이러한 교과

교육과정의 폐해를 극복하기 위해 다양한 학습활동을 진행하는 경우도 많다. 이는 학생이 직접 참여하는 수업을 진행한다는 점에서 의미가 있다. 하지만 그 활동을 왜 해야 하는지를 성찰하지 못한 채, 단지 학생의 흥미를 끌기 위한 활동, '활동을 위한 활동'에 머무르는 경우가 많다.

따라서 '교과를 위한 교과 교육과정', '활동을 위한 활동'의 양극단을 극복하려면 교육과정을 통해 '어떠한 인간을 길러 내고자 하는지'를 미리 명확하게 설정해야 한다. 이것이 '거꾸로 설계하는 교육과정'의 취지이다.

백워드 교육과정의 특징은 늘 '도달점'을 염두에 둔다는 것이다. 여기서 말하는 '도달점'은 일종의 비유적인 표현이지만 단순히 학생들을 졸업시킨다든가, 좋은 입시 결과를 얻는 것을 의미하지는 않는다. 이는 "우리 학생들이 입학 후 3년 동안 교육을 받은 결과 어떤 인간이 되기를 원하는가?" 하는 '교육적 인간상'을 의미한다. 다만 '홍익인간'처럼 추상적이고 관념적인 차원에서 이를 진술하는 것이 아니라 "그 결과, 우리 학생들이 무엇을 알게 되고, 무엇을 할 수 있게 되기를 원하는가?" 하는 정도로 구체적인 차원에서 비전을 설정하는 것을 의미한다.

- 우리 학교의 비전은 무엇인가? 우리는 졸업생들이 무엇을 알고, 무엇을 할 수 있게 되기를 바라는가?
- 학교의 비전을 감안해 볼 때, 어떤 교육과정을 추구해야 하고, 어떤 평가가 이루어져야 하는가?
- 그러한 교육과정과 평가를 고려해 볼 때, 어떤 수업이 전개되어야 하는가?

학교의 비전은 '협력, 배려, 소통'처럼 추상적인 단어로 설정되는 것이 아니고 매우 구체적 차원에서 설정되어야 하며, 그 비전 아래 학년별, 교과별 목표가 세부적으로 설정되어야 한다.

덕양중학교에서는 학교교육과정을 체계화하기 위해 '백워드 교육과정' 연수를 함께 듣고, 교육과정 워크숍을 통해 '졸업생을 마음에 그리기'라는 활동을 했다. 나아가 덕양중학교 교육과정이 지향하는 인간상을 1학년, 2학년, 3학년으로 세부적으로 구상했다. 그 결과 다음과 같이 '1학년에게 바라는 모습', '2학년에게 바라는 모습', '3학년에게 바라는 모습'을 설정했다.

1학년에게 바라는 모습 중학교에 입학하여 나를 사랑하고 공동체 속에서 다름을 인정하며 갈등이 생겼을 때 그 갈등을 다루는 방법을 배우고, 건강하고 창조적인 삶을 사는 사람이 되기 위한 방법을 배운다.

2학년에게 바라는 모습 사춘기의 절정에 있는 아이들이 다른 사람의 감정과 생각을 공감하고 수용하는 과정을 통해 나를 이해하고 사랑하는 방법을 배우며, 공동체 속에서 롤모델을 찾고 자신의 몫을 다하며 조화롭게 살아가는 방법을 배운다.

3학년에게 바라는 모습 중학교 생활을 마무리하는 3학년으로서 나를 알고 표현할 수 있으며 인권과 평화에 대한 감수성을 향상시킨다. 또한 공동체 속에서 조화롭게 어울리며 자신의 이야기를 만들어 가는 방법을 배운다.

백워드 교육과정은 이렇게 '궁극적인 도달점'을 먼저 생각한다는 것 이외에도 또 하나의 중요한 특징이 있다. 일반적인 교육과정 모델과는 달리 '평가 계획'을 먼저 수립하는 것이다. 여기서 말하는 '평가 계획'이란 지필평가, 수행평가 실시 계획과 같은 것을 말하는 것이 아니라, 학생들이 교육과정을 마쳤을 때 결과적으로 어떤 '산출물'을 나타내야 하는지를 미리 계획하는 것을 말한다. 학생들이 교육과정을 제대로 이 행했다면 그 결과로 '무엇을 알아야 하고 무엇을 할 수 있어야 하는 지', '어떤 결과물을 산출할 수 있어야 하는지'를 미리 설정해야, 교육 과정-수업-평가가 일관성 있게 이루어질 수 있다.

백워드 교육과정에서는 '학생들이 단순히 친숙해질 필요가 있는 것', '학생들이 알아야 하고 할 수 있어야 하는 중요한 것', '주요 아이 디어와 본질적인 질문'을 구분하고, 이에 따라 구체적인 평가 방법과 도구를 개발해야 한다고 본다. 이러한 평가는 학생들이 실제적인 상황 에서 구체적으로 무엇을 수행할 수 있는지를 확인함으로써 교육 목표 달성 여부를 확인하는 데 목적이 있다.

백워드 교육과정에서 '평가'는 '학생들이 우리가 바라는 결과에 도 달했는지' 여부를 확인하는 증거를 수집하는 과정이다. 그리고 이는 학생들이 알아야 하고 할 수 있어야 하는 것을 사전에 제시함으로써 교수-학습의 '흔들리지 않는 지표' 역할을 해야 한다.

예를 들어, 미국의 유명한 혁신학교인 '센트럴파크이스트 고등학교'에서는 '졸업 포트폴리오 전시회'를 가장 중요한 평가 방식으로 설정 하고 있다. 학생들은 졸업할 때 다음과 같은 포트폴리오 전시를 의무 적으로 해야 하며, 이를 통해 학생들이 이 학교가 추구하는 교육과정 비전을 완수했다는 증거를 보이게 된다.

학생들이 감당해야 할 책임은 이 문서에 열거된 14개의 포트폴리오 요구 사항을 완수하는 것입니다. 이 포트폴리오들은 우리 학교 특유의 마음과 일의 습관뿐 아니라 각 영역의 기술과 지식을 반영하고 있습니다. 학생들은 7개의 주요 포트폴리오를 선택하고 이를 위원회에서 발표합니다. 포트폴리오와 관련해서 수행된 과제는 그동안에 이루어진 수업, 세미나, 인턴십, 그리고 독립학습 등의 결과물이어야 합니다.

포트폴리오는 14개의 영역을 포함합니다. 7개의 '주요' 포트폴리오와 7개의 '일반' 포트폴리오를 발표하게 됩니다. 우리는 되도록 통합교과적 학습을 권장합니다. 따라서 한 영역의 요구 사항에 맞추기 위해서 제작된 포트폴리오가 다른 영역의 요구 사항을 맞추는 데도 활용될 수 있습니다. 거의 대부분의 포트폴리오 요구 사항은 다른 이들과의 협동작업으로 제작된 것(그룹 발표를 포함해서)도 허용하고 있습니다. 우리 학교는 이와 같은 협동작업을 장려하고 있는데, 이는 이와 같은 협동작업이 학생들로 하여금 훨씬 더 복잡하고 흥미로운 프로젝트에 관여할 수 있게 하기 때문입니다.

다음은 14개의 포트폴리오 영역들입니다.

1) 졸업 이후 계획
2) 과학/기술
3) 수학
4) 역사와 사회 교과
5) 문학
6) 자서전
7) 학교 및 지역사회 봉사활동과 인턴십
8) 윤리와 사회 이슈들

9) 미술/미학

10) 실질적 기술

11) 미디어

12) 지리

13) 외국어/이중언어

14)체육

_『마이클 애플의 민주학교』 중에서

덕양중학교에서도 마찬가지다. 덕양중학교는 전통적인 지필평가, 즉
선다형 평가를 실시하지 않는다. 대신 학생들의 다양한 사고력을 중시
하는 논술형 평가, 수업과 연계된 수행평가를 중심으로 평가를 하고
있다. 특히 덕양중학교 평화교육과정에서 선정한 주제에 대해 학생들
이 다양한 프로젝트 활동을 진행하고, 포트폴리오, 보고서, 연극 등 다
양한 산출물을 내도록 하고 있다. 학년별, 주제별 학습을 통해 다음과
같은 산출물을 만들어 내야 함을 교육과정 계획서에 명시하고 있다.

1학년 주제통합 교육과정

구분	3월	5월	6월	9월	1월
주제	나	다양성	가치관	평화기행	연극
산출물	나의 포트폴리오	사회적 약자를 위한 정책 만들기	내가 추구하는 가치 글쓰기	평화기행 팸플릿	연극제

2학년 주제통합 교육과정

구분	3월	4월	5월	6월	9월	10월	1월
주제	나	존중	존중	만남	평화기행	협력	몸짓
산출물	행복 노래	토론, 논술문	그림 속 에세이	진로탐색 인터뷰 보고서	평화기행 리플릿, 독후감	라디오 단막극	몸짓 발표회

구분	5월	6월	9월	10월	1월
주제	여성 인권	협력	나	선거	합창
산출물	인권 리플릿	배구 경기 해설 대본과 영상	보이는 라디오 극장	캠페인송	합창제

다음으로는 이러한 학년별 교육과정에 따른 교과 교육과정 비전을 구체화할 교과 교육과정 재구성이 필요하다. 여기서 중요한 것은 교과서에 제시된 수많은 지식을 평면적으로 가르치는 것이 아니라 핵심적인 성취기준을 중심으로 여러 상황에의 '전이'에 초점을 둔 교육과정을 설계할 필요가 있다.

백워드 교육과정에서는 '주요 아이디어Big idea'와 '본질적인 질문'을 중시한다. 각 교과에서 가르쳐야 할 주요 아이디어, 본질적인 질문을 추출하기 위해서는 우선 국가교육과정에 제시된 성취기준을 살펴볼 필요가 있다. 하지만 국가교육과정에 제시된 성취기준을 모두, 동일한 비중으로 가르칠 필요는 없다는 것이다. 학교교육과정에서 설정된 주제에 따라 꼭 필요한 성취기준을 추출하고, 불필요하거나 중복된 성취기준을 연결하고, 이를 바탕으로 각 교과에서 가르쳐야 할 주요 아이디어와 본질적인 질문을 재구성해야 한다. 예를 들면 다음과 같다.

교과	국가교육과정 성취기준	핵심 개념	주요 아이디어 (Big idea)	본질적인 질문
역사	해방 이후 우리나라 민주주의의 발전과 시련 과정을 이해한다.	민주 주의	다양성을 존중하고 갈등을 평화롭게 해결해야 민주주의가 발전한다.	우리 학교에서 민주주의가 정착되기 위해 해결해야 할 갈등 상황은 무엇인가?
지리	각 지방의 지리적 특징을 이해한다.	지리적 특징	한 지역의 지리, 기후, 자원은 주민들의 생활양식에 영향을 미친다.	내가 화전마을에 산다는 것이 나의 생활방식에 어떠한 영향을 주는가?

덕양중학교 교사들은 각 교과마다 이러한 교육과정 재구성을 하기 위해 성취기준을 분석하고, 성취기준을 연결하여 주제를 도출하고, 학생들과 함께 탐구해야 할 '본질적인 질문'을 만들어 냈다. 교과별로 만들어 낸 '본질적인 질문'을 바탕으로 학습활동을 진행하면서 이를 통해 학생들이 더 깊은 이해에 도달할 수 있도록 하였다.

■ 덕양중학교 사회과 교육과정에서의 '본질적인 질문'

• 인간 거주에 유리한 지역의 조건은 무엇일까? 거주가 불리한 지역에서 사람들은 어떤 삶의 방식을 만들어 냈을까?
• 사람들은 어떻게 환경을 파괴하고 있을까? 환경을 지키기 위한 실천에는 어떤 것이 있을까?
• 서로 다른 문화가 공존하는 지역은 어떤 모습이며 갈등은 어떻게 해결할까? 서로 다른 문화가 공존하며 살아가는 우리나라 지역은 어디일까?
• 우리나라 민주주의는 어떤 어려움과 발전의 과정을 거쳤는가? 우리나라의 경제는 어떤 발전을 해 왔고, 왜 빈부 격차는 계속 커지는가?

덕양중학교 교육과정에는 또 하나의 특징이 있다. 학교교육과정에서 다루는 주제가 일회성으로 끝나는 것이 아니라 학년마다 반복이 되면서 그 내용의 깊이가 더 심화되는 방식으로 구성되어 있다. 이를 '나선형 교육과정'이라 부른다.

타일러Tyler는 『교육과정과 학습지도의 기본 원리』에서 교육과정 조직의 원리로 '계속성', '계열성', '통합성'의 원리를 제시했다. '계속성'은 학습 요소들을 학년을 계속하면서 반복적으로 학습하도록 교육과정을 조직한다는 원리이다. '계열성'은 교육 내용이 이전 내용보다 점

차 깊이와 넓이를 더해 가도록 교육과정을 조직한다는 원리이다. '통합성'은 여러 교과의 교육 내용을 서로 연결하여 제시하는 방식으로 교육과정을 조직한다는 원리이다. 이러한 원리가 결합되었을 때 '나선형 교육과정'이 만들어질 수 있다.

덕양중학교 나선형 교육과정

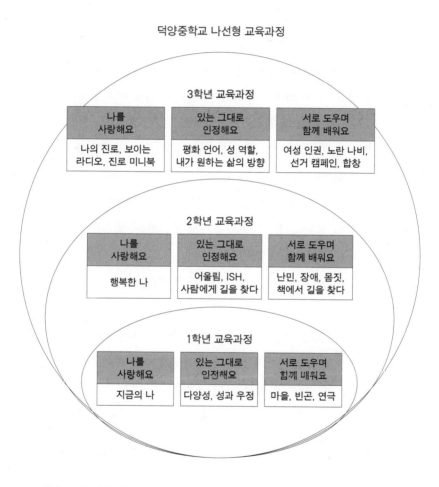

덕양중학교의 학교교육과정은 이렇게 '백워드 교육과정', '나선형 교육과정'을 통해 '평화'의 교육철학을 학년별, 교과별로 구체적이면서 체계적으로 구현하고 있다. 이러한 교육과정을 통해 학생들이 평화의

가치를 몸소 배우고, 졸업 후에도 평화로운 공동체를 만들어 나갈 역량을 기르도록 하고 있다.

마. 덕양중학교 교육과정은 오늘도 진화 중

덕양중학교 평화교육과정은 완성형이 아니다. 덕양중학교 평화교육과정은 오늘도 진화 중이다. 그리고 10년 후 덕양중학교 평화교육과정은 지금 상상할 수 없는 새로운 모습을 보일 것이다.

덕양중학교 교사들은 매 학기 말 '학교교육과정 평가회'를 갖는다. '학교교육과정 평가회'는 한 학기 동안 계획했던 교육과정이 제대로 이루어졌는지, 개선해야 할 점은 무엇인지 등을 새롭게 논의하는 자리이다. 대부분의 학교에서는 학교교육과정 평가회를 연말에 한 차례 갖는 것이 일반적이다. 일부 학교에서는 이마저 요식행위처럼 이루어져, 학생들에게 만족도 조사를 받는 것으로 학교교육과정 평가회를 대체하기도 한다.

물론 덕양중학교는 모든 교육활동의 영역에서 학생의 의견을 존중한다. 교육과정을 편성하고 수업과 평가를 진행하는 주체는 교사일 수밖에 없지만, 이러한 교육과정-수업-평가는 온전히 학생의 전인적인 성장을 위한 것이어야 한다. 그렇기 때문에 덕양중학교에서는 '교육과정 평가회'를 주기적, 공식적으로 열어 학생들의 의견을 충분히 반영하는 자리를 마련한다.

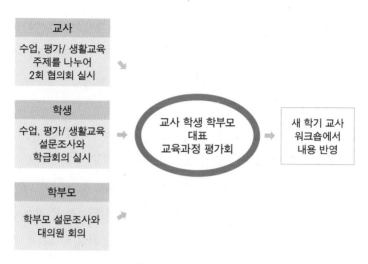

덕양중학교 교육과정 평가회 흐름도

위와 같은 흐름에 따라 한 학기 동안 진행되었던 수업과 평가, 생활교육에 대해 각각 교직원회, 학생회, 학부모회 차원에서 설문조사 및 대의원회에서 의견을 모은다. 그 결과에 대해서 교사대표, 학생대표, 학부모대표가 함께 모여 교육과정 평가회를 진행한다. 교사들은 교육과정 평가회에서 논의된 내용을 바탕으로 새 학기 교육과정 워크숍을 통해 새로운 교육과정-수업-평가 계획을 수립한다.

이러한 학교교육과정 워크숍을 바탕으로 2월에는 내년도 학교교육과정을 새롭게 만들어 간다. 덕양중학교 평화교육과정은 교사들의 집단지성을 바탕으로 끊임없이 새롭게 만들어진다.

앞으로 덕양중학교 평화교육과정은 또 어떻게 진화될지 알 수 없지만, 분명한 것은 '평화'라는 가치가 모든 학교교육의 일상에 깊이 뿌리내리게 될 것이라는 점이다. '평화'는 주제로 가르치는 것이 아니라 '삶'으로 배우는 것이다. 학생들이 수업을 포함한 모든 학교생활에서 평화로운 문화 속에서 살아가도록 해야 한다. 그래야 반평화적인 상황에 부딪힐 때 그것을 불편하게 느끼며 평화를 회복하는 일꾼이 될 수 있다. 이러한 교육과정을 만들어 가기 위해 덕양중학교 교사들은 평화교육 전문 시민단체 활동가들과 끝없이 만나며, 평화교육과정을 발전시키기 위해 노력하고 있다.

회복적 생활교육도 마찬가지다. 회복적 생활교육은 단순히 학교폭력을 예방하는 차원에 머무르지 않는다. 덕양중학교가 지향하는 평화교육과정은 곧 '회복적 학교'와 맞닿아 있다. '회복적 학교'란 회복적 생활교육의 틀 속에서 학급문화, 수업문화까지 평화로운 관계를 구축하는 학교이다. 이러한 문화 속에서 평화역량이 증진될 수 있다.

예전에는 학생들 사이에 심각한 갈등 상황이 발생했을 때 회복적 서클 모임을 진행했다. 하지만 어느 순간부터 학급의 조회, 종례를 서클 모임으로 진행하는 교사가 나타났고, 이것이 지금은 모든 학급으로 퍼져 나갔다. 이제는 수업도 'ㄷ' 자 수업을 넘어 모든 학생이 둥글게 앉는 서클 방식으로 진행하는 교사도 등장했다. 모든 학생이 둥글게 앉아 서로가 평등하고 안전한 관계 속에서 진행되는 수업이 현실화되고 있다. 학교가 편안하고 존중받는 공간이라고 느낄 때, 그곳에서 진정한 배움이 이루어질 수 있다.

바. '교사가 꿈꾸는 세상'을 담은 교육과정

그동안 한국에는 '학교교육과정'이 없었다고 해도 과언이 아닐 것이다. 국가교육과정이 학교에서 배우는 과목, 성취기준 등을 세부적으로 규정하고 있고, 국가교육과정에 따라 만들어진 교과서를 사용하게 되어 있기 때문에, 학교교육과정은 국가교육과정을 요약한 것에 불과하다. 많은 학교에서 이른바 '교육과정 재구성'을 하고 있지만, 이는 주어진 범위 내에서 일부 내용을 덜어 내거나 추가하는 정도에 머물러 있다.

덕양중학교에는 덕양중학교만의 '학교교육과정'이 있다. 덕양중학교는 이를 '평화교육과정'이라고 부른다. 여기에는 '평화'라는 철학과 가치를 기반으로 학생들이 길러야 할 평화역량이 선정되어 있다. 이것이 선언적인 문구가 아니라 학년 교육과정, 교과 교육과정, 창의적 체험활동 전반에 반영되어 있다. 그리고 '백워드 교육과정', '나선형 교육과정'의 모델을 반영하여 '1학년에게 바라는 모습', '2학년에게 바라는 모습', '3학년에게 바라는 모습'을 설정하고, 이를 구현하기 위한 주제를 선정하고, 각 교과에서 통합적으로 이 주제를 다루고 있으며, 이것이 학년별로 위계화되어 있다.

더 중요한 것은 이 안에 '교사가 꿈꾸는 세상'이 반영되어 있다는 점이다. 이는 다른 말로 표현하면 '교사가 살고 싶은 세상', '교사가 학생들에게 물려주고 싶은 세상'이다. 이것이 교육과정의 뿌리이다. 여기에 '교사가 관찰한 학생들의 필요'가 결합되면 학교교육과정이 완성된다.

산문시 1

신동엽

스칸디나비아라든가 뭐라구 하는 고장에서는 아름다운 석양 대통령이라고 하는 직업을 가진 아저씨가 꽃리본 단 딸아이의 손 이끌고 백화점 거리 칫솔 사러 나오신단다. 탄광 퇴근하는 광부鑛夫들의 작업복 뒷주머니마다엔 기름 묻은 책 하이데거 럿셀 헤밍웨이 장자莊子. 휴가여행 떠나는 국무총리 서울역 삼등대합실

매표구 앞을 뙤약볕 흠쓰며 줄지어 서 있을 때 그걸 본 서울역장 기쁘시겠오라는 인사 한마디 남길 뿐 평화스러이 자기 사무실 문 열고 들어가더란다. 남해에서 북강까지 넘실대는 물결 동해에서 서해까지 팔랑대는 꽃밭 땅에서 하늘로 치솟는 무지개빛 분수 이름은 잊었지만 뭐라군가 불리우는 그 중립국에선 하나에서 백 까지가 다 대학 나온 농민들 트럭을 두 대씩이나 가지고 대리석 별장에서 산다지만 대통령 이름은 잘 몰라도 새 이름 꽃 이름 지 휘자 이름 극작가 이름은 훤하더란다. 애당초 어느 쪽 패거리에도 총 쏘는 야만엔 가담치 않기로 작정한 그 지성 그래서 어린이들 은 사람 죽이는 시늉을 아니하고 아름다운 놀이 꽃동산처럼 풍 요로운 나라, 억만금을 준대도 싫었다. 자기네 포도밭은 사람 상 처내는 미사일기지도 땡크기지도 들어올 수 없소 끝끝내 배짱 지 킨 국민들, 반도의 달밤 무너진 성터가의 입맞춤이며 푸짐한 타 작소리 춤 사색뿐 하늘로 가는 길가엔 황토빛 노을 물든 석양 대 통령이라고 하는 직함을 가진 신사가 자전거 꽁무니에 막걸리병 을 싣고 삼십리 시골길 시인의 집으로 놀러 가더란다.

이 시가 쓰인 1960년대는 아직 핀란드, 스웨덴 등 북유럽 사회민주 주의 복지국가 모델이 널리 알려지기 이전이다. 그럼에도 불구하고 신 동엽 시인은 스칸디나비아 국가에 대한 풍문을 듣고 아름다운 상상력 을 펼쳐 낸다.

대통령이라는 직업을 가진 사람은 아주 소탈한 모습으로 장을 보러 나온다. 국무총리 역시 아무런 특권 없이 기차표를 끊고 여행을 떠난 다. 더욱 놀라운 것은 광부와 농민들의 모습이다. '작업복 뒷주머니마 다 기름 묻은 철학책을 꽂고 있는 광부', '대통령 이름은 몰라도 새 이름, 꽃 이름, 지휘자 이름, 극작가 이름은 훤한 농부', 바로 우리가 지향해야 할 교육적 인간상을 시적으로 표현한 구절이 아닐까?

우리 학생들이 모두 변호사나 의사가 될 수 없을뿐더러, 모든 사람이 변호사나 의사가 되는 사회가 바람직한 것도 아니다. 광부나 농부, 환경미화원도 인간으로서의 존엄성을 누리는 사회가 더욱 아름답다. 교육은 자기 삶의 존엄성을 인식하고 끊임없이 인문학적 교양을 기르는 사람, 노동을 통해 사회에 기여하며 보다 아름다운 사회를 일구는 사람, '시 읽는 농부', '철학하는 노동자'를 길러 내는 과정이어야 한다. 이런 꿈을 꿀 수 있는 교사들이 좋은 교육과정을 만들 수 있다.

2.

[수업] '배움의 공동체'로 수업을 바꾸다

가. 수업이 바뀌면 학교가 바뀐다

학교교육의 중심에는 수업이 있다. 수업은 교사와 학생, 학생과 학생의 관계 속에서 학교교육과정이 구현되는 장이다. 학생들은 하루 일과의 대부분을 수업시간으로 보내고, 교사가 가장 많은 에너지를 투여하는 시간도 수업시간이다. 좋은 수업이 이루어지지 않는 학교는 좋은 학교라 할 수 없다. 그래서 사토 마나부는 "수업이 바뀌면 학교가 바뀐다."라고 말했다.

수업을 바꾸는 것은 쉽지 않다. 대입 경쟁에서 비롯된 주입식·암기식 수업의 뿌리가 매우 깊기 때문이다. 교사들은 이러한 주입식·암기식 교육으로 좋은 대학에 간 사람들이다. 그렇기 때문에 오래된 습성에서 벗어나기가 참 어렵다. 최고의 수업 전문가는 "자기가 배우지 않은 방식으로도 수업을 진행할 수 있는 사람"이라고도 한다.

많은 교사들이 수업을 바꾸기 위해 여러 연수에 참여한다. 요즘에는 수업혁신과 관련된 연수가 차고 넘친다. 배움의 공동체, 거꾸로 교실, 하브루타 수업, 협동학습, 프로젝트 수업 등 그 흐름을 따라가기도 힘들 정도이다. 하지만 그런 연수를 받고 와서 수업을 바꾸려고 시도를 해도 번번이 실패하는 경우가 많다. 단지 아직 그 기법이 익숙하지 않아서가 아니다. 중요한 것은 수업 기법이 아니라 수업 철학이다.

혁신학교 운동 이후 가장 널리 확산되고 있는 수업 방식이 '배움의 공동체' 수업이다. '배움의 공동체' 수업 하면 우선 'ㄷ 자 배치'부터 떠올리게 된다. 심지어 어떤 교육청에서는 "모든 학급의 책상을 ㄷ자로 배치하라"는 공문을 학교에 보냈다고 한다. 이야말로 관료주의의 전형을 보여 주는 것이자, 알맹이가 아닌 껍데기만 보는 발상이다.

일본의 교육학자 사토 마나부 교수가 주창한 '배움의 공동체'는 단순한 수업 기법이 아니다. 그의 이론은 동아시아형 교육에 대한 근본적인 문제 제기를 배경으로 하고 있다. 배움의 공동체론은 동아시아형 교육을 극복하기 위한 교육개혁 전략이자, 수업을 통해 학교의 공동체성을 새롭게 형성하고자 하는 실천 전략이기도 하다.

나. 배움으로부터 도주하는 아이들, 동아시아형 교육의 종언

한국의 교사들이 일본 학자인 사토 마나부의 배움의 공동체론에 관심을 갖게 된 것은 한국과 일본의 교육이 매우 유사하기 때문이다. 그가 배움의 공동체론을 주창한 이유는 일본 교육의 위기를 극복하고자 하는 실천적 관심 때문이었다. 이는 그의 저서 『배움으로부터 도주하는 아이들』에 자세히 나와 있다.

1990년대 후반에 한국에서 '교실 붕괴론'이 등장하였다. 학생들이 수업시간에 잠을 자거나 교사의 말에 전혀 따르지 않고, 학교폭력과 왕따가 본격적으로 나타났다. 일본도 마찬가지였다. 한국에 왕따가 있다면 일본에는 이지메가 있고, 한국 학생들이 수업시간에 잠을 잔다면 일본 학생들은 아예 학교에 나오지 않는 부등교不登校 현상이 심했다.

사토 마나부가 보기에 이러한 현상은 학생들이 더 이상 배움의 의미를 찾지 못하고 '배움으로부터 도주'하는 것을 의미한다. "누구나 열심히 공부하면 성공할 수 있다."는 신화가 무너지고, 학교에서 배우는 내용이 자신에게 아무런 의미가 없다는 사실을 일본 학생들이 간파했다는 것이다.

이러한 현상은 비단 일본에서만 발견되는 것이 아니라 한국, 중국, 대만, 홍콩, 싱가포르 등 동아시아 국가에서 공통적으로 나타나는 현상이다. 사토 마나부는 이들 국가의 공통점을 묶어 '동아시아형 교육 모델'이라고 불렀다.

(1) **압축적 근대화**   미국이나 유럽에서 200~300년 걸쳐 진행되어 온 근대화를 동아시아 국가들에서는 50~100년 만에 달성했다. 과거 신분질서가 붕괴된 후 교육을 통해 계층 상승을 꿈꾸는 욕망이 이처럼 급속한 근대화를 추진하는 원동력이었다.

(2) **경쟁교육**   압축된 근대화의 원동력이 된 계층 상승의 욕망은 가혹한 입시 경쟁의 폐해를 가져왔다. 동아시아 국가들처럼 치열한 고교입시, 대학입시는 미국이나 유럽 등에서는 발견하기 어렵다.

(3) **산업주의**   경쟁교육의 결과 학교교육은 대량의 지식을 획일적·효율적으로 전달하는 모습을 띠게 되었다. 이는 마치 공장에서 물건을 대량으로 찍어 내는 것과 유사하다. 교과서를 중심으로 한 획일화된 일제식 수업이 이러한 산업주의 교육의 대표적인 모습이다.

(4) 관료주의 경쟁교육과 산업주의 교육을 효율적으로 유지하기 위해 필연적으로 중앙집권적 관료주의적 통제가 등장하게 되었다.

(5) 국가주의 국가의 입장에서 볼 때 학교교육은 근대화의 추진 동력이자 국가의 이념을 국민에게 효율적으로 주입하는 역할을 해야 한다.

(6) 공적 의식의 미성숙 학교교육은 국가의 입장에서는 복종적인 국민과 온순한 노동력을 키우는 것이고, 개인의 입장에서는 사적인 욕망을 실현하는 도구가 되었다. '국가주의'와 '이기주의'의 틈바구니에서 정작 '교육의 공공성'은 실현되지 못하고 있다.

이러한 동아시아형 교육은 과거에는 긍정적인 역할도 했다. 한국에서는 이러한 교육의 힘으로 놀라운 근대화의 기적을 이루어 냈다. 하지만 문제는 이제 이러한 동아시아형 교육 모델이 더 이상 지속가능하지 않다는 점이다. 이에 사토 마나부는 '공부'에서 '배움'으로 전환해야 한다고 주장한다.

공부의 세계는 아무도 만나지 않고 아무것에도 부딪치지 않고 스스로를 깨닫지 못하는 세계이며 쾌락보다 고통을 존중하고 비판보다는 순종을, 창조보다는 반복을 중시하는 세계였다. 공부의 세계는 장래를 위해 현재를 희생하는 세계이며, 그 희생의 대가를 재산이나 지위, 권력에서 찾는 세계였다. 또한 공부의 세계는 사람과 사람의 끈을 끊어 버리고 경쟁을 부추겨 사람과 사람을 지배와 종속관계로 몰아가는 세계였다. 지금의 아이들은 이러한 공부 세계의 바보스러움을 잘 알고 있다.

이에 반해 배움의 세계는 대상이나 타자, 그리고 자기와 끊임없이 대화하는 세계이다. 자기를 내면에서부터 허물어뜨려 세계와 확실한 끈을 엮어 가는 세계이다. 고독한 자기성찰을 통해 사람들의 연대를 쌓아 올리는 세계이다. 또는 보이지 않는 땅으로 자신을 도약시켜 거기에서 일어난 일을 자신의 것으로 연결하는 세계이다. 그리고 스스로의 행복을 위해서뿐만 아니라 많은 타자와 함께 행복을 탐구해 가는 세계이다.

_『배움으로부터 도주하는 아이들』 중에서

사토 마나부는 '공부'와 '배움'의 차이를 '만남과 대화'의 유무라고 말한다. 여기서 말하는 만남이란 '세계와의 만남', '타자와의 만남', '자기와의 만남' 등 세 차원에서 이루어지고, 그 만남은 '대화적 관계'에서 비롯된다. 교과서나 칠판을 넘어 대상 세계와의 만남(활동적 배움), 고립된 자아에서 벗어난 타자와의 만남(협력적 배움), 배운 것을 표현하고 공유하는 가운데 다시 자기 자신을 성찰하는 만남(반성적 배움)이 있어야 진정한 배움이라 할 수 있다.

다. '배움의 공동체'의 출발,
서로 경청하는 배려의 공동체

이러한 만남과 대화가 있는 수업이 이루어지려면 우선 교사와 학생 사이에, 학생과 학생 사이에 좋은 관계성이 형성되어야 한다. 좋은 만남은 대화적 관계에서 시작된다. 인간은 대화를 통해 타인과 만남을 형성하는 대화적 존재이다. 대화는 '말하기'와 '듣기'로 이루어져 있다. 말하기와 듣기 중에서 더 중요한 것은 '듣기'이다. 상대방의 말을 잘 경청하려는 태도가 좋은 관계의 출발이다.

그런데 교사들은 한결같이 '말하기'에만 익숙해 있다. 수업시간에 끊임없이 말을 해야 하는 위치에 있다 보니, 정작 중요한 '듣기' 훈련이 되어 있지 않다. 그렇기 때문에 교사는 먼저 '학생들의 다양한 반응에 주목하고 한 명 한 명의 말을 잘 들어 주는' 태도를 길러야 한다.

학생들 사이에서도 마찬가지다. 배움의 공동체의 출발은 '서로 잘 들어 주는 관계'의 형성이다. 자기가 잘 모른다는 사실을 부끄러워하지 않고 편하게 말할 수 있는 관계, 자기가 공부를 잘한다고 자랑하지 않고 다른 친구를 도와줌으로써 자신도 도움을 받을 수 있다는 사실을 깨닫는 분위기가 형성되어야 한다. 그런 점에서 좋은 교실은 학생들이 적극적으로 발표를 하는 소란한 교실이 아니라, 서로 잘 들어 주는 관계가 형성된 차분한 교실이다. 이러한 교실에서는 서로 안심하며 자신을 맡길 수 있고, 한 명 한 명의 존재가 인정되는 신뢰적 관계가 구축된다.

좋은 수업이 이루어지려면 서로의 의견을 잘 경청하는 분위기, 머뭇거리거나 더듬거리는 모습도 편안하게 허용되는 분위기, 배움이 느린 학생이나 소수의 의견도 허용되는 분위기가 형성되어야 한다. 이러한 대화적 관계가 형성되기 위해서는 우선 교사가 학생 한 명 한 명의 반응에 민감하게 반응하고 그들의 이야기를 경청하는 자세를 보여야 한다. 교사부터 '말하는 전문가'가 아니라 '듣는 전문가'가 되어야 한다. 이러한 점에서 '배움의 공동체'의 출발은 '서로 잘 들어 주는 배려의 공동체'라 할 수 있다.

덕양중학교에서는 이러한 '배움의 공동체'를 형성하기 위해 학년 초마다 '관계 수업'을 진행한다. '관계 수업'이란 학생들이 다른 학생들의 마음을 잘 읽어 내고, 이에 공감하며 좋은 관계를 맺어 갈 수 있는 능력을 기르는 수업이다. 이런 관계가 형성되지 않으면 아무리 모둠활동을 많이 하더라도 학생들이 서로 협력하는 수업이 제대로 이루어지지 못한다. 그래서 덕양중학교에서는 3월 첫주에 본격적인 교과 진도를 나가기 전에, 학급별로 서클 모임과 '관계 수업'을 진행한다.

학년 초 '관계 수업' 학습활동지

학습지	관계 수업	이름:	학년 반

상황 1 A는 4교시 끝나면 바로 B에게 다가와 급식을 먹자고 하지만 B는 매번 A하고만 밥을 먹는 게 불편하다. A가 싫은 건 아니지만 더 많은 친구들을 사귀고 싶은데 A 때문에 그럴 수 없는 게 부담스럽다.

상황 2 A와 B는 학급 짝꿍이다. A는 B의 물건을 빌려 가서 잃어버리거나 말없이 가져가서 교실 바닥에 내팽개치는 경우도 있다. B는 A에게 다시는 물건을 빌려주지 않겠다고 말하고 A는 친구끼리 너무 까칠하게 구는 B가 이해가 가지 않는다.

상황 3 수행평가를 위해 모둠활동 팀을 정해야 한다. A는 공부 잘하고 수행평가도 열심히 하는 B와 같은 조가 되어 좋았지만, 막상 B는 노력하지 않고 매번 무임승차하려는 A와 같은 팀이 되어 앞으로 어떻게 역할 분담을 해야 할지 막막하다.

상황 4 교실 쉬는 시간, A는 B에게 다가가 친해지고 싶은 마음에 팔을 툭툭 건드리며 장난을 건다. 하지만 B는 전날 잠도 잘 못 잤고 자꾸만 친한 척하는 A가 귀찮기만 하다. A는 계속 말을 걸어오지만 B는 조용히 책을 읽거나 자고 싶다.

상황 선택		나의 역할	

1. 그 상황에 나타난 A와 B의 욕구는 무엇일까요?

A

B

2. 그 상황을 해결하기 위한 적절한 표현 방법과 태도는 무엇일까요?

3. 2번에 적은 내용을 바탕으로 역할극 대화를 작성해 보세요. 모둠 안에서 두 사람이 역할극을 해 보고, 다른 학생은 더 올바른 표현과 태도가 무엇일지 그 내용을 수정해 주세요.

4. 역할극을 통해 배운 점이나 느낀 점을 적어 보세요.

학년 초마다 진행되는 '관계 수업'을 통해 학생 생활교육과 수업 양 측면에서 매우 긍정적인 효과를 거둘 수 있었다. 학생들은 타인의 감정에 대해 공감하는 훈련을 하고, 상대방의 말을 잘 경청하며 자신의 감정을 올바로 표현하는 방법을 터득하게 된다. 이를 통해 타인의 인권을 존중하는 태도, 갈등을 해결하는 능력, 서로를 배려의 관계를 맺어 갈 수 있다. 이러한 관계 형성이 잘되어야 수업시간에도 서로의 의견을 잘 경청하는 분위기가 형성된다. 그럴 때 모둠토의, 협력수업이 원활하게 이루어질 수 있다.

　오른쪽 화면은 '관계 수업'을 할 때 사용하는 PPT 슬라이드이다. 다른 사람의 의견을 경청한다는 것이 무엇인지 '聽(들을 청)'의 어원을 분석하며 알도록 한다.

　오른쪽 화면은 어떻게 하면 모둠활동을 통해 모든 학생들이 서로 배우는 관계를 형성할 수 있을지에 대해 알려 주는 PPT 슬라이드이다. 잘 모르는 학생도 편안하게 물어볼 수 있는 관계, 다른 학생이 말할 때 경청하기, 모든 학생이 공평하게 발언할 수 있는 관계, 서로 미안해하거나 양해를 하는 등 배려하는 관계를

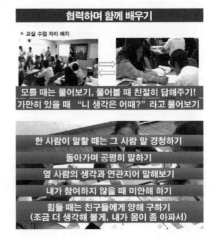

형성하는 것이 모둠활동이 원활하게 이루어지는 비결이다. 이렇게 '배움의 공동체' 수업의 출발은 '서로 경청하는 배려의 공동체' 형성이다.

라. 수업혁신을 위한 수업연구모임 운영

'배움의 공동체'는 단지 학생들만의 공동체를 의미하는 것이 아니라 교사들의 공동체를 의미하는 것이기도 하다. 수업을 혁신하는 것은 쉽지 않다. 교사들은 학창 시절 동안 전통적인 일제식 수업을 받아 왔고, 자기가 배운 대로 가르치기 마련이다. 아무리 수업혁신 연수를 들어도 이러한 습속을 바꾸기가 쉽지 않다. 그렇기 때문에 수업을 혁신하기 위해서는 교사들의 협력이 필요하다.

덕양중학교 교사들은 매주 수요일이나 금요일 오후마다 전문적 학습공동체를 운영한다. 한 달에 두 번은 학생 생활교육에 대해, 그리고 나머지 두 번은 '수업공개 및 수업연구회'를 진행한다. 5교시에 교사를 A팀과 B팀으로 나누어 한 팀은 한 학급의 수업공개 모임에 참여하고, 다른 한 팀은 나머지 학급의 수업에 참여한다. 이 모임을 격주로 진행을 하니, 모든 교사들이 한 달에 한 번은 수업공개 모임에 참여하게 된다. 그리고 일 년에 네 번은 한 학급을 남겨 전체 교사가 모두 공개수업에 참여를 한다.

덕양중학교에서는 다른 학교 교사들에게도 '수업공개 및 수업연구회'에 참여할 수 있도록 하고 있다. 관내에 있는 모든 학교에 공문을 보내 희망하는 타교 교사들도 함께 참여할 수 있도록 안내를 한다. 이런 소문을 듣고 심지어 제주도에 근무하는 교사가 덕양중학교 수업공개 모임에 참여하기도 했다.

우선 5교시에 공개수업을 하는 학급에 가서 수업 참관을 한다. 이때 사용하는 수업 참관록은 다음과 같다.

덕양중학교 공개수업 참관록 양식

일시				참관자	
학급		교과		교사	

핵심 질문	

수업 개요	

참관록		
관계	• 교사와 학생 간 관계는 어떤가요? • 교사의 학생에 대한 기다림은 어떤가요? • 전반적인 모둠 분위기는 어떤가요? (경청, 존중, 협력관계 등)	
수업 흐름 (배움, 공유, 표현)	• 어느 지점에서 배움이 일어나고, 어느 지점에서 배움이 주춤거리나요? • 배움을 이끌어 내는 요소는 무엇인가요? (교사의 발문, 과제, 활동의 구조 등) • 표현과 공유 활동은 어떤가요?	
교사에게 바라는 점		

이 수업 참관록 자체에 '배움의 공동체' 수업의 철학이 담겨 있다. 전통적인 수업 참관록은 '학생의 배움'이 아닌 '교사의 가르치는 행위'를 주목했다. 예를 들어서 "수업의 목표를 명시적으로 제시하였는가?", "도입-전개-결말의 구조를 갖추었는가?", "판서는 구조화되어 있는가?", "차시 예고를 하였는가?"와 같이 주로 교사의 행동을 체크리스트를 통해 점검하여 점수를 부여하는 방식이었다.

'배움의 공동체' 수업에서는 무엇보다 '수업에서 형성되는 관계성'을 중시한다. 수업의 관계성은 '교사와 학생의 관계', '학생과 학생의 관계'로 이루어진다. "교사와 학생 간 관계는 어떤가요?", "교사의 학생에 대한 기다림은 어떤가요?"는 '교사와 학생의 관계'를 살피며 수업을 참관하라는 질문이다. 특히 덕양중학교 수업에서는 '교사의 학생에 대한 기다림'을 중시한다. 일반적으로 교사들은 학생들을 기다려 주지 못한다. 학생들에게 질문을 하고 나서 3초도 기다리지 못하고 교사가 바로 답을 말하고 진도 나가기에 급급해한다. 교사와 학생 사이에 배움의 관계가 형성되려면, 교사가 학생들을 기다려 주면서 학생들의 반응에 경청하는 모습을 보여야 한다.

"전반적인 모둠 분위기는 어떤가요?"는 학생과 학생 사이에 '경청, 존중, 협력'의 관계가 형성되어 있는지를 살피며 수업을 참관하라는 질문이다. 모둠활동이 의미 있게 이루어지려면 무엇보다도 학생들이 서로 존중하며 상대방의 말을 경청하고 서로 협력하여 문제를 해결하려는 관계성이 형성되어야 한다. 그렇기 때문에 덕양중학교에서는 학년 초마다 앞에서 언급했던 '관계 수업'을 진행한다. '관계 수업'을 통해 학생들이 서로 존중하고 협력하는 방법을 제대로 배우고 나면, 모둠별 협력활동이 원활하게 이루어지게 된다. 수업을 참관하는 교사들은 학생들이 모둠활동을 하는 동안 어떤 경우에 협력이 잘 이루어지고, 어떤 경우에 협력이 제대로 이루어지지 않는지를 면밀하게 관찰한다.

'배움의 공동체' 수업은 말 그대로 학생들에게 실질적인 '배움'이 이루어지고 있는지를 중시한다. 교사가 아무리 열심히 수업을 진행하더라도, 학생들에게 실질적인 배움이 이루어지지 않는다면 아무런 의미가 없기 때문이다. "어느 지점에서 배움이 일어나고, 어느 지점에서 배움이 주춤거리나요?", "배움을 이끌어 내는 요소는 무엇인가요?"라는 질문은 수업을 참관하는 교사들이 학생들에게 실질적인 배움이 이루어지고 있는지를 면밀히 관찰하라는 것이다. 예를 들어 수업을 진행하는 교사가 학생들의 수준을 넘어서는 과제를 부여했다면, 그 과제의 난이도 때문에 배움이 이루어지지 못하고 있다는 점을 발견하도록 하는 것이다. 반대로 다소 수준이 높더라도 '흥미롭고 도전적이며 협력적인 과제'를 부여하면, 학생들은 의외로 매우 적극적으로 모둠활동에 참여하게 된다. 이러한 과제를 배움의 공동체론에서는 '점프 과제'라고 한다.

배움의 공동체 수업에서는 또한 '표현과 공유'를 중시한다. 학생들이 자신의 생각을 자유롭게 표현하고, 모둠별로 나눈 이야기를 전체 학생들과 공유하는 과정을 통해 '자기 자신과의 만남', '타인과의 만남', '세계와의 만남'이 이루어질 수 있다. 수업을 참관하는 교사들은 학생들이 '서로 잘 들어 주는 관계' 속에서 서로 도움을 주고받으며 문제를 해결하고, 교사들이 학생들의 의견을 서로 연결시키면서, 모든 학생들이 각자의 생각을 공유하는 과정을 면밀히 관찰한다.

덕양중학교는 한 시간 동안의 공개수업을 참관한 후, 두 시간 동안 수업연구회를 진행한다. 수업연구회 시간을 통해 교사들이 함께 수업에 대한 고민을 나누며 해결 방안을 모색한다. 이때야말로 교사들에게도 배움이 이루어지며 함께 성장해 가는 소중한 시간이다.

수업 참관을 하는 교사들

수업연구회 진행 방식

■ 수업자의 수업 의도, 고민, 요청(10분)

수업자의 수업 의도

• 수업을 디자인할 때 선생님의 의도는 무엇이었나요?

• 이 수업에서 선생님의 목표는 무엇이었나요?

수업자의 고민

• 수업을 준비하면서 가장 고민스러웠던 부분은 무엇이었을까요?

수업자의 요청

• 선생님이 수업연구회를 통해 함께 해결하고 싶은 것은 무엇일까요?

■ 관찰자의 배움 이야기 및 공유(40분)

관찰자의 배움 이야기(30분)

• 선생님의 고민과 바람을 잘 들었습니다. 지금부터 참관 선생님들 과 함께 모둠활동을 하겠습니다.

- 먼저, 왼쪽 포스트잇에는 수업과 수업자를 통한 나의 배움을, 오른 쪽 포스트잇에는 아이들을 통한 나의 배움을 써 주세요. 특히, 아이들이 어느 지점에서 배우고, 어느 지점에서 주춤거렸는가를 중심으로 관찰한 내용을 중심으로 써 주시면 좋겠습니다. 다 쓰신 후에 색종이에 붙이면서 이야기를 나눠 주세요.

수업(자)을 통한 나의 배움	아이들을 통한 나의 배움

수업자 활동

- 수업을 진행하신 선생님은 '수업 중에 고민스러웠던 장면', '잘 진행되었다고 생각되는 장면'을 작성해 주세요.

관찰자의 배움 공유하기(10분)

- 그럼 모둠에서 나왔던 배움을 공유하겠습니다.

■ 연구회에서 함께 이야기하고 싶은 주제 질문 및 토의, 공유(50분)

연구회에서 함께 이야기하고 싶은 주제 질문하기(10분)

- 모둠별 발표를 잘 들었습니다. 그럼 모두가 함께 이야기 나누고 싶은 내용을 포스트잇 1~2장에 질문의 형식으로 써 주신 후 앞 칠판에 붙여 주세요. 비슷한 내용이 있다면 그 포스트잇 밑에 함께 붙여 주세요.

공통 질문과 수업자의 질문에 대한 토의(30분)

- 우리의 공통 질문지와 수업자의 질문지에 대한 해결 방안을 함께 토의하는 시간을 갖겠습니다. 모둠에서 한 분이 토의한 내용을 정리해서 적어 주세요.

토의 내용 공유(10분)

■ 학생들의 배움 전달 및 수업자의 성찰(10분)

학생들의 배움 전달 및 수업자의 성찰(10분)
• 학생들은 이 수업을 통해 무엇을 배웠다고 느꼈을까요? 제가 학생들에게 "이번 시간에 무엇을 배웠니?"라고 물어봤습니다. 학생들의 대답을 전해 드리겠습니다.
• 제가 학생들에게 "이 수업을 색으로 표현하면 어떤 색으로 나타낼 수 있어? 그 이유는?"이라고 물어봤습니다. 학생들의 대답을 전해 드리겠습니다.

수업자의 성찰
• 수업을 진행하신 선생님께서는 오늘 수업연구회를 통해 새롭게 배우게 된 점을 말씀해 주세요.

수업연구회에서는 먼저 수업을 진행한 교사의 이야기를 듣는다. 수업의 의도가 무엇이었는지, 평소 수업에 대해 갖고 있었던 고민은 무엇인지, 수업연구회를 통해 함께 해결하고 싶은 것은 무엇인지 수업자의 의도와 고민, 요청 사항을 듣는다.

수업을 참관한 교사들은 수업자의 의도와 고민, 요청 사항을 참고로 하여 자신이 관찰한 수업에 대해 모둠을 나누어 이야기를 나눈다. 이때 핵심이 되는 것은 '수업을 통해', '학생을 통해' 자신이 '배운 것'을 함께 나누는 것이다. 예를 들어, 자기의 수업시간에는 잘 참여하지 않던 학생이 공개수업을 진행한 교사의 수업시간에는 적극적으로 참여하는 모습을 발견했다면, 그것으로부터 자신이 무엇을 배우게 되었는지를 이야기하는 것이다. 혹은 동일한 수업에서 어떤 학생 모둠에서는 모둠활동이 활발하게 이루어지는데 어떤 학생 모둠에서는 그렇지 않다면, 이 학생들의 관계성에 어떤 문제가 있는지 함께 토론을 하게 된다.

다음으로는 교사들이 모둠별로 토론한 주제에 대해 전체 교사가 함께 토의하는 시간을 갖는다. 모둠별로 토론할 주제를 제기하고, 진행자가 이 주제들을 정리하여 전체 토의를 진행한다. 예를 들어 학생들 사이에 협력적 관계 형성이 여전히 미흡하다고 판단했다면, 이 학급의 관계성을 어떻게 회복할 것인지를 전체 교사가 함께 논의한다. 또한 수업을 진행한 교사의 고민에 대해 함께 토의하며, 이 교사가 다시 수업을 진행할 힘을 회복할 수 있도록 지지하고 격려하는 시간을 마련한다.

　이렇게 동료 교사들의 지지와 격려를 통해 고민을 함께 해결하는 과정을 거친 후, 실제로 수업에 참여했던 학생들의 반응을 '직면'하는 시간을 갖는다. 수업자의 의도가 학생들에게 잘 전달될 때도 있지만, 수업자의 의도와는 달리 학생들이 전혀 예상하지 않았던 반응을 보일 때도 있기 마련이다. 혹은 수업자의 고민이 실제로 학생들에게는 아무런 문제가 되지 않는다는 점을 확인하기도 한다. 특히 학생들이 그 수업에 대해 갖고 있는 이미지를 '색깔'로 표현하도록 함으로써 수업에 대한 새로운 시각을 얻기도 한다.

　이 모든 과정을 거친 후 마지막으로 수업자가 자신에 대한 성찰을 고백하는 시간을 갖는다. 몇 해 전 EBS에서 방영되었던 〈선생님이 달라졌어요〉 프로그램 장면처럼, 때로는 눈물을 흘리기도 하고 때로는 자신의 수업을 애정 어린 마음으로 지켜봐 준 동료 교사에게 감사의 인사를 전하기도 한다. 이러한 수업 성찰이 곧 삶에 대한 통찰로 연결되어 교사의 존재 회복에 이르게 된다. 이처럼 덕양중학교 수업공개와 수업연구회는 단순한 수업 기법에 대한 연수가 아니라 공동체적 성장이 이루어지는 따뜻한 공간이 된다.

수학 시간에 일어난 배려, 베풂, 뿌듯함, 감사, 용서, 화해

덕양중학교에 부임하고 처음 얼마 동안, 교육 경력 2년 차 오국환 선생님을 덩치 큰 3학년 남학생들 사이에서 구별해 내기란 여간 어려운 일이 아니었습니다. 복도에서 여러 아이들과 함께 지나치며 "안녕하세요!" 하고 인사하면 "그래! 안녕!" 하고 학생들에게 인사를 받듯이 했습니다. 그런 일이 여러 번 반복되었고 학교장은 너무나 미안하여 사과를 했고 그때마다 오 선생님은 재미있다는 듯이 빙긋 웃었습니다.

그 새내기 오국환 선생님이 오늘 공개수업을 했습니다. 오 선생님이 얼마나 수학 교과와 자신의 수업을 사랑하는지, 그리고 평소 아이들과의 친밀한 관계를 위하여 얼마나 노력하는지, 평소의 열정과 헌신의 흔적이 수업 속에 고스란히 담겨 있었습니다.

오늘 공개수업 때 모둠 사이에서 일어난 풍부한 배움을 1모둠의 두 아이를 예로 들어 보겠습니다.

홍○○ 따뜻한 미소를 머금고 차분하게 ◇◇에게 풀이과정을 설명해 주며 도움을 요청할 때마다 큰누나가 동생에게 공부시키듯이(덩치는 ◇◇이가 두 배나 큼) 잘 도와주고 있다.

김◇◇ '아! 이렇게 푸는 것이구나!'라는 깨달음과 자신감의 눈빛으로 설명을 듣고 있다. ○○이의 설명이 끝나자 '너무나 고맙다!'는 눈빛으로 친구를 바라보며 '유레카!'를 마음속으로 외치는 것 같았다. 자신감으로 충만해 있다.

오국환 선생님이 ◇◇이에게 칠판에 나와서 풀어 보라고 하자기다렸다는 듯이 걸어 나갔다. ○○이에게 배운 대로 잘 풀었다. ◇◇이는 의기양양하게 모둠으로 돌아와 앉았다. 잠시 후 "잘 풀었어!"라는 오국환 선생님 특유의 절제되고 무뚝뚝한 짧은 칭찬과 함께 학급 친구들 모두가 "와!" 하는 놀라운 함성이 터져 나왔다. 이때 ○○이는 미소를 머금고 기쁨과 뿌듯함과 성취감으로 충만한 표정을 지으며 아무에게도 들리지는 않지만 혼자서 조용히 박수를 치고 있었다.

지난해까지 ◇◇이는 원래 공부를 좋아하지 않고 열심히 모둠 활동에 참여하지 않았던 학생이라고 합니다. 그래서 다른 교과 선생님들은 수학 시간에 과연 ◇◇이가 잘 참여할까 하고 걱정을 많이 했다고 합니다. 그래서인지 자신의 수업시간에 ◇◇이의 모습을 보아 온 선생님들은 더 놀라고 감격스러워했습니다. 어떤 선생님은 가슴이 뭉클하고 눈물을 글썽이기까지 했답니다.

이것이 중3 수학 시간 이차방정식을 공부하는 과정에서 생긴 일의 일부입니다. 수업 기술이나 텍스트가 무엇인가보다 더 근원적으로 중요한 것이 있습니다. 바로 관계입니다. 교사-학생, 학생-학생 간의 좋은 관계가 형성되는 것이 중요합니다.

그러한 관계 위에 배움의 활동이 풍부하게 일어나고 다양한 경험을 할 수 있도록 수업을 설계하면 어떤 시간에 어떠한 주제를 가지고 공부한다 해도 아이들에게서는 기쁨, 감사, 배려, 존중, 자신감, 화해, 용서가 일어날 수 있습니다. 이번 수학 수업이 그것을 증명해 보였습니다. 자존감도 회복될 수 있습니다. 우리 덕양중학교 선생님들의 열정과 자신의 수업을 소중히 여기며 사랑하는 마음을 존경합니다. 아이들과 좋은 관계를 만들어 가려는 노력을 칭찬하고 싶습니다. _덕양중학교 홈페이지 '학교장 이야기' 글

마. 교과서를 던져 버린 영어 수업, 범교과적 'ISH 프로젝트'

배움의 공동체론을 기반으로 한 배움 중심 수업, 수업 코칭을 기반으로 한 수업공개와 수업연구회를 통해 덕양중학교 교사들은 좀 더 과감하고 다양한 수업을 진행할 자신감을 형성하였다. 특히 학생들이 가장 어려워하는 과목인 영어, 수학 수업의 변화가 두드러졌다.

덕양중학교 영어 수업시간에는 아예 교과서를 사용하지 않는다. 현행 교과서로는 아무리 수업의 형태를 바꾸어도 학생들에게 의미 있는 배움이 이루어지기 어렵다. 그래서 덕양중학교 영어과는 과감하게 교과서에서 벗어나 다양한 학습자료를 활용한다. 특히 영어 동화책을 활용한 수업이 좋은 효과를 얻고 있다.

덕양중학교 영어 수업에 매년 활용하는 영어 동화책 중에 피터 레이놀즈Peter H. Reynolds의 『ISH』라는 책이 있다. '~ish'는 '~답다'라는 뜻을 가진 영어 어미로, 이 책을 통해 학생들은 영어에 흥미를 갖고 영어를 독해하는 능력을 배울 뿐만 아니라, 'ISH 프로젝트'라는 범교과적 프로젝트 수업을 통해 '나다움'에 대해 철학적으로 탐색하고 이를 시각적으로 표현하는 학습을 한다.

ISH 프로젝트

과목	수업명	주요 내용
영어	영어 동화책 읽기, 평화, 자유 글쓰기	자신이 평화로움 혹은 자유로움을 느끼는 순간을 알아차리고 느낌을 표현하는 영어 글쓰기
철학	주변 음미하기	평화로운 순간을 다양하게 느껴 보고, 그 순간 자신의 모습을 사진으로 찍어 보기
미술	의미를 전달하는 그림 그리기	세상과 소통할 수 있는 시각 이미지를 이해하고, 그림으로 표현하기

영어 수업시간에는 우선 피터 레이놀즈의 『ISH』의 원문을 학습한다. 이 이야기는 레이먼Ramon이라는 소년이 그림 그리기를 통해 진정한 '나다움'과 '평화로움'을 찾아가는 과정을 담고 있다. 원문의 내용은 다음과 같다.

Ramon loved go draw. Any time. Anything. Anywhere. One day, Ramon was drawning a vase of flowers. His brother, Leon, leaned over his shoulder. Leon burst out laughing. "What is that?" he asked. Ramon could not even answer. He just crumpled up the drawing and threw it across the room. Leon's laughter haunted Ramon. He kept trying to make his drawing look 'right', but they never did.

After many months and many crumpled sheet of paper, Ramon put his pencil down. "I'm done." Marisol, his sister, was watching him. "What do you want?" he snapped. "I was watching you draw.", she said. Ramon sneered. "I'm not drawing! Go away!" Marisol ran away, but not before picking up a crumpled sheet of paper. "Hey! Come back here with that!" Ramon raced after Marisol, up the hall and into her room. He was about to yell but fell silent when he saw his sister's wall. He stared at the crumpled gallery. "This is one of may favorites." Marisol said, pointing. "That was supposed to be a vase of flowers." Ramon said, "but it doesn't look like one." "Well, it looks vase-ISH!" she exclaimed. "Vase-ISH?" Ramon looked closer. Then he studied all the drawings on Marisol's walls and began to see them in a whole new way. "They do look …ish." he said.

Ramon felt light and energized. Thinking ish-ly allowed his ideas to flow freely. He began to draw what he felt loose lines. Quickly springing out. Without worry. Ramon once again drew and drew the world around him. Making an ish drawing felt wonderful. He filled his notebooks. tree-ish. house-ish. boat-ish. afternoon-ish. fish-ish. sun-ish. Ramon realized he could draw ish feeling too. peace-ish. silly-ish. excited-ish. His ish art inspired ish writing. He wasn't sure if he was writing poem, but he knew they were poem-ish.

One spring morning, Ramon had a wonderful feeling. It was a feeling that even is words and ish drawing could not capture. He decided NOT to capture in. Instead, he simply savoured it. And Ramon lived ishfully ever after.

레이먼은 언제 어디서나 틈만 나면 그림을 그린다. 레이먼이 그린 '꽃병'을 본 형이 그것이 어떻게 꽃병이냐고 비웃자, 의기소침해진 레이먼은 뭐든지 '똑같이' 그려 보려고 애를 쓰지만 뜻대로 잘되지 않는다. 하지만 그의 동생은 그의 그림이 '꽃병답다'고 이야기해 주자 레이먼은 이제 모든 사물을 '~답게' 그리기 시작한다. 그는 '나무다운', '집다운', '태양다운' 그림을 그리더니 '평화스러운', '바보스러운', '흥미로운' 그림처럼 추상화도 자유롭게 그리게 된다. 그러던 어느 날 그는 놀라운 느낌을 겪게 된다. 이 세상 어떤 언어와 그림도 사물을 묘사할 수 없다는 깨달음을 얻게 된다. 그는 이제 더 이상 대상을 묘사하려 하지 않고, 그 대상 자체를 만끽하게 된다. 그리고 레이먼은 삶 자체를 '~답게' 살게 된다.

덕양중학교 영어 수업시간에는 이 작품을 대상으로 다양한 학습활동을 진행한다. 우선 이 작품에 나온 영어 단어들을 학습한다. 그리고 주요한 문장들을 해석하고, 작품의 핵심 내용을 이해하는 활동을 한다. 그러고 나서 영어, 철학, 미술이 통합된 'ISH' 프로젝트를 진행한다.

Name:	ish 프로젝트(쓰기 수행평가) 안내	Q. 이 활동을 통해 어떤 배움이 일어날까요?

1. 이 평가를 통해 어떤 배움과 성장이 있을까요?

• 언어는 자신의 생각을 전달하기 위한 수단입니다. 또한 표현하기 위해 노력하다 보면 언어 자체의 성장이 일어날 수 있습니다.

• 우리는 'dot'과 'ish'를 읽고 '자유'와 '평화'를 느끼는 순간들에 대한 이야기를 나누었습니다. 이제 나의 평화와 자유에 관해 생각해 봄으로써 그 순간을 음미하고, 그 느낌을 영어로 표현해 봄으로써 영어 문장 구성 능력의 성장이 일어나는 기회가 되었으면 합니다.

2. 이 평가에서 어떤 수행과제를 하게 되나요?

• 계획 단계: 나의 평화, 자유로움을 표현하는 글의 주제 잡기(철학: '음미하기' 수업을 통해 사진 찍기)

• 수행 단계: 사진 선택, 나의 '평화'를 공유하기, 활용 표현 연습하기

• 산출문 단계: 사진 붙이기, 나의 평화, 나의 자유를 표현하는 글쓰기

3. 이 평가 후 어떤 피드백을 받을 수 있나요?

• 자신의 생각을 표현하는 과정에서 부족한 부분이 있으면 선생님이 도움을 줄 겁니다.

• 친구들과 자신의 느낌을 공유하며 나를 성찰하고 친구를 이해하는 시간을 갖게 될 겁니다.

Name:	ish writing-계획 단계	Q. 나는 어떤 순간에 완전한 자유로움을 느끼나요?

1. 내가 생각하는 '자유로움'과 '평화로움'은 어떤 것인가요?

2. 나는 어떨 때 위와 같은 감정을 느끼게 되나요?

3. 어떤 과정을 통해 글쓰기를 완성하면 좋을까요?

4. 철학 시간에 어떤 콘셉트로 사진을 찍을까요? 계획을 세워 보세요.

5. 내가 쓸 글의 주제문을 써 보세요.

Name:	ish writing - 수행 단계	Q. 나는 어떤 순간에 완전한 자유로움을 느끼나요?

1. 동작을 설명하는 표현들을 연습해 봅시다.

	누가	~하고 있는 중이다 (be + 동사ing)	~에서	~하게
	She	is lying ☞ lie+ing = lying	on the ground	peacefully

2. 나의 감정을 들여다봅시다.

2-1. 내가 아래와 같은 감정을 느끼는 경우는 언제인가요?

감정을 표현하는 형용사:
delighted 기쁜, satisfied 만족스러운, free 자유로운
thankful 감사하는, relieved 안도한, excited 신나는
upset 화가 난, bored 지루한, afraid 두려운

누가	~하게 느끼다 (feel + 형용사)	~할 때 (when + 주어 + 동사)
I	feel comfortable (*comfortable: 편안한)	when they sit and read a book together

2-2. 그렇게 느끼는 이유를 써 보고 친구들의 이유를 들어 보세요.

	~하기 때문에(because 주어 + 동사)
example	kor: 다른 사람의 눈치를 보지 않아도 되기 때문에
	eng: because I don't need to care about what people think.
나의 이야기	kor:
	eng:
친구의 이야기	kor:
	eng:

3. 철학 수업시간에 찍은 사진 속 나의 모습을 설명하고 평화롭게 느끼는 이유를 친구들과 나누어 보세요.

이름	이유

Name:	ish writing-산출물 단계	My Free-ish writing

1. 나의 '나다움', '평화로움'에 대한 글을 써 보세요. 사진 속 나의 모습, 그때의 감정, 그 감정의 이유가 들어가야 합니다.

1-1. (Korean version)

1-2. (English version)

미술 수업시간에는 영어, 철학 수업시간의 활동을 바탕으로 '나다운' 모습이 잘 드러나는 자화상을 그린다. 동화책 『ISH』에 나온 것처럼, 우선 자기 자신의 모습을 사실적으로 그리고, 그 그림을 '나다운' 모습으로 바꾸어 추상화를 그린다. 아래에서 왼쪽 그림은 학생들이 자기 모습을 사실적으로 그린 것이고, 오른쪽 그림은 '나다운' 모습, '평화로운' 모습을 그린 것이다.

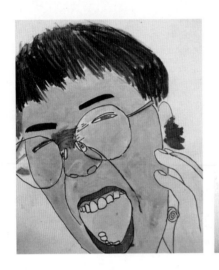 

이 남학생은 자기 자신의 모습을 왼쪽 그림처럼 다소 거칠고 공격적인 표정으로 그렸다. 하지만 자신이 진정한 평화를 느끼며 나다운 모습을 회복하는 순간은 자신의 입과 눈에서 사랑의 언어, 사랑의 표정이 나올 때라고 느끼며, 오른쪽 그림을 그렸다.

이 그림은 친구와의 우정을 표현한 학생들의 작품이다. 학생들은 친구들과 다정하게 우정을 나누는 시간을 '평화롭다'고 표현했다. 왼쪽 그림이 그 순간을 사실적으로 나타낸 그림이라면 오른쪽 그림은 이를 보다 추상적 기법을 통해 표현한 그림이다. 친구와 다정히 앉아 대화와 우정을 나눌 때 마치 평화가 꽃처럼 피어나는 모습이다.

이처럼 덕양중학교의 수업은 교과의 내용을 자신의 삶과 연계하는 범교과 프로젝트 방식으로 진행한다. 학생들은 영어 동화책을 흥미롭게 읽으면서 어휘, 문법, 문장 등 언어적 지식과 기능을 습득한다. 그리고 책의 내용을 바탕으로 철학 수업과 연계하여 '나다움', '진정한 평화'를 성찰하는 시간을 갖는다. 마지막으로 미술 시간에는 영어 수업과 철학 수업을 통해 성찰한 내용을 실제로 표현하는 시간을 갖는다. 이처럼 지식과 삶이 하나가 됨으로써 진정한 배움이 이루어지는 수업이 덕양중학교가 지향하는 배움 중심 수업이다.

바. '수포자'가 없는 수학 수업

언제부터인가 '수포자'라는 용어가 낯설지 않게 되었다. 수학은 학생들이 넘어야 할 높은 산과 같은 과목이다. 하지만 언제부터인가 수학은 '넘어야 할 높은 산'이 아니라 너무 높기 때문에 '넘는 것을 포기하는 산'이 되어 버렸다. 그래서 고등학교뿐만 아니라 중학교에서도 수학 수업시간에 엎드려 자는 학생들의 모습을 쉽게 발견할 수 있게 되었다.

덕양중학교 김성수 교사는 『수포자의 시대』라는 책에서 학생들이 수포자가 되는 경로를 살피고, 이들이 수포자가 될 수밖에 없는 요인을 분석하였다. 한마디로 '수포자' 문제는 학생 개인의 문제가 아니라 우리나라 교육제도와 관행에 의해 발생하는 문제이다. 대학입시에서 수학은 학생을 서열화하는 손쉬운 도구로 활용되고 있고, 수학 교육과정의 난이도는 매우 높으며 미흡한 부분을 다시 반복해서 학습할 기회를 주지 않는다. 수학 교과서는 개념을 충분히 이해할 기회를 주지 않은 채 문제를 무한 반복해서 푸는 방식으로 구성되어 있다. 이러한 입시, 교육과정, 교과서의 문제점으로 인해 수학 수업은 일제식 수업, 문제풀이 위주의 수업으로 진행되고, 수학 시험의 난이도 역시 매우 높다.

이러한 구조 속에서 수학을 완전히 포기하고 무의미하게 수학 시간을 때우는 수포자가 발생한다. 그렇기 때문에 수포자는 단지 '수학을 포기한 학생'이 아니라, '학교를 다녀야 하는 존재 이유를 포기한 학생'이고, '수포자를 포기하는 교육 시스템을 대변하는 희생양'이다. 따라서 '수포자' 문제는 우리 교육의 핵심적인 문제를 민낯 그대로 보여주는 문제이다.

학생들이 수학적 원리를 탐구하도록 하는 수업 계획

0단계: 수업 목표 정하기	이 수업에서 학생들이 이해해야 하는 "수학적 아이디어"는 무엇인가?
1단계: 개별/모둠/전체 공유 구조 계획하기	• 개별 학습과제로 제시할 것은 무엇인가? • 모둠 학습과제로 제시할 것은 무엇인가? • 학생들의 결과물을 어떤 방식으로 공유할 것인가?
2단계: 예상/선정/ 계열 짓기/ 연결하기	• 학생들이 과제를 해결하기 위해서 사용할 것으로 예상되는 방법은 무엇인가? • 학생들이 범할 것으로 예상되는 오류는 무엇인가? • 어떤 학생의 어떤 아이디어에 초점을 맞출 것인가?

예상하기(선정하기 포함)	가능한 발문(연결하기)	순서	발표자

3단계: 점검	• 개별 활동 또는 모둠활동에서 학생들은 어떤 사고과정을 거치고 있는가? • 정확하지 않고 비생산적인 활동을 하는 학생 또는 모둠을 어떻게 안내할 것인가? • 학생 활동 후 수학적 논의를 효과적으로 전개하려면 누구의 생각을 논의 자료로 선정해야 하는가? • 학생들의 다양한 생각이나 전략을 어떻게 연결하여 학생들의 수학적 사고를 확장할 것인가? • 학생들의 결과물을 어떻게 수업 목표로 선정한 수학적 아이디어로 연결할 것인가?

이러한 수포자 문제를 해결하기 위해서는 근본적으로 학벌 사회의 문제, 수학이 대입 경쟁의 핵심적인 도구로 활용되는 문제를 해결해야 한다. 그리고 이러한 근본적인 문제가 해결되기 이전에라도 학교에서 해야 할 일이 있다. 현행 수학 교육과정을 최대한 재구성하여, 학생들이 수학을 배우는 의미와 즐거움을 느낄 수 있도록 해야 한다. 또한 수학 수업시간에 소외되는 학생들이 없도록, 학생들이 문제를 함께 해결하는 방식의 수업, 그리고 수학적 원리를 스스로 탐구하여 지적 희열을 느낄 수 있도록 하는 수업을 진행해야 한다. 그래서 덕양중학교에서는 앞의 표와 같은 흐름으로 수학 수업을 진행한다.

수업을 계획할 때 가장 먼저 해야 하는 것은 수업 목표를 명확하게 하는 것이다. 교사가 수업 목표를 명확하게 하지 않으면 수업의 목적지를 잃고 교과서 진도 나가기에 급급한 수업을 하게 된다. 교과서에 주어진 수업 목표가 아닌 교사가 생각하는 수업 목표를 자신의 언어로 표현하는 것이 중요하다. 이때 중요한 것은 학생들이 탐구해야 할 '수학적 아이디어'를 명확하게 기술하는 것이다.

다음으로 할 일은 과제를 접한 학생들의 반응을 예상하는 것이다. 교사가 수업 전에 학생들의 대답을 예상한다는 것은 정답만을 찾아내는 기존 수업에서는 매우 생소한 일이다. 하지만 과제 탐구 중심의 수업에서는 주어진 과제에 대한 학생들의 반응이 다양하게 나타날 수 있다. 학생들의 다양한 반응이 비록 정답이 아니라 할지라도, 이는 수업 목표를 달성하기 위한 소재로 활용할 수 있다.

다음 단계는 학생들의 반응 중에서 수업에 활용할 자료를 선정하고 이를 연결해 가는 것이다. 이는 수업 소재로 선정된 학생들의 반응을 어떤 순서로 연결해야 수업 목표에 도달하는 데 효과적일지를 판단하는 것이다. 일반적으로 일부 오개념이 섞여 있는 부적절한 반응에서 시작하여, 이를 보완할 수 있는 반응, 그리고 개념을 비교적 정확히 이해하고 있는 반응 순서로 연결하는 것이 좋다. 그래야 학생들이 부분적인 이해에서 완전한 이해로 나아갈 수 있다.

이를 토대로 실제 수업은 '① 교사의 과제 안내 및 간단한 설명 → ② 학생의 모둠별 학습활동 → ③ 모둠활동 결과 전시 → ④ 학생의 이해를 돕기에 적절한 모둠활동 결과 선정 및 연결하기 → ⑤ 교사의 마무리'의 흐름으로 진행된다.

기존 교과서로는 이러한 수업 활동을 진행하기 어렵다. 학생들의 탐구 과정이 생략된 채 개념을 암기하고 이를 문제풀이에 적용하는 방식으로 이루어져 있기 때문이다. 그래서 교육시민사회단체 '사교육걱정없는세상'에서는 현행 수학 교과서의 문제를 극복하기 위해 대안 교과서 『수학의 발견』을 발간했다. 이 교과서는 기존 교과서와는 달리 개념을 외우고 이를 문제풀이에 적용하는 방식이 아니라, 학생들이 일상생활의 경험 속에서 수학적 개념을 발견하고, 학생들이 서로 협력하며 수학적 과제를 해결하는 방식으로 구성되어 있다. 덕양중학교 수학 수업에는 이 교재를 적극적으로 활용하여 학생들이 서로 협력하며 수학적 원리를 탐구할 수 있는 수업을 진행하고 있다.

/ 1 / 삼각형으로 논리 만들기

개념과 원리 탐구하기 1

▌ 준비물 : 각도기, 자

$\overline{AB}=\overline{AC}$인 이등변삼각형 ABC와 이등변삼각형이 아닌 삼각형 DEF가 있다. 제시한 방법으로 두 삼각형을 나누는 선을 그리고 다음을 함께 탐구해 보자.

1 각 A와 각 D를 이등분하는 선을 각각 그려 보자.

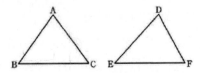

2 삼각형에서 한 꼭짓점과 그 대변의 중점을 이은 선분을 중선이라고 합니다. 점 A에서 변 BC 에 중선을 그리고 점 D에서 변 EF에 중선을 그려 보자.

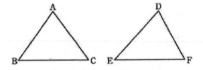

3 **1** 과 **2** 의 그림을 참고하여 이등변삼각형이 갖는 성질을 3가지 이상 추측하여 써보자.

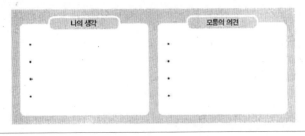

대안 교과서 『수학의 발견』 '삼각형의 성질' 단원

    교사는 우선 교재에 나와 있는 내용을 바탕으로 이등변삼각형이 다른 삼각형과 대별되는 성질을 탐구하는 활동을 진행하였다. 학생들 은 모둠별로 모여 이등변삼각형이 갖는 성질을 세 가지 이상 추측하는 활동을 진행하였다. 모둠활동이 모두 끝나자 교사는 모둠별로 정리한 내용을 화이트보드에 정리하여 칠판에 붙이도록 했다. 이를 바탕으로 교사는 다음과 같은 흐름으로 학생들이 탐구한 내용을 공유하고, 이를 연결하여 학생들이 이등변삼각형의 원리를 찾아가도록 돕는다.

교사 모두들 잘했어요. 우선 이 모둠이 쓴 내용을 먼저 볼게요. $180°-A=B+C$. 즉, 삼각형의 총 각도에서 A의 각도를 빼면 두 각의 총합이 나온다. 이 내용은 맞아요?

학생들 맞아요.

교사 그런데, 이것이 이등변삼각형만의 특징인가요?

학생들 아니요. 모든 삼각형의 특징이에요.

교사 이 내용을 보세요. 선분 AB의 길이와 선분 AC의 길이가 같다. 자, 이 내용과 비슷한 내용이 또 있지요. 이 모둠에서도 똑같은 내용이 있지요? 이것도 맞는 말이에요. 그런데 뭐가 문제일까요?

학생들 이등변삼각형은 원래 그런 거예요.

교사 맞아요. '원래 그런 것'. 그것을 우리는 '정의'라고 해요. 이등변삼각형의 정의. 따라서 '정의'는 굳이 증명할 필요가 없어요. 이 정의를 제외한 나머지가 이등변삼각형의 특징이지요. 그걸 찾아볼게요. 자, 그럼 어떤 모둠에서 이런 특징을 찾아냈는지 살펴볼까요? (후략)

이처럼 덕양중학교 수학 수업은 특별한 요소가 있다. 기존 교과서가 아닌 대안 교과서를 사용하는 것, 단순한 문제풀이가 아니라 수학적 원리를 탐구하는 방향으로 수업이 진행된다는 것, 교사가 미리 학생들의 반응을 예상하며 수업을 설계한다는 것, 학생들이 모둠별로 문제를 해결하는 기회를 충분히 제공한다는 것, 모둠별로 탐구한 내용을 가지고 교사가 이를 연결하면서 부분적인 이해로부터 시작하여 본질적인 이해로 나아갈 수 있도록 한다는 것이다. 이러한 과정을 통해 학생들은 수학적 원리를 발견하는 즐거움을 느끼게 된다. 이것이 수포자가 없는 수학 수업의 비결이다.

혹시나 이런 수업이 이른바 전통적인 '학력' 개념에 뒤처지지 않을까 하는 의문이 제기될 수도 있다. 그렇지 않다. 덕양중학교 학생들은 문제풀이식 학력에서도 결코 뒤지지 않는다. 다음은 이른바 일제고사라 불렸던 국가수준학업성취도평가 결과이다.

구분	국어			수학			영어		
	2009	2012	2015	2009	2012	2015	2009	2012	2015
보통학력 이상	31.6%	76.5%	90.2%	22.8%	44.1%	72.1%	29.8%	44.1%	70.5%
기초학력	56.4%	23.5%	9.8%	46.5%	55.9%	26.2%	43.9%	50.0%	27.9%
기초학력 미달	12.3%	0%	0%	31.6%	0%	1.7%	28.1%	5.9%	1.6%

학교 간 학력을 서열화시킨다는 비판으로 지금은 폐지된 일제고사에서도 덕양중학교는 놀라운 성과를 보였다. '보통학력 이상'의 비율이 2009년에 비해 2015년에 3배가량 올라갔다. 더욱이 덕양중학교 학생들은 수업을 통해 학력만 신장된 것이 아니다. 덕양중학교 수업시간에는 자존감, 협력과 배려, 존중과 화해, 기쁨과 감사를 경험하며 진정한 배움이 이루어지고 있다.

3.

[평가] 학생의 성장을 돕는 '평가 문화'

가. 똑같은 시험이 공정한 평가?

"공정한 선발을 위해 모두 동일한 시험을 보겠습니다.
자, 그럼 나무에 올라가 보세요."

그림에는 원숭이, 펭귄, 코끼리, 물고기, 물개 등 다양한 동물이 나온다. 이들을 대상으로 공정한 선발을 위한 평가를 하겠단다. 공정한 평가란 모두 나무에 오르는 시험이다. 이것이 과연 공정한 평가인가? 물개의 표정을 보자. 마치 요즘 아이들 표현대로 "헐~!" 하는 표정이 아닌가? 가장 행복한 표정을 짓는 동물이 있다. 원숭이다.

아이들은 저마다 다양한 개성과 소질이 있다. 물고기는 헤엄을 잘 치고, 원숭이는 나무를 잘 오른다. 그런데 이러한 차이를 무시하고 우리 아이들에게 동일한 시험을 강요하며 경쟁을 요구한다. 우리 아이들은 다들 주야장천 나무에 오르는 연습을 한다. 그러다 고2 때쯤 '아, 나는 원숭이가 아니라 물개구나'라는 걸 알아차리는 아이가 있다. 물 속에서는 1등이지만 육지에서는 아무런 힘이 없다는 걸 알아낸다. 자꾸만 수학 성적이 바닥을 친다. 그러다 더 이상 육지에서 견디지 못하고 스스로 목숨을 끊기도 한다.

그런데 간혹 원숭이보다 나무를 오르는 시험을 잘 통과한 물개가 나온다. 그야말로 '개천에서 용 나는' 꼴이다. 우리 학교에 있는 교사들 중에는 이러한 경쟁에서 승리한 사람이 적지 않다. 시골 마을에서 1등을 하는 학생에게 주변에서는 안정된 직장을 찾아 교대, 사대를 가라고 강요한다. 하지만 경쟁에서 승리한 교사들도 행복하지는 않다. 저마다 내면에 엄청난 트라우마를 갖고 있다. 이렇게 경쟁에서 승리한 교사, 그러나 내면에 상처가 있는 교사들이 아이들에게 또다시 "너희들도 나처럼 노력하면 성공할 수 있다."며 시험공부, 입시경쟁을 강요한다. 마치 물개가 물고기에게 나무에 오르는 마법을 가르쳐 주는 셈이다.

많은 사람들이 모든 학생들이 동일한 시간에 똑같은 시험을 보는 것이 공정한 평가라는 것을 진리처럼 여기고 있다. 하지만 우리 아이들은 저마다 수십만 가지의 잠재력을 갖고 있다. 그런 잠재력을 획일화된 시험의 잣대로 측정하려는 것 자체가 엄청난 폭력이다.

책을 퍼다 버리다

조향미

수능 끝난 다음 날
학교 운동장에 커다란 트럭이 왔다.
3학년 교실은 쓰레기장이다.
아이들은 책을 질질 끌고 나온다.
아이들은 책을 푹푹 상자째 퍼다 버린다.
일 년 아니 삼 년 내내 생을 걸고
풀고 또 풀던 교과서 문제집들
끼고 다니며 베고 자며 눈물 콧물 묻어 있는
책들을 하루아침에 미련 없이 던져 버린다.
산더미 같은 책더미 트럭은 금방 넘친다.
내 한숨과 꿈이 서린 소중한 책들
시험 끝나면 책은 보물은커녕 오물이다.
배우고 때로 익히면 또한 즐겁지 않으냐고?
공자님은 모른다.
배우고 매일 문제 풀면 정말 신물이 난다는 걸.
갈수록 숲이 성글고 공기 가빠지는 이유도
수능 끝난 다음 날 고3 교실에 와 보면 알 것이다.

수능이 끝난 다음 날 고등학교의 풍경을 묘사한 시이다. 3년 내내 목숨 걸고 풀던 교과서며 문제집이 하루아침에 쓰레기로 변한다. 도대체 우리 고등학생들은 무엇을 위해 그토록 목숨을 걸고 문제집을 풀어야만 했던 것일까?

대한민국은 가히 입시공화국이다. 고등학생뿐만 아니라 중학생, 심지어 초등학생도 대학입시의 영향력에서 자유롭지 못한다. 그래서 많은 사람들이 대학입시가 바로잡히지 않는 한 공교육 정상화는 어렵다고 말한다. 공교육 정상화의 전제는 입시제도의 개선이고, 입시제도 개선의 전제는 학벌체제의 해소이며, 그러기 위해서는 직업의 차별이 없는 사회를 만들어야 한다. 이는 교사와 학부모, 시민들이 모두 힘을 모아 해결해야 할 사회적 과제이다.

하지만 입시제도가 바뀔 때까지 마냥 손놓고 기다릴 수는 없다. 학교에서의 학생평가를 먼저 바꾸어야 한다. 고등학교에서의 평가의 변화가 더디다면, 중학교에서 먼저 평가를 과감히 바꾸어야 한다. 교사의 내면에 자리 잡고 있는 경쟁의식부터 바꾸어야 한다. 그렇지 않고 "수능이 있기 때문에 어쩔 수 없다."며 일제식 수업, 일제식 평가를 고집하는 교사는 물개에게 나무를 오르라고 강요하는 것이나 다름없다.

많은 학교에서 수업은 바꾸고 있다. 하지만 수업은 바뀌는데 평가는 바뀌지 않는 경우가 많다. 수업시간에는 협력을 하는데 평가에서는 경쟁을 한다. 수업시간에는 모둠활동을 하면서 평가에서는 오로지 다섯 개의 답지 중 하나의 답지를 고르는 방식을 유지하고 있다.

덕양중학교도 과거에는 그러했다. 하지만 수업혁신의 역량이 평가혁신으로 이어져 왔다. '평가가 바뀌어야 수업이 바뀐다'는 생각으로 과감한 시도를 해 왔다. 그 출발점은 흔히 '객관식 시험'이라고 부르는 '선다형 평가'를 폐지한 것이다.

나. 선다형 평가를 폐지하다

혁신학교를 운영하면서 덕양중학교는 교육과정과 수업을 바꾸기 위해 노력해 왔다. 매년 학기 초에 전 교사가 함께 모여 주제 중심 통합 교육과정을 설계하고, 교과통합 수업을 진행하였다. 또한 배움의 공동체 수업을 도입하고 수업 나눔을 통해 공동체적으로 수업을 개선하기 위해 노력해 왔다. 이러한 노력을 통해 수업시간에 엎드려 있던 학생들도 수업에 적극적으로 참여하며 수업이 살아나는 것을 경험했다.

하지만 소위 성적에 목을 매는 학생들은 수업에 깊이 몰입하기보다는 수업시간에 학원 문제집을 푸는 모습도 보였다. 교사들은 이런 상황에서 학생들이 수업에 더 깊이 몰입하게 하려면 무엇을 해야 할지 논의를 시작했다.

결론은 평가가 바뀌지 않으면 수업이 바뀌지 않는다는 것이었다. 수업을 배움 중심으로 바꾸어도 평가를 예전과 같이 선다형으로 실시하면, 학생들은 시험 기간이 다가올수록 문제집 푸는 것을 중시할 수밖에 없다고 판단하였다.

그래서 우선 한두 교과에서 선다형 평가를 폐지하고, 논술형 평가와 수행평가만으로 평가를 실시했다. 선다형 평가를 폐지한 교과에서는 여러 가지 좋은 효과를 확인할 수 있었다.

논술형 평가, 수행평가를 통해 우선 평가의 타당도가 올라갔다. 교육학에서는 좋은 평가가 갖추어야 할 요건으로 '타당도'와 '신뢰도'를 든다. '평가의 신뢰도'란 '얼마나 오차 없이 정확하게 측정하느냐'의 문제이다. 그동안 학교현장에서는 이른바 '공정한 평가'라는 명분으로 오로지 평가의 신뢰도만을 중시했다. 하지만 평가의 '신뢰도'보다 더 중요한 것은 평가의 '타당도'이다. '평가의 타당도'란 '측정하고자 의도

했던 것을 충실히 측정하였느냐'의 문제이다.

수업시간에 학생들의 사고력을 기르고자 했다면 평가에서도 학생들의 사고력을 측정해야 한다. 수업시간에 학생들의 민주시민의식을 높이고자 했다면 평가에서도 학생들의 민주시민의식을 확인해야 한다. 이것이 '평가의 타당도'이다.

그런데 수업시간에 다양한 학습활동을 진행하며 학생들의 창의성, 협력의식, 문제해결 능력을 강조했으면서, 정작 평가에서는 다섯 개의 답지 중에 하나를 고르는 단편적인 문항을 출제했다면 이는 '타당도'가 현격하게 결여된 평가 방식이다. '도덕 과목 선다형 평가 100점'이 곧 그 학생의 '도덕성'을 보여 주는 것은 아니기 때문이다. 선다형 평가를 폐지하고 논술형 평가, 수행평가만으로 평가를 치르면서, 덕양중학교 교사들은 평가의 타당도가 확보되는 것을 경험했다. 교사들은 학생들의 논술형 답안을 채점하면서, 수행평가 결과물을 확인하면서 교사들이 기르고자 했던 역량이 얼마나 길러졌는지를 그야말로 '객관적'으로 확인하게 되었다.

선다형 평가 폐지의 두 번째 효과는 학생들이 온전히 수업에 몰입하게 되는 분위기의 형성이다. 이제 시험시간에도 문제집 풀이에 몰두하는 학생들을 찾아보기 어렵게 되었다. 수업시간에 실제로 다룬 내용만을 논술형 평가와 수행평가에 반영하기 때문에, 학생들이 학원에서 요점 정리를 해 준 내용이나 문제집을 볼 이유가 없어졌다. 이런 분위기가 형성되니 성적에 예민한 학생들도, 성적에 관심이 없는 학생들도 수업시간에 다루고 있는 내용 자체에 흥미와 의미를 느끼며 수업에 몰입하게 되었다.

이렇게 선다형 평가 폐지의 효과를 확인한 덕양중학교 교사들은 이제 모든 학년, 모든 교과에서 선다형 평가를 더 이상 치르지 않게 되

었다. 덕양중학교에서는 이제 OMR 카드와 컴퓨터용 사인펜을 찾아볼
수 없게 되었다.

덕양중학교에서 사라진 선다형 답안지

선다형 평가를 폐지하고 논술형 평가, 수행평가만을 실시하게 되니,
교사들은 채점의 부담을 느끼게 되었다. 선다형 평가를 보고 나면 컴
퓨터가 알아서 학생들 답안을 채점하기 때문에 교사 입장에서는 큰
부담이 없다. 그런데 논술형 평가, 수행평가의 경우 면밀하게 설계한
루브릭(채점 기준)을 중심으로 학생들의 답안을 일일이 확인해야 하는
부담이 생긴다.

하지만 교사들은 학생들의 논술형 답안, 수행평가 결과물을 확인하
며 새로운 보람을 느끼게 되었다. "아, 이 학생이 이렇게 창의적인 답
안을 쓰다니!", "이 아이에게 이런 면도 있었구나!", "어, 이 문제에 대
해서 제대로 답을 작성한 학생들이 별로 없네. 학생들에게 이런 오개

넘이 형성되어 있구나. 수업시간에 다시 가르쳐 주어야겠다."와 같이 평가를 통해 학생들의 현재 모습, 장점과 단점, 잠재력을 확인할 수 있게 되었고, 평가의 결과를 다시 수업에 피드백하려 노력하게 되었다. 채점이 다소 부담스럽더라도 진정한 평가가 무엇인지를 교사들이 알게 되어 교육적 보람을 느낄 수 있었다. 논술형 평가, 수행평가 채점에 대한 부담도 시간이 흐르면서 점점 사라지게 되었다.

선다형 평가를 폐지하고 나니 지필평가 역시 굳이 중간고사, 기말고사 두 번 볼 필요가 없어졌다. 그래서 덕양중학교에는 중간고사라는 개념이 없다. 지필평가는 기말고사만 1회를 치르되, 100% 논술형 평가만 본다. 대신에 교과의 특성에 따라 수행평가를 60~100% 반영하되, 일상적인 수업의 과정에서 수행평가가 진행된다.

2019학년도 교과별 평가 계획

구분 교과	학년	지필 평가 횟수	지필 평가 (%)	수행 평가 (%)	수행평가 내용
국어	2	1	30	70	진로탐색 독후감, 관점과 의도 찾기, 라디오 대본 쓰기, 국어 활동 과정 평가
	3	1	40	60	가족시 창작, 방송극 시나리오, 협상하기, 서평 쓰기
도덕	3	1	30	70	정의로운 사회 모습 표현하기, 선거 공보물 만들기, 우리나라 소개하기, 포트폴리오
사회	3	1	40	60	독도 배지 만들기, 수업일기, 포트폴리오
역사	2	1	40	60	표현활동, 역사 신문, 역사 연극, 에세이 쓰기
	3	1	40	60	역사 연극, 역사 토론, 역사 논술, 에세이 쓰기
수학	2	1	40	60	나만의 이야기 만들기, 문제해결하기, 포트폴리오
	3	1	40	60	논리력 키우기, 문제해결하기, 포트폴리오
과학	2	1	40	60	저항의 크기 측정 실험, 행성 여행 안내서 만들기, 동물을 이용한 장기 복제 논술
	3	1	40	60	송전탑의 영향 논술, 지구본 크기 측정하기, 행성 탐사 계획서 세우기
기술 가정	2	미실시		100	서논술형, 신재생에너지 프로젝트, 도시락 만들기, 포트폴리오
체육	2			100	심폐소생술, 농구, 창작 탈춤, 농구 서논술형 평가
	3			100	핸드볼, 츄크볼, 서논술형 평가
음악	2			100	컵타 연주, 랩 만들기, 학급 음악회, 음악 감상 논술, 포트폴리오
	3			100	가창, 캠페인 노래 만들기, 나만의 라디오 만들기, 포트폴리오
미술	2			100	수묵화 그리기, 회화작품 감상하기, 여행 리플릿 만들기, 타이포그래피
영어	2	1	40	60	여행 팸플릿 만들기, 입장 바꿔 말하기, 포트폴리오
	3	1	40	60	문장 쓰기 연습, 주제가 있는 대화. Book Report
정보	2	미실시		100	논술형1, 논술형2, 프로그래밍, 피지컬컴퓨팅

대부분의 학생들도 이러한 평가의 변화를 환영했다. 학생들의 입장에서는 수업시간에 배운 내용만 평가에 반영되고, 학원을 다니거나 문제집을 풀어야 하는 부담에서 벗어날 수 있기 때문이다. 또한 수업에 적극적으로 참여하고 학생들과 협력적으로 문제를 해결하는 경험이 평가에서도 그대로 반영되니, 배움의 진정한 의미를 느낄 수 있었다.

하지만 일부 학생들과 학부모들은 이러한 평가의 변화에 불만을 나타내기도 하였다. 특히 학원이나 문제집에 의존하던 학생들은 변화된 평가에 적응하지 못하고 예전보다 낮은 점수를 받기도 하였다. 공부를 제법 잘한다고 자신하던 학생이 논술형 평가에서 40점대를 받자, 학부모까지 찾아와 어떻게 공부를 해야 하느냐고 하소연했다. 교사들은 논술형 평가가 오히려 더 공정한 평가라고 설득했다. 선다형 평가의 경우 한 문제만 실수로 틀려도 5점이 하락하지만, 논술형 평가의 경우 3점이나 4점 등 부분 점수도 줄 수 있다는 점에서 오히려 더 공정한 평가라고 설득했다. 그리고 앞으로는 학원과 문제집에 의존하지 말고 수업시간에 충실히 참여하고 자기 생각을 쓰도록 노력해야 한다고 권유했다. 그랬더니 그 학생이 이후에는 80점, 90점을 받게 되었다.

그럼에도 불구하고 학부모들은 여전히 불안해한다. 여전히 대부분의 학교에서 선다형 평가를 치러야 하고, 수능 시험 역시 선다형 평가로 출제되기 때문이다. 따라서 평가혁신이 잘 정착되기 위해서는 이러한 평가의 취지를 학생과 학부모들에게 친절하게 안내하는 것이 필요하다. 덕양중학교는 매년 학년 초에 교육과정 설명회를 전체 학부모를 대상으로 실시한다. 그 시간에 덕양중학교가 지향하는 교육의 가치, 평가를 혁신해야 하는 이유를 자세히 안내한다. 새로운 평가가 정착되어야 학생들이 사교육이나 문제집에 의존하지 않고 자기주도적 학습 능력을 키울 수 있다는 점, 모든 학생들이 참여하는 배움 중심 수업이 정착되기 위해서는 평가혁신이 전제가 되어야 한다는 점, 이러한 수업과 평가를 통해 길러진 역량이 고등학교와 대학입시에서도 밑거름이 된다는 점을 알려 준다.

덕양중학교 학부모들은 학교를 전적으로 신뢰하는 문화가 형성되어 있다. 그것은 앞에서도 제시했듯이, 학부모 교육을 통해 덕양중학교의 교육철학을 이해하고 자녀를 진정으로 사랑하는 법을 배울 기회가 있었기 때문이고, 나아가 학부모를 교육의 주체를 인정하고 학부모가 학교 운영에 참여할 수 있는 통로를 마련했기 때문이다. 이러한 신뢰를 바탕으로 덕양중학교 학부모들은 덕양중학교의 수업과 평가 방식도 이해할 수 있게 되었다.

다. 범교과적인 평가 계획 수립하기

새로운 평가는 학생, 학부모들에게만 낯선 것이 아니라 교사들에게도 낯설다. 그만큼 한국 교육은 일제식 평가, 선다형 평가가 오랜 관행으로 남아 있기 때문이다. 이에 대한 대안으로 논술형 평가, 수행평가가 강조되고 있지만 교사별로 온도 차가 여전히 크다.

더욱이 한국의 교직문화에서 다른 교사의 평가 방식에 대해 언급하는 것은 금기시되는 분위기다. 교육과정 재구성도 범교과적으로 이루어지고, 수업 나눔도 활발히 이루어지지만 평가에 대해 범교과적으로 협의하는 경우는 매우 드물다.

덕양중학교에서도 마찬가지였다. 학교교육과정도 함께 만들고, 수업 나눔도 활발히 이루어지지만 교과별 평가는 교사 개개인의 몫이었다. 그러다 보니 몇 가지 문제가 발생했다. 우선 수행평가가 특정한 시기에 집중되는 현상이 나타났다. 덕양중학교는 교과별로 수행평가를 60~100%를 반영한다. 매우 높은 비율이다. 또한 수행평가는 교과 진도가 어느 정도 나간 이후에 실시할 수밖에 없다 보니 학생들 입장에서는 1교시부터 7교시까지 하루 종일 수행평가를 실시하는 날도 생겨났다. 이는 수행평가의 반영 비율이 높은 학교에서 일반적으로 나타나는 현상이다.

또 하나의 문제는 교과별로 수행평가를 치르는 방식과 채점 기준이 들쭉날쭉하다는 점이다. 어떤 과목은 수행평가 결과물만을 대상으로 수행평가 점수를 부여하기도 하고, 어떤 과목은 수행 과정 전반을 수행평가에 반영하기도 한다. 또한 어떤 과목은 매우 촘촘한 채점 기준을 사용하기도 하고, 어떤 과목은 느슨한 채점 기준을 사용할 뿐만 아니라 학생들에게 재도전의 기회를 주기도 한다. 그러다 보니 학생 입장에서는 수행평가가 너무 부담스럽다는 불만, 수행평가의 기준이 과목마다 다르다는 불만을 제기했다.

최근 학교교육과정 평가회에서는 특히 수행평가 횟수가 너무 많고 시행 시기가 집중된다는 점, 수행평가 방식과 기준이 교과마다 서로 달라 혼란스럽다는 점 등이 가장 중요한 쟁점으로 부각되었다. 교사들이 이 문제를 해결하는 방안을 찾기 위해 여러 번 회의를 진행했지만, 결론은 쉽게 나오지 않았다. 그래서 덕양중학교는 이런 문제를 해결하기 위해 평가혁신 TF를 구성했다. 평가혁신 TF는 수행평가 시기를 조정하는 문제뿐만 아니라 덕양중학교가 지향하는 철학을 담은 평가 방식, 학생의 성장을 돕는 절차를 담은 평가 루브릭을 개발하고 이를 전체 교사와 공유했다. 그리고 평가혁신은 교사 개인이나 개별 교과의 몫이 아니라 전체 교사가 범교과적으로 협의하고 실천해야 하는 것임을 확인했다.

라. '성장중심평가'를 위한 루브릭과 피드백 절차 개발

최근 들어 '학생의 성장을 돕는 평가'라는 담론이 확산되고 있다. 평가의 목적은 학생의 성적을 산출하고 서열화하는 것이 아니라, 학생들의 장점과 약점, 잠재력을 확인하여 이를 더욱 성장시킬 수 있도록 돕는 데 있다는 것이다. 다시 말해 평가의 목적은 '성적'이 아니라 '성장'에 있다.

그러나 오랫동안 지속되어 온 경쟁교육의 풍토와 상대평가 관행으로 인해 평가의 패러다임을 전환하는 것은 쉬운 일이 아니다. 덕양중학교 교사들도 마찬가지였다. 서술형 평가와 논술형 평가를 확대했지만, 그 속에서 학생들의 성장 과정을 확인하고 이를 지원하는 절차를 마련하는 것은 쉽지 않다. 하지만 덕양중학교 일부 교사들은 평가를 통해 학생의 성장을 돕는 방안을 꾸준히 모색해 왔다.

예를 들어 체육 교사는 체육 시간에 배우는 신체 기능이 학생의 육체적·정신적 성장에 어떤 의미가 있는지 먼저 알려 준다. 그리고 그 기능을 충분히 습득할 수 있는 학습활동을 진행하고, 수행평가에 반영되는 요소를 알려 준다. 1차 평가를 진행한 후 성취기준에 도달하지 못한 학생에게는 무엇이 부족한지 다시 알려 주고, 2차 평가를 진행한다. 최종 점수는 1차 평가와 2차 평가 점수 중 더 높은 점수를 부여한다. 교사는 이 과정에서 학생들의 운동일지를 작성하여 학생들의 학습과정과 성장 내역을 체계적으로 기록해 준다.

학생들이 가장 어려워하는 수학 평가도 마찬가지다. 학기 초에 평가 계획에 대해 자세히 안내해 주고 1차 평가와 재도전의 기회가 있다는 점을 알려 준다. 수업시간에 열심히 참여하면 모두가 만점을 받을 수 있다고 학생들을 격려한다. 학생들이 1차 수행평가물을 제출하면 교사가 잘못된 부분을 적어 피드백을 해 준다. 재도전할 의사가 있는 학생은 고쳐서 다시 제출하게 된다.

이러한 실천을 경험하면서 덕양중학교 교사들의 마음에도 많은 변화가 생겼다. 절대평가가 적용되는 중학교임에도 불구하고 예전에는 자기도 모르게 학생들을 줄 세우려는 마음에 점수를 깎아야 할 부분을 찾았지만, 지금은 학생들이 기준에 도달했는지 여부로 평가를 하고, 재도전할 기회를 주어 모든 학생이 기준에 도달하도록 돕고 있다.

덕양중학교 평가혁신 TF에서는 이렇게 개별 교과 차원에서 진행되고 있는 평가 방식을 수집하고, 이 중 긍정적인 요소를 도출했다. 그리고 그 요소들을 모아 평가 루브릭과 피드백 절차를 개발하는 연구를 진행했다.

루브릭Rubric이란 본래 책의 중요한 부분을 강조하기 위해서 붉은색으로 표시하거나 주석을 달아 놓은 것을 말한다. 평가 루브릭은 학습자의 학습 결과나 성취 정도를 평가하기 위해 사전에 공유한 기준을 의미한다. 그래서 학교현장에서는 이를 보통 '채점 기준'이라고 말한다.

그런데 본래의 취지를 생각할 때 루브릭은 '채점 기준'이라기보다는 '수행 안내'에 해당한다. 즉 "이런 요소를 지키지 않으면 점수를 감점한다."는 채점 기준이 아니라 "좋은 성과물을 도출하기 위해서는 이런 절차를 밟아야 한다."는 친절한 안내 역할을 하는 것이다. 요즘은 루브릭이 평가의 공정성을 확보하기 위한 '엄격한 채점 기준'으로 오용되고 있다.

덕양중학교 교사들은 이러한 평가 루브릭의 본래적 취지를 살리기 위해 새로운 루브릭을 개발했다. 특히 일부 교과에서 수행평가 결과를 점수로만 통보하는 것에 대한 문제 제기와 반성이 있었기 때문에, 수행의 과정과 결과를 모두 아우르는 루브릭, 피드백의 절차를 구체적으로 반영하는 루브릭, 학생의 성장 과정을 확인할 수 있는 루브릭을 개발하고자 했다. 평가혁신 TF에서는 기존의 연구물이나 각 교과의 사례를 수합하여 새로운 루브릭 초안을 개발했다. 이렇게 만들어진 루브릭 초안을 바탕으로 전체 교사의 논의를 통해 새로운 루브릭 예시안을 만들었고, 2월 새 학년 교육과정 워크숍 기간에 루브릭 예시안을 기준으로 각 교과의 특성을 살린 교과별 루브릭을 개발하고 이를 범교과적으로 공유했다.

덕양중학교 수행평가 루브릭 양식

평가 단계 (배점)	평가 내용
계획 단계 (3점)	평가 요소 • • • 표: 등급 / 채점 기준 / 배점
수행 단계 (3점)	평가 요소 • • • 표: 등급 / 채점 기준 / 배점
산출물 (14점)	평가 요소 • • • 표: 등급 / 채점 기준 / 배점

계획 단계 (3점)

등급	채점 기준	배점
A		3
B		2
C		1

수행 단계 (3점)

등급	채점 기준	배점
A		3
B		2
C		1

산출물 (14점)

등급	채점 기준	배점
A		14
B		12
C		8
D		5

그 결과 평가 루브릭을 계획 단계, 수행 단계, 산출물 단계로 나누어 구성하기로 했다. 학생의 성장을 돕는 평가가 되려면 단순히 산물물만 가지고 평가를 하는 것이 아니라 계획 단계, 수행 단계까지 교사가 관찰을 하면서 이에 대한 피드백을 지속적으로 제공해야 하기 때문이다. 하지만 계획 단계부터 수행 단계, 산출물 단계까지 모두 평가를 하면 학생 입장에서 늘 평가를 받아야 하는 부담이 생길 수 있다. 이런 문제를 극복하기 위해 계획 단계와 수행 단계에서는 채점 기준을 촘촘하게 세우기보다는 상, 중, 하 정도로 느슨하게 설정하고, 학생들이 열심히 참여하면 누구에게나 만점을 주도록 합의를 했다. 즉, 계획 단계와 수행 단계에서는 점수를 산출하는 것보다 학생들에게 좋은 수행 결과를 산출할 수 있도록 안내와 지원을 하는 것을 주된 목적으로 삼은 것이다. 이렇게 수행평가 계획 단계, 수행 단계, 산출물 단계를 아우르는 루브릭 양식을 만들어, 각 교과의 특성에 맞게 이를 활용하도록 했다.

또한 수행평가를 계획 단계, 수행 단계, 산출물 단계로 나누어 진행하면서 동시에 수행평가 개수를 줄였다. 예전에는 산물물 단계만 보면서 지나치게 많은 수행평가 과제를 진행하여 교사나 학생 모두에게 부담이 컸고, 수행평가 시기가 집중되는 문제가 생겨났다. 하지만 계획 단계, 수행 단계, 산출물 단계를 모두 살피는 수행평가를 진행하는 경우 굳이 수행평가 과제를 늘릴 필요 없이, 한 학기에 한두 과제 정도를 수업시간에 깊이 있게 다룰 수 있게 된다. 이것이 진정한 '과정 중심 평가'라 할 수 있다.

이와 함께 덕양중학교에서는 수행평가 계획에 '피드백' 절차, '재도전의 기회'를 명시하기로 했다. 이미 몇몇 교사들은 1차 평가 이후에 피드백을 제공하고 다시 도전할 기회를 주어 2차 평가를 진행해 왔다. 이를 모든 교과에서 공식적으로 제도화하고, 학생들에게 사전에 안내하기로 했다. 학생들에게 "어떤 수행평가를 진행할 것인가?"만 알려 주는 것이 아니라, 학생들이 "이 수행평가가 어떤 의미가 있는가?", "수행평가를 위해 수업시간에 무엇을 배우는가?", "수행평가 후 어떤 피드백을 받을 수 있는가?", "재도전의 기회는 어떻게 주어지는가?" 등을 사전에 안내했다.

덕양중학교 수학과 수행평가 안내문

■나만의 수학 이야기 만들기(20점)

가. 이 평가를 통해 학생들은 어떤 배움과 성장이 있을까요?
- 자연수, 정수, 유리수 등 수 체계를 정확하게 이해하는 것은 수학이라는 숲을 보는 데 매우 중요합니다. 이 수행평가에서는 내가 이해하고 있는 유리수와 순환소수를 나만의 방식으로 표현해 봅니다.

나. 이 평가에서 학생들은 어떤 수행과제를 하게 되나요?
- 유리수와 순환소수, 무한소수 등의 개념을 활용하여 이용하여 이야기, 시, 만화 등을 만듭니다(A4용지 한 장).

다. 이 평가를 위해 학생들은 수업에서 어떤 과정을 경험하나요?
- 이전 학년에서 배웠던 기초 지식을 복습합니다.
- 유리수, 순환소수, 무한소수 등의 개념을 모둠활동을 통해 학습합니다.
- 계획 단계에서 만든 마인드맵에 대해 선생님이 조언을 해 줍니다.

라. 이 평가 후 학생들은 어떤 형태의 피드백을 받을 수 있나요?
- 1차 평가 후 개인별로 부족한 부분이 무엇인지 상담을 합니다.
- 상담 후 원하는 학생에게는 재도전의 기회를 줍니다.
- 우수한 작품을 전시합니다.

재도전의 기회를 주는 평가 루브릭

평가 과정	평가 내용

평가 과정				
처음 도전하기	**평가 요소** •주어진 문제를 정확하게 이해하고 접근하였는가? •주어진 문제를 해결하는 과정을 논리적이며 정확하게 기술하였는가? •주어진 문제 정답은 맞고 정확하게 표현하였는가?			

등급	채점 기준	배점
A	100점 기준의 80점 이상을 득점한 경우	20
B	100점 기준의 60점 이상 80점 미만을 득점한 경우	17
C	100점 기준의 40점 이상 60점 미만을 득점한 경우	14
D	100점 기준의 20점 이상 40점 미만을 득점한 경우	11
E	100점 기준의 20점 미만을 득점한 경우	8
F	수행평가 미응시자	5

다시
도전하기
(자원자에
해당)

평가 요소

•주어진 문제를 정확하게 이해하고 접근하였는가?
•주어진 문제를 해결하는 과정을 논리적이며 정확하게 기술하였는가?
•주어진 문제 정답은 맞고 정확하게 표현하였는가?

등급	채점 기준	배점
A	100점 기준의 80점 이상을 득점한 경우	18
B	100점 기준의 60점 이상 80점 미만을 득점한 경우	15
C	100점 기준의 40점 이상 60점 미만을 득점한 경우	12
D	100점 기준의 20점 이상 40점 미만을 득점한 경우	9
E	100점 기준의 20점 미만을 득점한 경우	6

마. '평가 문화'의 혁신

중등학교 현장에서는 과거의 관행으로부터 이어져 온 '평가 문화'가 존재한다. 이는 대체로 입시의 영향력에 의해 형성된 문화이다. 교사 입장에서는 입시를 염두에 둔 '변별력' 확보를 중시하게 되고, 학생이나 학부모의 민원을 염두에 둔 '객관성과 공정성'을 강조하게 된다. 학생이나 학부모 입장에서는 절대평가가 시행되고 있는 중학교에서도 석차를 알고 싶어 하게 된다. 일제식 지필평가를 줄이거나 없애는 것에 대한 두려움, 엄밀한 평가 기준이 있어야 한다는 관념, 난도가 높은 문항을 출제하여 변별력을 확보해야 한다는 의식 등이 현재 중등학교에 형성되어 있는 '평가 문화'이다.

핀란드 교육과정 문서를 살펴보면, 평가 항목에서 가장 먼저 강조하고 있는 것이 '평가 문화assessment culture'이다. 여기서 말하는 평가 문화의 핵심은 다음과 같다.

- 학생들이 최선을 다하도록 독려하는 지원적 분위기
- 학생의 참여를 촉진하는 대화와 상호작용
- 학생들이 자신의 학습과정과 성장을 가시적으로 이해하도록 지원하기
- 공평하고 윤리적인 평가
- 다양한 평가
- 평가를 통해 얻은 정보를 수업과 교육활동을 계획하는 데 사용하기

덕양중학교 교사들은 선다형 평가를 폐지하고, 학생의 성장을 돕는

루브릭과 피드백 절차를 만들어 가면서, 여전히 교사들이 평가에 대해 갖고 있는 가치에 적지 않은 차이가 있음을 확인하게 되었다. 어떤 교사들은 평가의 공정성을 중시하고, 어떤 교사들은 평가의 공정성보다는 타당성을 강조했다. 어떤 교사는 여전히 평가 등급을 명확히 나누는 것에 익숙해 있었고, 어떤 교사는 학생의 성장을 위한 피드백을 실천하고 있었다. 그래서 덕양중학교 교사들은 평가에 대한 철학을 모두가 공유하는 것이 절실하다는 것을 깨달았다.

덕양중학교 교사들은 전체 교사가 함께 모여 모두가 공유해야 할 평가 원칙을 정하기로 했다. 교사 각자가 중요하다고 생각하는 평가 원칙을 이야기하며 포스트잇에 쓰고, 이를 모아 '우리가 지향해야 할 평가'와 '우리가 지양해야 할 평가'로 나누어 정리했다.

이는 핀란드 교육과정에서 제시된 바람직한 '평가 문화'의 요소와 크게 다르지 않다. 이는 학교 차원에서 공동체적으로 평가 문화를 혁신하고 이를 명문화하는 것이 필요했다는 점에서 의미가 크다. 평가 문화가 혁신되어야 학교혁신이 완성될 수 있다.

평가혁신의 궁극적인 목적은 평가를 통해 실현되는 '잠재적 교육과정'을 바꾸는 것이다. 기존의 평가 관행은 결과적으로 우리 학생들에게 '배제'와 '경쟁'을 내면화해 왔다. 그 결과 우리 학생들은 늘 '우월감과 열등감의 악순환'을 반복해서 경험하게 된다. 이와 반면에 평가를 혁신하는 것은 '인정'과 '협력'의 구조를 형성하는 것이다. 기존의 평가에서는 늘 배제되던 학생들도 새로운 평가를 통해 자신의 가능성과 잠재력을 정당하게 인정받아 불필요한 열등감에서 벗어나 자존감을 회복할 수 있다. 이처럼 평가혁신을 통해 실현되는 잠재적 교육과정은 '협력의 내면화', '인정의 구조', '자존감의 형성'이라 할 수 있다.

덕양중학교 평가 원칙

우리가 지향하는 평가	우리가 지양하는 평가
〈성장이 있는 평가〉 • 뭘 잘했는지, 잘해야 하는지 알도록 하는 평가 • 평가 결과가 다시 학습으로 이어질 수 있는 평가 • 각각 수준이 다른 아이들이 자신이 얼마만큼 성장했는지 알 수 있는 평가 • 평가를 통해 학생들이 자신의 부족한 점을 개선할 방법을 알게 되는 기회를 제공하는 평가	〈점수 내기만을 위한 평가〉 • 평가를 통한 배움 없이 진행되는 평가 • 과정이 없고 결과만 확인하는 평가
〈피드백이 있는 평가〉 • 수행평가 후 결과에만 치중하지 않고 반드시 피드백이 될 수 있도록 하는 평가 • 피드백을 통해 학생이 다시 자기가 부족한 부분을 보완하는 경험을 할 수 있는 평가	〈겉보기에만 좋은 평가〉 • 핵심 요소가 아닌 지엽적인 요소를 보는 평가 • 배움의 내용을 보지 않고 화려한 기술을 보는 평가(예: 영상기술, 그림 실력) • 평가 요소가 아닌 면을 보는 평가(예: 인권 UCC 수행평가에서 주제 전달력을 보지 않고 동영상 기술을 보는 평가)
〈친절한 평가〉 • 평가의 의미를 미리 명확히 전달하는 평가 • 학생들이 평가의 이유를 충분히 이해할 수 있는 평가 • 배우는 내용이 평가와 어떻게 연관 있는지 충분히 설명하는 평가 • 달성해야 하는 것이 명확히 드러나는 평가	〈불친절한 평가〉 • 공지하지 않고 하는 평가 • 구체적인 수행 방법에 대한 안내가 없는 평가 • 평가의 의미를 학생들이 이해할 수 없는 평가 • 기말고사 직전에 하는 평가
〈아이들도 행복한 평가〉 • 모둠 과제에서 각자의 역할이 뚜렷하게 나타날 수 있는 평가 • 누구나 잘할 수 있도록 자신감을 주는 평가	〈배움을 포기하게 만드는 평가〉 • 만회할 여지를 차단해 버리는 평가 • 학생들이 노력해도 잘할 수 없는 평가(성취기준이 너무 높은 평가) • 수행을 위해 꼭 필요한 배움이 선행되지 않고 이루어지는 평가

4.

[창의적 체험활동] 학생이 만드는 교육과정

가. 교과 교육과정과 연계되는 창의적 체험활동

학교교육과정은 크게 보아 교과 교육과정과 창의적 체험활동으로 나뉜다. 창의적 체험활동은 교과에서 배운 내용을 삶에서 적극적으로 실천하고, 지·덕·체를 조화롭게 발달시키기 위해 실시하는 교과 이외의 활동을 말한다. 현행 교육과정에서는 창의적 체험활동이 자율활동, 동아리활동, 봉사활동, 진로활동의 4개 영역으로 구성되어 있다.

하지만 창의적 체험활동의 취지를 제대로 살리지 못하는 경우도 적지 않다. 자율활동의 대표적인 예인 학급회의가 형식적으로 운영된다든가, 봉사활동이 그저 시간 때우기 식으로 진행되기도 한다. 또한 교과와 창의적 체험활동이 서로 연계되지 않고 분리되어 운영되는 경우가 많다. 즉 교과 시간에는 단편적인 지식을 배우고, 창의적 체험활동은 그저 활동을 위한 활동에 머무르는 경우도 있다.

덕양중학교의 창의적 체험활동은 '평화교육과정'의 큰 틀 속에서 교과 교육과정과 긴밀하게 연계되어 운영된다. 창의적 체험활동 전반에 '평화'라는 가치가 구현되도록 하고 있다. 그리고 창의적 체험활동은 계획 단계, 실행 단계, 평가 단계에 이르기까지 학생들이 직접적으로 참여하는 방식으로 이루어진다.

(1) 자율활동

학급자치활동

일시	내용
매주 금요일 6교시	• 학급회의(학급 존중의 약속 정하기와 점검하기) • 학급 서클(회복적 대화를 통한 학급문화 만들기) • 평화감수성 훈련(평화로운 학급 구조 형성) • 학급 행사(생일잔치, 단합모임, 학급야영 등)

행사활동

학기	월	일	활동 영역	차시	활동 내용
1학기	3	4	입학식	1	입학생과 재학생의 만남
	5	17	스포츠 한마당	7	교내 체육대회
	7	16	생생감동 예술체험 (교과체험활동)	7	예술문화 체험활동
	7	12	학생축제	6	학생회 주관 축제
	7	18	방학식	1	방학식
2학기	8	19	개학식	1	개학식
	9	19~20	평화기행	14	평화기행
	1	8	졸업식 및 종업식	4	몸짓 공연, 종업식 및 졸업식

세월호 참사 추모 행사를 진행하는 학생들

(2) 동아리활동

운영반	활동 내용
독서토론반 1, 2, 3	독서 내용을 바탕으로 토론활동
밴드반	합주곡 선정 후 연습 및 공연
농구반	농구 경기 연습 및 대교 경기 참가
피구반	피구 경기 연습 및 대교 경기 참가
축구부	축구 경기 연습 및 대교 경기 참가
학교체육지원단	학교 체육 행사 기획 및 운영
코딩반	프로그래밍을 통한 코딩 제작
만화반	만화와 관련된 모든 것 실습
방송영상반	교내 점심 방송 및 학교 행사 시 방송 지원
천문학부	해-달-별 그리고 우주에 대한 관찰 및 탐구
소확행부	행복 실천 소감 나누기
댄스부	댄스 버스킹 및 축제 공연

(3) 봉사활동

추진 일정

순서	추진 내용	일정
1	사전 계획서 게시	5. 3.
2	봉사팀 확정, 교사 섭외, 계획서 검토	5. 16.
3	봉사 장소 사전 답사	5. 17~5. 24.
4	최종 계획서 작성을 위한 1차 모임	5. 29.
5	봉사의 의미 교육	교과통합 프로젝트로 진행
6	최종 계획서 제출	5. 30(목)
7	봉사활동 사전 교육 및 안전교육	6. 11(화)
8	봉사활동 결과 게시 및 공유	6. 21(금)

봉사활동 교과통합 프로젝트

학년	1학년	2학년	3학년
주제	이웃	어울림	노란 나비
세부 내용	•약자를 위한 정책 만들기(도덕) •빈곤(국어)	•난민(국어) •이주민의 역사(역사) •생명기술과 적정기술(기술가정) •장애이해교육(특수) •유니버설 디자인 제안하기(미술)	•인권문제 토론(국어) •전쟁과 여성 인권(역사) •인권의 역사 (사회)
산출물	약자를 위한 정책	그림 속 에세이	인권 리플릿

교내 소그룹 봉사활동

봉사활동 영역	활동
도서부	도서 정리 및 대출, 도서실 환경정리
방송부	학교 행사 시 촬영 및 방송 지원
창체 활동 도우미	학생축제 도움
	체육대회 도움
학교 환경 도우미	학교 게시물 관리
급식 도우미	급식 질서 지키기, 급식 후 정리 활동
학교 매점 도우미	학교 매점 운영(판매 및 정리) 도우미
또래 튜터링	방과 후 학생 튜터링 활동
또래 중조	학교폭력 예방, 따돌림 예방, 갈등 조정 활동
장애 학생 도우미	장애 학생 교육활동 도우미
마을학교 도우미	골목축제 후 정리
	힐링 봉사 도우미
	마을 김장 봉사
	별별장터

(4) 진로활동

프로그램	개요	운영 시간
진로탐색	• 자기 이해 활동	22시간
진로직업 강연	• 전문인 강사 초빙 1 • 전문인 강사 초빙 2	4시간
진로직업 체험	• 미래 도시 체험 • 진로 페스티벌	8시간

이처럼 덕양중학교의 창의적 체험활동은 교과 교육과정이나 회복적 생활교육과 밀접하게 연계하여 운영하는 것이 특징적이다. 예를 들어 봉사활동을 진행할 때에 교과통합 프로젝트(1학년 이웃, 2학년 어울림, 3학년 노란 나비)와 연계하여 봉사활동의 의미를 충분히 이해하고 이를 실천할 수 있도록 한다. 학급회의는 회복적 생활교육의 일환인 서클 모임과 연계하여 운영되고, 교내 봉사활동도 회복적 생활교육의 일환인 또래 중조(또래 상담)와 연계하여 운영된다. 진로활동 역시 외부 기관 견학을 최소화하고 교내에서 자아를 탐색하는 활동을 충분히 진행하는 방식으로 이루어진다.

14세와 23년

지난 월요일 창체 시간에 1학년을 대상으로 '꿈'에 대한 특강을 했습니다. 교감 선생님과 교무부장님을 포함한 몇 분의 선생님들이 참관하여 공개수업이 되었습니다. 교실을 향하여 복도를 걸어가는데 기대와 설렘과 수십 년의 세대 차를 걱정하는 마음이 가슴 깊은 곳으로부터 함께 섞여 올라왔습니다.

어른들은 흔히 '요즘 아이들은 옛날 우리 어릴 때와는 너무나 다르다'라고 말들 합니다. 그 말 속에는 요즘 아이들에 대한 부정적인 비판이 더 많이 섞여 있는 것 같습니다. 23년 만에 중학교 1학년 교실에 들어가 14세 아이들은 대상으로 수업을 해 보고 나니 "많이 다르다."는 말에는 동의하게 되었지만 모든 아이들을 싸잡아 '요즘 것들'이라는 표현은 삼가야 할 것 같았습니다.

23년이란 세월이 흘렀지만 14세 중학생의 내면에 있는 정서적 특징에는 거의 변화가 없음을 확인하는 시간이었습니다. 꿈을 이루기 위해서는 삶을 살아가는 여정에서 반드시 어려운 일이 있기 마련인데 그 고난을 잘 극복해야 한다는 것과 그러한 고난을 통하여 오히려 성장할 수 있다는 것을 강의한 후 모둠활동을 하였습니다.

자신의 꿈을 활동지에 글로 쓰고 말로 표현하면 모둠 친구들이 응원해 주고 함께 자신감을 불어넣어 주고, 마음을 담아 진심으로 이루어진 것을 상상하며 댓글을 달아 주는 시간을 갖는 것이었습니다. 보통 교장 선생님의 강의는 공자님 말씀을 지루하게 만들어 버리고 뻔한 내용이라고 생각될 터인데, 우리 덕양중 아들딸들은 모두 집중해 주었고 열심히 참여하였습니다. 꿈에 대한 수업 주제와 어울리게 아이들의 눈은 초롱초롱 빛났습니다. 수업이 끝난 후에는 자신의 꿈이 담긴 내용을 예쁜 편지봉투에 담아 타임캡슐을 만들었습니다. 3년 후 졸업식 날 열어 볼 것입니다. 자신이 그 꿈을 향해 어떻게 달려가고 있는지 그리고 얼마나 성장·변화되었는지 3년 뒤에 열어 보면 감회가 새로울 것입니다.

서로에게 감동을 주었다는 3모둠에서 나눈 이야기를 소개해 보겠습니다. 범진이는 '나의 꿈은 PD'라고 적었습니다. 그다음 꿈을 이룬 모습을 그림이나 신문기사 등으로 표현하는 난에는 15년 후 신문에 실린 '김범진 PD의 기사'를 적었습니다. 김범진 PD가 기자와 인터뷰한 내용을 기사화한 것입니다. 그 일부에 이런 내용이 있었습니다. "어떤 프로그램을 만들고 싶나요?"라는 기자의 질문에 "사회에 영향력 있는 PD가 되고 싶어요. 김영희 PD같이 사회에 영향력을 미치고 사람들의 잘못된 고정관념을 깨고 싶어요. 꼭 재미있는 프로그램만 만들려고 하지는 않을 겁니다."라고 대답한 것입니다.

그 후 활동지 맨 밑에는 모둠 친구들이 응원의 메시지를 남기고 돌아가며 읽어 주고 지지해 주는 활동을 하였습니다. 같은 모둠이었던 재호와 유미, 지연이의 댓글입니다.

재호 범진아! 나중에 PD가 되어 좋은 방송 만들 때 나 좀 재미있는 것 섭외해 주라. 부탁해!

유미 〈무한도전〉 같은 프로그램이나 시민의 의견을 대표해 주는 방송을 만들어 주면 좋겠어. 나중에 네가 꿈을 이루고 기뻐하는 모습이 사실처럼 떠오른다. 너는 할 수 있어! 그리고 사람들이 기억해 주는 PD로 남기를 바라.

지연 꼭 PD가 되길 바랄게. 파이팅!

이 중 재호는 자기 꿈을 '기타리스트'로 적었고 범진이는 다음과 같은 응원의 댓글을 남기고 낭독하며 응원해 주었습니다. 재호가 자신의 꿈을 쑥스러워하는 것을 염두에 둔 듯합니다.

범진 난 네 꿈이 부끄럽지 않다고 생각해. 너는 정말 멋진 생각과 기발한 아이디어를 많이 가지고 있어! 내가 PD가 되어서 프로그램을 만들면 네가 꼭 출연해서, 좋은 자리에서 다시 만나자!

우리 아이들에게는 부모님과 선생님 그리고 친구들의 사랑과 칭찬, 공감과 지지가 필요합니다. 이러한 감정이 친구에게 전달되면 행복해지고 건강해지고 자신만의 독특한 잠재 능력이 발현되며, 그것이 '꿈'이 되고 그 '꿈'을 향해 힘차게 달려갈 수 있는 에너지가 넘쳐나게 됩니다. 그것은 23년 전의 14세 아이들이나 요즘의 14세 아이들이나 모두에게 똑같이 적용되는 진리입니다.

나는 이것을 우리 덕양중학교 아들딸들 중에서 보고 있습니다. 더 나아가 우리 대한민국의 모든 학교와 가정에서 실현되는 것을 보고 싶습니다. 간절히 기도하는 마음으로 이 일을 위해 한 걸음 한 걸음 나아가겠습니다. 이러한 교육이념을 이해하시고 함께 마음을 모아 주시는 덕양중학교 모든 학부모님들께 감사드립니다.

_덕양중학교 홈페이지 '학교장 이야기' 글

나. 평화감수성 수업

덕양중학교 교육과정은 '평화교육과정'을 표방하고 있다. 그렇기 때문에 덕양중학교 창의적 체험활동의 뿌리 역시 '평화교육'이다. 덕양중학교의 봉사활동은 '평화봉사'이고, 수학여행은 '평화기행'이다. 이러한 정신을 살리기 위해 학년 초에 모든 교사가 자기 학급을 대상으로 다음과 같은 '평화감수성 수업'을 진행한다.

■ 2019학년도 창의적 체험활동 공동수업 자료

구분	시간	활동	내용
1	5분	도입	수업의 목적 알리기
2	15분	박수 방향 맞히기	감수성의 개념 / 감수성 기르기
		학생 밀치기	
3	15분	개념 설명	폭력의 개념/유형 설명
	20분	활동	학교에서 발생하는 폭력의 유형을 찾고 나누기(개인 → 모둠 → 전체)
4	3분	개념 설명	반평화의 개념
	5분	활동 1	일상의 반평화를 찾고 이름 붙이기
	25분	활동 2	반평화 개념을 간단한 이야기로 전달하기
	7분	활동 3	평화의 개념을 재구성하기
5	3분	마무리	소감 나누기

1. 평화감수성 교육의 목적

여러분, 덕양중학교의 봉사활동과 수학여행의 이름이 무엇인지 아시나요? 네. '평화봉사', '평화기행'입니다. '평화'는 덕양중학교가 가장 중요하게 생각하는 가치입니다. 오늘 우리가 함께 고민해 볼 주제는 평화감수성입니다. 오늘 이 수업을 통해 여러분이 평화감수성의 개념을 알고 평화를 지향하게 되길 바랍니다.

2. 감수성의 개념, 감수성 기르기

'감수성'이란 '자극을 받아들여 느끼는 성질이나 성향'을 말합니다. 감수성에 대해 알아볼 수 있는 활동을 해 보겠습니다.

박수 방향 맞히기 활동(청각적 민감성 기르기)

ㄱ. 학생의 자원을 받아 앞으로 초대하고 눈을 안대로 가린다.
ㄴ. 진행자는 학생 중 한 명을 지목하여 박수를 치도록 한다.
ㄷ. 자원한 학생은 소리가 난 곳을 손으로 가리킨다.

학생 밀치기 활동(부자유/긴장이 지속되는 폭력적 상태 체험)

ㄱ. 학생의 자원을 받아 앞으로 초대하고 눈을 안대로 가린다.
ㄴ. 3~4명의 학생을 불러서 주위를 에워싸고 예측하지 못한 순간에 밀치도록 한다.
ㄷ. 밀친 학생들은 자리에 앉고 초대받은 학생은 안대를 벗도록 한 뒤에 소감을 듣는다.
ㄹ. 다시 안대를 하고 혼자서 밀쳐지는 듯한 행동을 하도록 한 뒤에 소감을 듣는다.
ㅁ. 왜 그런 차이가 생겼는지 생각을 말하도록 한다(다른 학생들의 생각도 들어 보도록 한다).

3. 평화/폭력의 개념

지난 시간에 우리는 각자의 공간을 존중하는 것이 평화라고 배웠습니다. 그렇다면 평화의 반대는 무엇일까요? 30초 정도 생각할 시간을 주겠습니다. 자, 그럼 왼쪽으로 돌아가면서 이야기를 해 볼까요? 전쟁, 폭력, 싸움 등 다양한 이야기가 나왔습니다. 그러면 정답은 무엇일까요?

〈지식채널ⓔ, 그가 유죄인 이유〉를 함께 보겠습니다.

폭력은 여러 가지 모습을 가지고 있습니다. 폭력에는 물리적/구조적/문화적 폭력이 있습니다. 주먹을 휘두르는 물리적인 폭력만이 폭력은 아닙니다. 구조적 폭력, 문화적 폭력도 있지만 우리는 그것을 잘 느끼지 못하고 넘어가는 경우가 많습니다. 그러다 보면 아이히만 같은 괴물이 나타나게 되는 것입니다. 이 영상에 나타난 아이히만의 죄는 무엇일까요? 각 모둠에서 3분 정도 의견을 나눈 뒤에 발표를 듣겠습니다.

발표 잘 들었습니다. 아이히만에게는 생각하지 않는 죄, 관계를 맺지 않으려는 죄가 있었습니다. 아이히만은 명령에 충실해야 한다는 기준만 있었고 다른 사람과 관계를 맺으려는 노력이 없었기에 잔인한 명령을 고민 없이 받아들였습니다.

4. 반평화의 개념

그러면 학교에서 발생할 수 있는 폭력의 종류를 찾고 이야기를 나뉘 보겠습니다. 각자 생각한 내용을 모둠 안에서 공유하고, 이를 전체적으로 공유해 보겠습니다.

우리가 학교에서 발생하는 폭력을 찾으면서 참 다양한 이야기가 나왔습니다. 그중에서 폭력이라고 미처 생각하지 못했던 것들도 있었습니다. 하지만 이제는 그러한 것들도 폭력이라고 생각할 수 있고, 평화감수성도 더 예민해졌다고 생각합니다. 기존에 미처 생각하지 못했던 폭력적인 상황들을 우리는 '반평화'라고 부릅니다.

그럼 우리가 일상생활에서 만날 수 있는 반평화적 상황을 찾아내고, 그 상황에 이름을 붙여 보는 활동을 해 보겠습니다. 그리고 모둠에서 찾은 반평화적 상황을 간단한 이야기로 만들어 보도록 하겠습니다.

5. 평화의 개념 재구성하기

우리가 처음 생각했던 평화, 그리고 평화로운 학급의 모습이 지금은 달라졌을 수 있다고 생각합니다. 마지막 활동으로 평화의 개념을 다시 정의해 보겠습니다. 각 모둠에서 지금까지 했던 활동을 바탕으로 평화의 뜻을 써 보시기 바랍니다.

6. 소감 나누기

이제 학급 모두가 서클로 앉도록 하겠습니다. 토킹 스틱을 돌리면서 오늘 수업을 통해 느낀 점을 함께 이야기 나누도록 하겠습니다.

이러한 수업을 통해 학생들은 일상생활 속에서 만날 수 있는 반평화적 상황을 그냥 지나치는 것이 아니라 이를 평화적 상황으로 바꾸어 낼 수 있는 평화감수성을 기르게 된다. 이러한 평화감수성이 덕양중학교 평화교육과정과 회복적 생활교육의 뿌리가 된다. 그리고 덕양중학교 학생들은 학교 밖으로 평화를 찾아 나서고 평화로운 세상을 일구어 가는 실천에 나선다.

다. 평화를 찾아 나서는 평화기행

덕양중학교는 '평화기행'이라고 하는 아주 특별한 창의적 체험활동을 매년 진행한다. 다른 학교에서는 소풍이나 수학여행이라고 부르는 프로그램이다. 일반적으로 소풍이나 수학여행은 학생들이 학교에서 벗어나 여행을 하고 친구들과 우정을 나누는 행사에 머무르는 경우가 많다. 하지만 덕양중학교의 평화기행은 이와 다르다. 모든 프로그램을 학생들이 직접 기획하고 실행할 뿐만 아니라, 이 속에서 평화역량을 기르는 과제를 스스로 수행한다.

■ 덕양중학교 평화기행 프로그램

1. 활동 목적
가. 내 안의 평화를 위해 – 자기 자신을 발견한다.
나. 공동체의 평화를 위해 – 동료들과 공동체 생활을 하며 공동체 의식을 함양한다.
다. 세상의 평화를 위해 – 세상과 교류하며 의사소통과 문제해결 능력을 기른다.

2. 활동 시기
10월 셋째 주 목요일~금요일(1박 2일)

3. 활동 방법
프로그램 공모 → 우수 프로그램 게시 → 학생별로 프로그램을 선택하여 팀을 구성 → 팀별로 세부 계획을 짜고 활동 실시

4. 활동 원칙
가. 팀의 구성 인원은 11~13명으로 한다.
나. 각 팀은 계획서를 작성하여 교사를 섭외한다.
다. 각 팀은 평화과제를 명확히 설정하고 이를 수행한다.

라. 평화기행 중 이동수단은 대중교통 및 도보를 활용한다.
마. 평화기행의 모든 활동은 학생들이 주도적으로 한다.
바. 휴대폰이나 MP3 등 전자기기 없이 활동한다.

5. 활동비
팀별로 1인당 7만 원 이내로 예산 계획을 짬.

6. 평화 과제 수행
평화기행을 하면서 '덕양중 평화 9역량' 중 하나를 선정해 이를 신장하는 데 도움이 되는 과제를 수행함.

(예) 대인관계 능력 신장 - 롤링페이퍼 쓰기
생태감수성 깨우기 - 자연관찰일기 작성

자아	자기이해 능력, 자기관리 능력
타인	평화감수성, 의사소통 능력, 대인관계 능력
공동체	협력적 문제 발견 및 해결 능력, 민주시민의식
세계	다양한 문화이해 능력, 생태 감수성

이런 과정을 거쳐 학생들은 저마다 창의적인 아이디어를 내며 평화기행을 계획한다. 수업시간에 배운 내용을 바탕으로 지역을 선정하여 그 지역에 얽힌 역사를 탐방하기도 한다. 그곳에서 자연을 감상하는 프로그램이나 친구들과 우정을 나누는 프로그램을 기획하기도 한다. 학생들이 제출한 기획서 중에 우수한 프로그램을 게시하고 여기에 참여할 학생들을 모집한다. 1년 차는 학급에 상관없이 팀을 구성하고, 2년 차는 학급 안에서 팀을 구성하고, 3년 차는 전교생이 모두 제주도에 가서 반별로 프로그램을 진행한다. 이렇게 해서 덕양중학교 학생들은 3년 동안 다양한 평화기행을 체험하며, 덕양중학교가 지향하는 평화역량을 기른다.

평화기행에 참여한 학생들

■ 평화기행 세부 계획

1. 팀명
우가자가(우리 가평 가자! 자전거 타고 가자!)

2. 주제
자전거 하이킹을 하며 자아와 타인을 발견하고, 기금 마련(왕복 총 200km×1km당 100원=2만 원)을 통해 세계 평화에 기여한다.

3. 목적
자기관리를 통해 극기와 호연지기를 키우고, 공동체 활동을 통해 상호 이해와 대인관계 능력의 향상을 도모하며, 기금 마련(월드비전-해외 아동 후원)을 통해 지구촌 평화의 의미를 되새긴다.

4. 평화 과제
가. 자기 기록지 작성: 각 목표 포스트마다 자신이 생각하고 느낀 점을 기록한다.
나. 마일리지에 따른 기부금 모금: 총 거리 200km를 목표로 자신이 달린 거리를 1km당 100원의 기부금을 적립하여 월드비전에 기부한다.

5. 동행교사
이병주 선생님, 신명광 선생님

6. 코스
경기도 고양시 덕양중학교~경기도 가평군 자전거길

7. 체험 일정 및 활동 내용
생략

학생들이 경기도 덕양구 화전동에서 경기도 가평까지 무려 100km에 달하는 거리를 자전거로 여행하겠다는 계획을 제출했을 때 많은 교사들이 걱정했다. 하지만 교사들을 아이들을 믿어 보기로 했다. 무척이나 힘든 여정이겠지만 그 속에서 많은 것을 배우게 될 것이라고 기대하였다. 평소 자전거 타기를 즐기는 교사 두 분이 기꺼이 이들과 동행하기로 했다. 다음은 이날의 에피소드를 기록한 글이다.

1박 2일 평화기행

전교생이 '평화기행'이라는 이름으로 1박 2일 여행을 다녀왔습니다. 주인의식과 문제해결력을 키울 수 있는 성장 기회로 삼고 처음 여행 계획부터 모든 일정과 준비를 아이들 스스로 하게 했습니다. 처음에 15팀으로 시작하였다가 팀을 구성하는 과정에서 발생한 문제점을 보완하기 위해 먼저 학급회의를 열고 다시 전교생이 모이는 덕양 아고라를 통해 마음을 모았습니다. 최종적으로 12팀의 계획서가 공모에서 선정되었고 팀별로 인원 제한을 두지 않고 희망자는 모두 함께 가기로 했습니다.

소통과 성장을 위한 의미 있는 여행인 만큼 휴대폰도 소지하지 않고 친구들과 대화하며 가을의 아름다운 자연을 감상하고 지역문화를 탐방하기로 했습니다. 또한 이동 방법도 열차나 버스, 선박 등 대중교통을 이용하기로 했습니다. 팀 이름도 학생들이 자유롭게 지었는데 「겸 엔터테인먼트(남양주 슬로시티)」, 「준샘과 아이들(용문산)」, 「콩밥천국(강화 석모도)」, 「할렐루야(강화도)」, 「온새미로(충남아산 휴양림)」, 「해피 투게더(순천만)」, 「우가자가(우리 가평 가자! 자전거 타고 가자!)」, 「곰곰별(곰배령 트레킹)」, 「헝그리 경주(경주)」, 「딤채 계란(강릉 경포대)」, 「아잉홍헹훙(춘천)」, 「파워 레인저(춘천 평화공원)」 등 다양하고 개성이 묻어나는 이름들이었습니다.

선생님들은 '동행교사'라는 이름으로 학생들의 안전과 보호자로서의 역할만 할 뿐 모든 진행과 결정은 학생들 스스로 이끌어가도록 했습니다. 처음 계획 단계에서는 부모님도 팀당 한 분씩동행하기로 했었으나 독립적인 추진을 희망하는 학생들의 의견을반영하여 동행하지 않고 학교에 대기하고 있다가 응급 상황이나팀별로 도움 요청이 있을 경우에만 도와주기로 했습니다.

드디어 출발! 출발 전에 가장 걱정이 되는 「우가자가(우리 가평가자! 자전거 타고 가자!)」 팀의 자전거 상태를 점검해 보았습니다.왕복 12시간 이상 자전거로 여행하는 팀이기 때문에 관심을 더 가졌는데 대부분의 학생들의 자전거 상태는 '아! 과연 이 자전거로가평까지 갈 수 있을까?'라는 의구심이 들 정도였습니다. ○○에게자전거에 대해 물었더니 며칠 전 아버지께서 헌 자전거를 구해서수리해 주셨다고 대답합니다. 걱정이 되어서 운동장을 몇 바퀴돌아보라고 했습니다.

"교장 선생님! 페달을 밟아도 자전거가 잘 안 나가요. 헛바퀴도는 것 같기도 하고……."

자전거를 자세히 보니 앞브레이크가 걸려 있는 채로 패드가 휠에서 떨어지지 않고 계속 붙어 있는 상태였습니다. 여러 번 시도끝에 휠에 붙어 있던 패드가 조금 떨어지기는 했으나 원하는 만큼 속도가 나지 않았습니다. '출발해야 하는데 이걸 어쩌나? 자전거 전용도로로 가는 여행이고 너무 힘들면 경춘선 지하철을 탈수도 있겠지.' 생각하며 아이를 격려하여 보냈습니다.

늦어도 오후 4시 정도면 목적지인 가평 숙소에 도착할 것으로예상되었던 「우가자가」 팀. 밤 10시 30분에 경찰차의 호송을 받으며 도착했다는 소식이 왔습니다. 앞에서 달리는 아이들이 가다가

평화기행(자전거 타고 가평 가기)

돌아보면 그 아이가 따라오지 못하고 있어서 기다려 주고, 또 달려가다가 뒤돌아보고 안 보이면 모두 함께 기다려 주고. 가평까지 계속 반복한 것입니다. 아침 9시 30분부터 밤 10시 30분까지 긴 시간을 친구를 위해 힘든 것도 참고 기다려 준 아이들이 너무도 기특했습니다.

이튿날 「우가자가」 팀은 경춘선 열차를 타고 오후 4시쯤 무사히 모두 학교에 도착했습니다. "하나님! 지켜 주셔서 감사합니다." 제 입에서 기도가 저절로 나왔습니다.

"정말 수고했다. 어땠어?"

교장의 질문에 한 아이가 대답합니다.

"국토 대장정보다 훨씬 힘들었지만 평생 잊지 못할 추억이 될 거예요."

또 다른 아이가 웃으며 말합니다.

"허벅지가 많이 아프지만 참 재미있었어요."

요즘 많은 부모님들이 자녀들을 잘 놓아주지 못합니다. 갓 태어난 아기는 스스로 할 수 있는 것이 전혀 없으니 부모의 도움 없이는 살 수 없습니다. 그러나 이제는 중학생입니다. 부모 눈에는 여전히 어린아이처럼 보이겠지만 중학생이 되면 우리 아이가 이미 어른이 되어 가고 있다는 것을 인정해야 합니다. 이제부터 부모는 아이가 스스로 계획하고 실천해 보고 자신이 한 일에 대해 책임감을 가질 수 있는 기회를 주어야 합니다.

성공 경험도 아이를 성장시킬 수 있지만 실패 경험도 아이를 크게 성장시킵니다. 그런데 대한민국의 많은 부모들은 자신의 아이를 끌어안고 놓아주질 못합니다. 어떤 부모들은 자녀 곁을 떠나지 못하고 헬리콥터처럼 아이의 주변을 맴돈다 해서 '헬리콥터 맘'이라는 말이 생겨났습니다. 또 어떤 엄마들은 자녀의 하인처럼 모든 시중을 다 들어 주기도 하는데 이런 양육 방법은 부모와 자녀 사이에 건강하지 못한 의존관계를 만들어 냅니다. 이런 아이는 성인이 되어도 유치한 어린아이의 모습을 벗어나지 못하고 계속 부모에게 기대어 살아가게 됩니다.

부모와 청소년기 자녀 사이의 갈등 중에는 '놓아주지 못하는 부모와의 싸움'에서 시작되는 경우가 많은 부분을 차지합니다. 진로선택 문제뿐만 아니라 친구 사귀는 문제라든지 아주 사소한 것에 이르기까지 엄마가 다 관여하려고 합니다. 그러다 보니 아이들은 반항을 하고 부모와의 싸움이 시작되는 것입니다. 우리 아이를 믿고 건강하게 잘 자라 가도록 사랑과 격려와 응원을 보내면서 한번 놓아주어 봅시다. 그러면 부모님이 기대한 대로 건강하

게 잘 자라 가는 것을 볼 수 있을 것입니다. 물론 절대로 물러설
수 없는 엄격한 경계 세우기도 아주 중요합니다.

오늘 아침, 바로 그 자전거를 타고 교문을 들어서는 ○○에게
물어봅니다.

"○○야! 그 자전거 괜찮아?"

"네! 이젠 적응이 되었어요. 괜찮아요."

대답하는 아이의 얼굴에 환한 미소가 번집니다.

1박 2일 '평화기행'을 통해 우리 아이들이 훌쩍 자란 것 같아
서 마음이 흐뭇하고 행복한 아침입니다.

_덕양중학교 홈페이지 '학교장 이야기' 글

라. '노란 나비 프로젝트'
-인권과 평화를 일구는 봉사활동

덕양중학교의 봉사활동은 교과 교육과정과 함께 이루어진다. 흔히
'봉사'라고 하면 남들이 하기 싫어하는 일을 도맡아 하는 것, 나보다
어려운 사람에게 선행을 베푸는 것으로 생각하기 쉽다. 진정한 봉사란
타인의 아픔을 공감하고 그들을 위해 자신이 할 수 있는 일을 찾아
나서는 것, 더욱 따뜻하고 아름다운 세상을 만들기 위해 나의 시간과
노력을 기꺼이 내어 주는 것이다. 그렇기 때문에 봉사활동은 타인에
대한 따뜻한 애정, 인간의 존엄성을 훼손하는 사회에 대한 비판의식,
보다 나은 세상을 만들어 가는 사회적 실천 속에서 이루어져야 한다.

덕양중학교의 봉사활동은 '이웃(1학년)', '어울림(2학년)', '노란 나비
(3학년)'라는 주제를 중심으로 범교과적 통합 교육과정과 창의적 체험

활동을 연계하여 이루어진다. 3학년 전교생이 참여하는 '노란 나비' 프로젝트 활동은 역사, 사회, 국어 수업시간에 '일본군 위안부' 문제를 중심으로 '전쟁과 인권'에 대해 깊이 있는 학습을 하고, '전쟁과 여성 인권 박물관' 탐방과 '수요집회'에 참가하는 사회참여활동으로 이어진다.

역사 수업시간에는 '일본군 위안부 강제 동원' 사건의 역사적 배경과 참상, 그리고 이를 둘러싼 쟁점을 학습한다. 다음은 역사 수업시간에 사용하는 학습활동지의 일부를 요약한 것이다.

■다음은 일본군 위안부 강제 동원의 역사적 상황입니다. 빈칸을 채워 봅시다.

1. 전체주의(군국주의) - 일본은 1929년 대공황의 여파로 경제 위기가 확산되자 침략 전쟁을 일으킴. 이를 계기로 개인은 (   )를 위해 존재해야 한다는 전체주의가 확산됨.

2. 일본의 침략 전쟁(1931년 만주사변 → 1937년 (   )전쟁 → 1941년 태평양 전쟁)은 전 세계를 전쟁의 도가니로 몰아넣었고, 그 과정에서 수많은 인권 유린이 있었음.

3. 조선에서의 인적·물적 수탈 - 일본이 침략 전쟁을 확대하면서 식민지 조선에서 물자의 공출, (   )과 (   )을 실시하였고 많은 여성들이 일본군 위안부로 강제 동원되었음.

■위안소의 참상은 어땠을지 자료를 조사해 정리해 봅시다.

■위안부 문제는 일본과 한국 사이만의 문제였을까요? 나의 생각을 정리해 봅시다. 위안부 문제는 (   )의 문제이다. 왜냐하면…….

■최근에 발생한 전쟁과 여성 인권 문제의 사례를 조사하고, 이에 대한 자신의 주장을 정리해 봅시다.

일본군 위안부 강제 동원 사건은 단순히 한국과 일본 사이에 있었던 민족적 갈등 상황이 아니다. 이는 전쟁이라는 반평화적 상황에서 자행되었던 사회적 약자의 인권을 철저히 유린한 사건이며, 지금도 발생하고 있는 사회적 현안이다. 덕양중학교 역사 수업시간에는 이 사건을 단순히 민족적 감정을 자극하는 방식으로 다루지 않고, 인류 역사의 흐름 속에 자행되어 왔고 지금도 현재 진행 중인 인권 유린 사건으로 다룬다.

사회 수업시간에는 인권 보장의 역사에 대해 폭넓게 다룬다. 인류의 역사는 끊임없이 인간의 보편적 권리를 확인하고 확대해 온 흐름에 놓여 있으며, 특히 제1차, 2차 세계대전이라는 전대미문의 폭력적 사건을 계기로 인권의 소중함에 대한 자각이 이루어져 왔다. 다음은 '세계인권선언문'을 읽고 인권 보장의 역사에 대해 배우도록 하는 학습활동지의 일부 내용을 요약한 것이다.

■ 인권 보장의 역사와 헌법의 역할

1. 세계인권선언문 1조를 쓰고, 어떤 사상의 영향을 받은 것인지 적어 봅시다.

2. 다음 진술이 맞으면 O, 틀리면 X를 표시해 봅시다.

① 세계인권선언은 국제 인권법의 토대가 되었다. (　)
② 세계인권선언은 1945년 12월 10일 반포되었다. (　)
③ 2차 세계대전 이후 인권에 대한 명확한 규정의 필요성이 확대되었다. (　)
④ 세계인권선언의 초안은 미국의 안나 엘리너 루스벨트에 의해 작성되었다. (　)

⑤ 세계인권선언문은 당시 58개 회원국 중 48개 회원국이 찬성하여 공식 채택되었다. ( )

⑥ 남아프리카공화국은 아파르트헤이트 때문에 기권을 하였다. ( )

⑩ 세계인권선언은 법적 구속력을 가지고 있는 규정이다. ( )

⑪ 세계인권의 날은 12월 10일이며, 올해가 70주년이다. ( )

3. 세계인권선언문의 내용 중 지금 이 시대에 가장 지켜져야 할 조항이 무엇이라고 생각하는지 그 이유를 서술해 봅시다.

이러한 학습활동을 통해 학생들은 인권 보장의 역사를 과거의 역사가 아닌 현재의 문제로 받아들이며, 우리 시대에 해결해야 할 인권의 문제를 생각하게 된다.

국어 시간에는 '전쟁과 여성 인권' 문제를 다룬 소설 작품을 읽고, 작중인물이 겪어야 했던 고통을 생생하게 경험하며 이를 자신의 문제로 받아들이게 한다. 특히 일본이 한국에서 저질렀던 만행 못지않게, 한국이 베트남 전쟁에서 저질렀던 과오에 대해 깊이 성찰하게 한다. 최은영의 최신작 「신짜오 신짜오」는 베트남 전쟁이 배경인 소설이다. 한국인 주인공의 가족과 베트남인 응웬의 가족 모두 베트남 전쟁의 피해자이다. 이들이 서로의 상처를 보듬고 공감하는 과정을 통해 역사의 비극과 타인의 고통에 대한 태도를 일깨워 주는 작품이다.

아줌마가 준 마음의 한 조각을 엄마는 얼마나 소중하게 돌보았을까. 그것이 엄마의 잘못도 아닌 일로 부서져 버렸을 때 엄마가 느꼈던 절망감은 얼마나 깊은 것이었을까. 내가 아는 한, 엄마는 그 이후로도 마음을 나눌 친구를 쉽게 사귀지 못했었다. 그리웠을 것이다. 말로는 그때의 일들이 잘 기억나지 않는다고 했지

만, 엄마를 엄마 자신으로 사랑해 준 응웬 아줌마를 엄마는 오래 그리워했을 것이다. _본문 중에서

학생들은 이 작품을 읽고 베트남 전쟁의 비극에 대해 생각해 본다. 그리고 작중 인물과의 만남을 통해 타인의 고통을 폭넓게 끌어안는 삶의 태도를 배운다. 일본 강점기 일본 위안부 문제를 베트남 전쟁의 프리즘으로 다시 바라보며 '전쟁과 인권' 문제에 대한 깊이 있는 성찰과 토론을 진행한다. 다음은 이 수업시간에 활용한 학습활동지 내용이다.

■ 미안해요 베트남-최은영의 소설 「신짜오 신짜오」 읽기

1. 「신짜오 신짜오」를 읽고 작품의 역사적 배경에 대해 알아봅시다.

2. 이 소설에서 가장 공감이 가는 인물은 누구이며 그 이유는 무엇입니까?

3. 투이 엄마의 이야기를 듣고 나의 엄마는 왜 미안하다고 했을까요? 이야기를 읽고 난 우리는 어떻게 해야 할까요?

4. '전쟁과 성폭력 문제'에 대해 일제 강점기 위안부 문제와 베트남 전쟁을 비교해 봅시다.

5. 이 작품을 읽고 토론할 주제를 모둠별로 2개씩 만들어 봅시다.

6. 토론 주제를 공유하고 전체 토론을 진행해 봅시다.

역사, 사회, 국어 시간을 통해 '전쟁과 여성 인권' 문제를 폭넓게 학습한 학생들은 자신이 배운 내용을 사회적 실천으로 확장하기 위한 봉사활동에 참여한다. 창의적 체험활동 시수를 충분히 확보하여, 이틀 동안 전일제 봉사활동을 다음과 같이 진행한다.

■ 평화봉사활동 계획서

1. 팀명
위안부 할머니와 소통 공감

2. 지도교사
정순희, 이병환, 송훈섭

3. 봉사활동 장소
전쟁과 여성 인권 박물관, 안국역 일본대사관 앞

4. 일정 및 활동 내용

구분	봉사활동 장소 및 활동 내용	
1일 차	9:00	학교로 집합
	9:00~12:00	피켓 만들기, 캠페인 활동 스토리 만들기
	12:00~13:00	점심식사
	13:00~14:00	전쟁과 여성 인권 박물관으로 이동
	14:00~16:30	교육 참가/박물관 견학
2일 차	9:00	학교로 집합
	9:00~10:00	안국역으로 이동
	10:00~12:00	안국역 주변에서 피켓으로 캠페인
	12:00~13:00	수요집회 참여
	13:00~14:00	점심식사
	14:00~15:00	소감 나누기

봉사활동 첫째 날에 학생들은 일본군 위안부 생존자들이 겪었던 역사를 기억하고 교육하는 공간인 '전쟁과 여성 인권 박물관'에서 다양한 전시물을 견학하고 자세한 교육을 받는다. 봉사활동 둘째 날에는 손수 만든 피켓을 들고 안국역 주변에서 일본군 위안부 문제 해결을 촉구하는 캠페인을 진행한 후, 매주 수요일 12시에 진행되는 수요집회에 참가한다. 그리고 학생대표가 준비한 연설문을 그 자리에서 낭독하는 시간을 갖는다.

"안녕하세요? 오늘 이 자리에 청소년으로 나와 전시 성폭력과 여성 인권, 그리고 일본군 위안부 피해자 할머님들을 위한 발언을 할 수 있게 된 것에 진심으로 영광을 느낍니다.

지난 한 달 동안 저희들은 학교에서 조금 특별한 교육을 받았습니다. 21세기에 살고 있는 우리들은 상상도 못 할 일을, 그때에는 일말의 거리낌도 없이 자행했다는 것을 알았습니다. 여성을 도구로 본 나라와 사람들을 보고 분노했습니다. 그리고 우리는 그 모든 것들을 머리로 학습하기보다 마음으로 공감하려 노력했습니다.

인권은 사람이 태어나면서부터 죽을 때까지, 인간의 기본적인 권리입니다. 그러나 그 인권이 단지 여성이라는 이유만으로, 전쟁 상황만 되면 아무것도 아니게 되는 현실은 너무도 참혹했습니다. 아직도 전쟁 상태에 있는 많은 국가들에서는 참혹한 전시 성폭력이 자행되고 있습니다.

더 이상 이러한 세상이 다음 세대로 이어져서는 안 됩니다. 그 첫걸음은 과거의 과오를 청산하고, 모두가 인권을 존중받는 행복한 세상으로 나아가려는 노력을 아끼지 않아야 한다는 것이겠죠. 일본 정부는 당신들의 과오를 인정하고 피해자들에게 제대로 된 배상을 하십시오. 이것은 당신들의 과오를 다음 세대에 물려주지 않기 위해서입니다. 그것이 올바른 세상을 만들고자 하는 국제사회의 일원으로서 져야 할 최소한의 의무일 것입니다.

이에 저는 약속합니다. 다음 세대의 세계인들이 전시 성폭력 없는 아름다운 사회에서 살게 하기 위해서 앞으로도 싸워 갈 것을 선언합니다. 전시 성폭력의 종말과 일본의 제대로 된 배상을 위하여, 아직은 중학생으로서 할 수 있는 것이 상대적으로 적겠지만, 그래도 저희도 잘못된 역사를 반복되지 않게 하기 위한 노력을 해야 한다고 생각합니다. 경청해 주셔서 감사드립니다."

"오늘은 참 날씨가 좋은 것 같습니다. 이렇게 날씨가 좋은 2019년 오늘이지만, 80년 전 오늘 봄날에는 현재 저와 같은 또래였던 당시의 소녀들이 일자리를 준다는 말만 믿고 또는 아무런 이유도 모르고 일본군들에게 무작정 끌려가 끔찍한 인권 유린을 당했던 날이었을지도 모르겠습니다. 그때 소녀들의 말 못 할 고통을 현재의 일본 정부는 무시하고 외면하며 진실을 피하고 있습니다. 현재 할머님들의 상처와 고통을 덜어 드릴 진심 어린 사과조차 하기 싫어 돈으로 해결하려는 치졸한 마음으로 몇십 년간 역사를 부정해 왔습니다. 할머님들이 과거에 당했던 악행은 조작된 사실이 아닙니다. 할머님들이 살아 계신 증인이자 당사자입니다.

일본 정부는 왜 진실을 피하려 하나요? 진실을 인정하는 게 두려운 건가요? 저는 할머니들이 끌려갔던 그 당시의 또래로서, 또 같은 여성으로서 할머니들을 지지하며 일본 정부가 진심으로 사과하기를 기다리고 있습니다. 일본 정부가 과거의 만행에 대해 조금이라도 부끄러움을 느낀다면 하루빨리 할머님들께 사과를 해야 할 것입니다. 미안하다는 그 한마디를 우리는 얼마나 애타게 기다리고 있을까요. 우리가 원하는 것은 돈과 속이 텅 빈 사과가 아닙니다. 그저 진실을 인정하고 진심 어린 사과를 하기를 바라는 것입니다. 저는 일본 정부가 할머님들께 진심이 담긴 사과를 전할 때까지 제 위치에서 열심히 목소리를 외치며 할머님들을 지지하고 응원할 것입니다. 감사합니다."

수요집회에 참가한 학생들

덕양중학교의 평화교육과정은 이처럼 학교에서의 평화교육이 사회적 실천으로까지 이어지는 과정을 범교과적 통합교육과정과 창의적 체험활동을 통해 구현하고 있다. 이러한 모습은 덕양중학교가 존 듀이Dewey와 마이클 애플Apple이 말한 '민주적 학교'를 지향하고 있음을 알 수 있다. 교과와 학생의 삶, 교과와 교과, 교과와 사회적 가치의 통합을 통해 학생들이 사회적 실천을 경험하고 민주시민으로 성장하는 모습을 보여 주고 있다. 덕양중학교 학생들은 민주주의와 평화를 '책으로'만 배우는 것이 아니라 '마음의 습관', '삶의 양식'으로 익히는 '살아 있는 민주주의'를 배우고 있다. 이 속에서 덕양중학교 학생들은 인권을 지키는 평화일꾼으로 성장하고 있다.

5.

[미래교육] 함께 걸어온 10년,
함께 걸어갈 10년

가. 함께 걸어온 10년

10주년 행사에서 다시 만난 반가운 얼굴들

2019년 11월 15일, 덕양중학교에서는 아주 특별한 행사가 열렸다. 지난 10년간 덕양중학교를 거쳐 간 졸업생, 학부모, 교사들이 한자리에 모여 '덕양중학교 혁신 10년-덕양, 사람을 만나다' 행사를 진행했다. 흔히 '홈커밍 데이'라고 불리는 모임으로, 오랜만에 만난 학생들이 반갑게 인사를 나누고, 다른 학교로 전근을 간 옛 동료 교사가 함께 사진을 찍고, 옛 제자와 교사가 얼싸안으며 모처럼 따뜻한 시간을 보냈다.

1부 축하 공연과 특강이 진행된 후, 2부에서는 졸업생, 학부모, 교사들이 각각 서클 모임을 진행했다. 자신이 덕양중학교에서 경험했던 소중한 시절을 회상하고, 덕양중학교를 통해 어떤 성장이 이루어졌는지, 앞으로 덕양중학교가 어떤 학교로 성장해 가기를 원하는지 함께 이야기를 나누었다. 다음은 교사들의 서클 모임에서 나눈 이야기들이다.

덕양중학교 교무실 가운데 둥근 테이블이 있잖아요. 거기서 선생님들이 차도 마시며 담소를 나누는데, 저는 처음 학교에 왔을 때 거기에 가는 게 너무 어색했어요. 선생님들이 '오세요. 오세요.' 하는데도 저는 일하는 척하면서 가지 않았어요. 하지만 일본 배움의 공동체 연수를 함께 다녀온 이후, 어느 순간 마음이 활짝 열리면서 제가 그 테이블에서 즐겁게 먹으며 이야기를 하고 있더라고요. 그 자리를 통해 내가 덕양중학교와 하나가 되어 가고 있구나, 선생님들과 함께 성장해 가는구나 하는 걸 느꼈어요. 그러면서 소극적이었던 제가 어느새 학부모교실도 만들고 학교의 주인으로 성장했더라고요.

저는 평화기행을 잊을 수가 없어요. 그때 자전거를 타고 가평까지 가는 '우가자가(우리 가평 가자! 자전거 타고 가자!)' 기행을 했잖아요. 이때 기억이 너무 좋아서 지금 근무하고 있는 학교에서 '자하신공(자전거 하이킹으로 신나는 공정여행)' 기행을 운영하고 있어요.

우리를 너무 힘들게 했던 2학년 아이들, '이 아이들은 졸업할 때는 절대로 울지 않겠지'라고 짐작을 했지만, 졸업식 날 이 아이가 교장 선생님을 끌어안고 펑펑 울더라고요. 이게 선생님들의 사랑을 먹고 자란 아이들의 졸업식 장면이지 않을까. 끊임없이 또 우리에게 신입생이 오고, 사랑을 먹고 졸업을 하고. 우리 아이들에게 참 고맙다는 생각이 들어요.

덕양을 떠나온 이후에도 덕양이라는 두 글자를 잊은 적은 단 한 번도 없었어요. 더 이상 무슨 말이 필요하겠어요? 덕양이라는 학교의 역사가 있었고 지금도 건재하고 있기에, 저는 우리가 어디를 가든 우리가 꿈꾸는 공교육이 단지 하나의 이상이 아니라 현실에서 가능하다고 당당하게 말하고 다녀요. 그래서 덕양중학교의 존재는 자체가 너무 귀하고 제 개인적으로 고마운 마음을 잊지 않고 있습니다. 교사들이 행복해서 아이들이 행복하고, 아이들이 행복하니 다시 부모와 교사들이 함께 웃을 수 있는 그런 학교의 전통을 계속 이어 갈 수 있도록 간절히 기도드립니다. 존경하는 교장 선생님, 그리고 함께했던 동교 선생님들, 한 분 한 분의 이름이 생각나니 어느새 눈가에 물기가 맺히네요. 존경합니다. 사랑합니다.

이렇게 덕양중학교 혁신학교 10년 동안 교사와 학생들은 함께 성장해 왔다. 개인주의와 고립적 학교문화에 익숙해져 있던 전입 교사도 덕양중학교의 공동체적 문화에 흡수되어 함께 나누며 성장하는 즐거움을 느낀다. 덕양중학교에서 운영했던 교육과정이 너무나 소중한 기억으로 남아 전근을 간 학교에서도 그 프로그램을 새롭게 운영하며 혁신교육을 전파한 교사도 있다. 이토록 덕양중학교 교사들의 사랑을 먹고 자란 아이들은 졸업식 날 교장의 품에 안겨 펑펑 눈물을 흘린다. 그렇기에 덕양중학교의 역사는 우리가 꿈꾸는 공교육의 이상이 현실에서 가능하다는 것을 증명해 보였다.

덕양중학교가 앞으로 어떤 역사를 쓰게 될지 지금 예상할 수 없다. 분명한 것은 불가능할 것만 같았던 혁신학교가 어느새 10년 동안 거스를 수 없는 공교육의 새로운 물줄기로 흘러왔다는 점이다. '교사가 행복해서 학생들도 행복하고, 학생들이 행복하니 다시 부모와 교사가 웃을 수 있는 학교'의 전통이 이어질 것이다. 그리고 변화하는 미래 사회에서 덕양중학교와 한국의 혁신학교들은 또다시 새로운 역사를 써나갈 것이다.

나. 우리 아이들이 살아갈 미래 사회와 미래교육

우리 아이들이 앞으로 살아가게 될 미래 사회는 지금과는 또 다른 사회일 것이다. 많은 학자들은 미래 사회의 모습을 '사회 양극화의 심화', '생태계의 위기', '다원화 사회', '인구 감소 고령화 사회', '4차 산업혁명과 일자리 구조의 변화' 등으로 전망하고 있다.

미래교육은 이러한 '미래 사회의 변화에 대처하는 교육'을 의미한다. 그러기 위해서는 '19세기의 교육환경에서 20세기의 교사가 21세기의 학생을 가르치는 교육'을 뛰어넘어야 한다. 그렇다고 하여 미래교육이 '미래 사회에 적응하는 교육'만을 의미하지는 않는다. 미래교육은 '미래 사회를 더욱 바람직하게 바꾸는 교육'을 지향한다. 그러기 위해서는 평화, 인권, 생태, 노동과 같은 미래지향적인 가치를 학교교육과정을 통해 구현해야 한다. 또한 미래교육은 '오래된 미래'를 보존하는 교육이다. 즉 시대의 변화와 무관한 교육의 본질, 즉 '바람직한 인간상'을 추구하는 교육이어야 한다.

(1) 사회 양극화와 미래교육

IMF 이후 우리 사회는 급속히 양극화되어 왔으며, 사회적 안전망도 여전히 취약하다. 덕양중학교에는 열악한 지역사회의 여건 속에서 부모들의 따뜻한 돌봄을 받지 못하며 살고 있는 학생들이 많다. 경제적으로 열악한 환경에서 사는 것 못지않게 문화적 혜택이나 사회적 관계망 측면에서도 많은 결핍을 갖고 있다. 포부 수준이나 자존감도 낮은 편이다.

그래서 덕양중학교는 가정의 사회경제적 여건으로부터 결핍된 자존감, 문화체험, 사회적 관계망을 학교교육을 통해 보완해 주기 위해 노력해 왔다. 회복적 생활교육, 다양한 창의적 체험활동, 마을교육공동체 활동 등이 이러한 노력의 일환이다.

하지만 학교교육의 노력만으로는 한계가 있다. 학벌에 따라 부와 권력이 배분되는 사회, 비정규직이 확산되고 사회적 안전망이 부실한 사회, 금수저의 특권이 대물림되는 사회가 계속 유지된다면 아무리 학교교육이 바뀌더라도 청년들의 미래는 어두울 수밖에 없다. 그렇기 때문에 공교육 혁신을 위한 노력과 함께 우리 사회를 보다 인간적인 사회로 개혁하려는 노력이 함께 이루어져야 한다.

그동안 우리 교육은 "개천에서 용 난다."는 신화에 기대어, 서울대학교에 한 명이라도 더 보내려는 무한경쟁교육을 반복해 왔다. 하지만 이제 이러한 신화는 끝이 났다. 공교육은 계층 상승의 통로가 아니라, 미래 사회 구성원을 길러 내는 공적인 가치를 추구하는 곳이다. 따라서 사회 양극화 시대에 공교육이 지향해야 할 가치는 '경쟁에서 승리하는 능력'을 기르는 것이 아니라 '불평등을 타파하는 능력'을 기르는 것이다. 남을 짓밟고 올라서는 이기적인 인간을 길러 내는 교육이 아니라 다른 사람과 더불어 살아가는 공동체적 인간을 길러 내는 교육이 필요하다.

덕양중학교 평화교육과정은 타인의 인권을 존중하고 사회적 약자를 배려하는 교육을 지향해 왔다. 존중의 문화에서 시작된 학교민주주의를 통해 학생들이 민주주의를 '마음의 습관', '삶의 양식'으로 배워 민주시민으로 성장할 수 있도록 해 왔다. 이러한 교육과정은 사회 양극화 심화라는 미래 사회에 더욱 소중한 교육이 될 것이다.

민주주의를 배우고 실천하는 학생들

(2) 생태계의 위기와 미래교육

지구온난화, 미세먼지 등 생태계의 위기는 당장 시급히 해결해야 할 과제이다. 인간의 탐욕이 지구 생태계를 파괴해 왔고, 현세대가 미래 세대의 생존 조건을 파괴해 왔다. 이는 인류 생존의 지속가능성 자체를 위기로 몰아넣고 있다.

덕양중학교뿐만 아니라 많은 학교에서 생태교육, 노작교육을 강조하는 이유가 여기에 있다. 숲 체험, 텃밭 가꾸기, 목공, 자전거 타기 등을 통해 땀 흘려 노동을 하고 그 결실을 소중하게 여기는 교육은 단순한 체험활동이 아니라 우리 아이들이 살아갈 미래 사회를 지속가능한 사회로 만드는 데 꼭 필요한 교육이다.

이것만으로는 부족하다. 체험활동을 넘어 근대적 삶의 패러다임 자체를 성찰하는 교육이 필요하다. 이를 위해서는 '필요'와 '욕망'을 구분하는 법을 배우는 것이 매우 중요하다. 내가 갖고 싶어 하는 것이 꼭 필요한 것인지, 아니면 나 자신을 파멸에 이르게 하는 욕망에 불과한 것인지를 슬기롭게 헤아릴 줄 아는 안목이 필요하다.

그래서 덕양중학교에서 '스마트폰 쓰지 않기' 교육을 하는 것은 매우 중요한 의미가 있다. 앞에서 언급했던 실험 결과에서도 나왔듯이 스마트폰은 나이 어린 학생들의 두뇌에 직접적인 해악을 미친다. 또한 가족이나 친구들과의 대화 단절을 낳기도 한다. 스마트폰은 '더 빨리, 더 쉽게, 더 많은' 정보를 얻으려는 현대 자본주의 문명의 상징이며, 1~2년도 채 되지 않아 새로운 기기를 갖고자 하는 소유욕을 자극하는 존재이다. 스마트폰의 부품을 얻는 과정에서의 생태 파괴, 폐휴대폰으로 인한 환경오염도 심각하다. 따라서 스마트폰을 절제할 수 있는 능력은 곧 자신의 욕망을 절제하고 타인과 올바른 관계를 형성하며 생태감수성을 기르는 능력이기도 하다.

덕양중학교 텃밭 가꾸기

덕양중학교의 평화교육과정은 생태계 위기 문제에 대응하는 교육으로서도 중요한 의미가 있다. 평화교육과정은 우선 내면의 평화를 지향한다. 자신의 내면을 들여다보며 자기 속에 있는 반평화적 요소를 성찰하게끔 한다. 이러한 내면 성찰을 바탕으로 타인의 아픔에 공감하는 평화감수성을 기르고, 자연의 아름다움을 느끼는 생태감수성을 기르고자 한다. 미래 사회에 꼭 필요한 교육 중 하나가 바로 평화의 가치에 기반을 둔 생태감수성 교육이다.

(3) 다원화 사회와 미래교육

그동안 한국 사회는 '단일민족국가'의 전통 속에서 살아왔다. 하지만 미래 사회는 다양한 가치와 문화가 공존하는 사회가 될 것이다. 이미 현재 한국 사회도 다문화 사회로 접어들어 학교에도 다문화 자녀의 비율이 점점 높아지고 있다. 유럽과 미국의 뜨거운 쟁점인 난민 문제도 이제 남의 문제가 아니다. 향후에는 남북통일 시대를 준비해야 한다. 이렇게 다양한 정체성, 가치, 문화가 공존하는 미래 사회에 꼭 필요한 태도는 다양한 가치를 수용하고 소통하는 것이다.

덕양중학교 학생들도 다양한 배경을 갖고 있다. 이 지역에서 오랫동안 살아왔던 주민의 자녀, 혁신학교를 찾아 이주해 온 부모의 자녀, 군부대에 근무하는 군인 자녀 등 쉽게 어울리기 어려운 학생들로 구성되어 있다. 이 중에는 학업 능력이 우수한 학생도 있고 그렇지 않은 학생도 있다. 초등학교에서 다양한 문화체험을 경험한 학생도 있고 그렇지 않은 학생도 있다. 하지만 이들은 모두 덕양중학교에서 동등한 가치를 지닌 존재로 존중받는다. 학년 초마다 진행되는 '관계 수업'을 통해 수업이나 학급에서 다른 사람의 의견을 경청하고 올바른 관계를 형성하는 방법을 구체적으로 배운다. 일상적인 서클 모임을 통해 모든 사람의 발언을 존중하고 협력적으로 문제를 해결하는 문화를 형성해 간다.

덕양중학교 평화교육과정의 핵심은 '존중'을 통한 '평화 공동체' 형성이다. 그렇기 때문에 덕양중학교 평화 9역량 가운데 평화감수성, 의사소통 역량, 대인관계 역량, 협력적 문제해결 역량을 설정한 것이다. 다양성을 인정하고 타인과 올바른 관계를 형성하며 평화로운 공동체를 일구어 갈 수 있는 사람이 다원화 사회, 평화통일 시대의 주역으로 성장할 수 있다.

(4) 인구 감소 고령화 사회와 미래교육

지금 한국 사회는 고령 사회로 접어들었으며 학령인구 감소도 두드러지게 나타나고 있다. 학생 수 급감으로 인해 읍면지역에서는 전교생

60명 이하의 소규모 학교가 65%에 이르렀다. 이러한 인구 감소 및 고령화 현상은 곧 다가올 미래에 더욱 두드러질 것이 명확하다.

인구 감소 및 고령화 현상은 사회 양극화 현상과 맞물려 당분간 우리 사회에 많은 부담을 줄 것이다. 노동자 입장에서는 양질의 일자리가 부족하고 기업의 입장에서는 일손이 부족한 기형적인 현상이 생길 것이며, 젊은 세대가 부양해야 할 노령인구가 급격히 늘어나 세대 갈등도 생길 것이다. 학생 수 감소는 공교육에도 심각한 위기를 예고하고 있다. 도심지역은 여전히 과밀학급이 유지되는 가운데 농촌지역은 폐교 위기가 더욱 가속화될 것이다.

하지만 이러한 위기는 곧 기회로 전환될 수도 있다. 학생 수가 줄어든다는 것은 학생들 한 명 한 명의 가치가 더욱 소중해진다는 뜻이기도 하다. 그렇기 때문에 '단 한 명도 포기하지 않는 책임교육'이라는

한 명 한 명의 꿈이 모두 소중한 미래교육

구호가 더욱 절실한 현실이 될 것이다. 이제 대다수의 학생을 저버리고 소수의 학생들만 선별하는 경쟁교육은 더더욱 명분을 잃게 될 것이다. 학생 수가 줄어드는 현실은 공교육의 여건을 개선할 수 있는 토대가 될 수도 있다. 현행 교사 수를 유지한다는 조건 속에서 학생 수가 줄어들면 학생 한 명 한 명을 위한 책임교육이 원활하게 이루어질 수 있다.

따라서 미래교육의 방향은 '경쟁교육'에서 '협력교육'으로, '포기교육'에서 '책임교육'으로 전환되어야 한다. 이것이 그동안 덕양중학교를 비롯한 혁신학교에서 전반적으로 추구해 온 혁신교육의 방향이었다. 그리고 이러한 혁신교육은 과거의 낡은 교육을 정상화하는 교육이자, 다가올 미래 사회를 대비하는 교육이기도 하다.

(5) 4차 산업혁명과 미래교육

이른바 '4차 산업혁명'이라는 담론이 부각되고 있다. 인공지능AI으로 대표되는 새로운 산업이 부각되면서 기존의 일자리 구조와 우리의 일상세계를 근본적으로 변화시킬 것이라는 전망이다. 많은 사람들이 인공지능의 등장으로 인해 많은 일자리가 사라질 것으로 전망하고 있다. 예를 들어 복잡한 연산기능과 정확한 판단 능력을 수행할 수 있는 인공지능이 회계사, 변호사 등의 직종을 대처할 것이며, 정교한 작업을 수행할 수 있는 인공지능이 단순노무직이나 외과의학 등의 직종을 대처할 것이라는 전망이 나오고 있다.

그럼에도 불구하고 인공지능이 대처할 수 없는 인간의 영역은 여전히 남아 있을 것으로 보인다. 복잡한 사고 능력은 인공지능이 우월할지 몰라도, '새로운 미래에 대한 꿈'은 인간만이 꿀 수 있다. 그렇기 때문에 상상력과 창의력 등은 여전히 인간에게 유효한 영역이다. 또한 다른 사람의 아픔을 공감하고 배려하는 능력, 이질 집단 속에서 소통하고 협력하는 능력, 무엇이 옳고 그른지를 가리는 가치 판단 능력은 인공지능이 대처할 수도 없고, 대처해서도 안 되는 영역이다.

이제 스무 살 나이의 수십만 명을 대상으로 동일한 시험을 통해 소수를 선별하는 입시 시스템은 지속가능하지 않다. 평생직장의 시대는 이미 저물었고, 한 사람이 일생 동안 다양한 직업을 경험해야 하는 시대가 오고 있다. 고령화 사회를 맞이하여 평생교육의 중요성이 대두되고 있다. 미래교육은 학생들이 자신의 삶을 주도적으로 살아가는 능력, 즉 '삶의 역량'을 기르는 교육이 되어야 한다.

따라서 미래교육은 기존의 단편적 지식 습득을 중시하는 교육과 완전히 달라져야 한다. OECD(경제개발협력기구)에서는 이미 2005년에 DeSeCo 프로젝트를 통해 '미래 사회 핵심역량'으로 '도구를 상호작용적으로 활용하는 능력', '이질 집단에서 소통하는 능력', '자율적 행동 능력'을 제시하였다. 최근에는 'OECD Education 2030' 프로젝트를 통해 새로운 역량 개념을 발표하였다. 그 가운데 핵심은 '변혁적 역량 transformative competence'이다. 이는 불확실성의 미래 사회를 맞이하여 자신의 인생을 주체적으로 살아갈 뿐만 아니라 미래 사회를 더욱 바람직한 사회로 바꾸어 가는 역량을 말한다. 덕양중학교 평화교육과정에서 설정한 평화 9역량은 이미 OECD가 말하고 있는 미래 사회 핵심역량을 풍부하게 구현하고 있다고 자부한다. 이는 우리 학생들을 '오늘의 주인공'으로 살아가게 할 뿐만 아니라 '미래 사회의 주인공'으로도 성장시키는 미래교육의 구체적인 모습이기도 하다.

다. 덕양중학교, 미래형 혁신학교를 꿈꾸다

덕양중학교가 만들어 갈 미래 학교의 모습은 무엇이어야 하는가? 『2019학년도 덕양중학교 교육과정 운영계획』에는 덕양중학교의 미래 모습을 다음과 같이 그리고 있다.

덕양중학교 중장기 발전계획

2019~2020년	2021~2022년
민주주의 모델 학교 마을교육공동체 정착	지속가능한 평화학교 삶을 배우는 학교
• 민주적인 의사결정 시스템 정착 • 학부모회와 교육과정 협의 체제 정착 • 학생회와 교육과정 협의 및 학교 자치회 운영 정착 • 마을과 함께하는 진로교육 지원체제 구축 • 지역 주민과 함께 배우고 성장하는 학습공동체 중심학교 운영	• 평화를 지향하는 학교를 지속적으로 추진할 수 있는 체제 구축 • 수업, 생활교육, 학교문화 전반에 걸쳐 평화학교로서의 모습 정착 • 평화를 지향하는 학교 모델 보급 • 서로의 존엄을 승인, 지지하는 존엄의 공동체 형성 • 실험과 상상의 플랫폼이 되는 학교교육과정 운영

덕양중학교의 미래 모습을 예상하는 것은 쉽지 않다. 그것은 덕양중학교 구성원들이 끊임없이 실험하고 상상해 가며 함께 만들어 가는 미래일 것이다. 그렇기 때문에 덕양중학교 교사들은 미래 학교의 모습을 '실험과 상상의 플랫폼'이라 부르고 있다.

과거 10년 동안의 혁신학교가 관료주의와 입시경쟁으로 왜곡된 공교육을 바로잡아 '비정상성의 정상성'을 추구해 온 혁신교육 시즌 1의 시기를 보냈다면, 향후에는 미래 사회를 새롭게 개척해 가는 평화학교를 만들어 가는 혁신교육 시즌 2의 시기를 열어 가게 될 것이다. 이러한 학교는 '실험과 상상의 플랫폼'이 될 것이고, 이를 다른 표현으로

'미래형 혁신학교'라 할 수 있다.

경기도교육연구원은 2018년에 발간한 『미래형 학교혁신 모델 개발』
이라는 연구보고서에서 기존 학교생태계와 미래 학교생태계를 다음과
같이 비교했다.

	기존 학교생태계	미래 학교생태계
학교의 정체	지식의 전수, 사회화 기구	존엄의 공동체
운영 체제	관영(官營)	공영(共營)
핵심 내용	지식의 구조	삶의 기술
학습장 특성	단선형 구조	실험과 상상의 플랫폼
학교 문법	학교에 대한 전통적 신념	학교에 대한 전환적 신념
구성원 지위	3주체 권한 비대칭	3주체 공동주인
학교와 마을	이원화	상호의존-융합화

여기서 말하고 있는 '미래 학교생태계'의 모습은 덕양중학교가 그동
안 걸어왔고 앞으로 걸어갈 길과 정확히 일치한다. 이러한 길을 가기
위해서는 다음과 같은 과제를 해결해야 한다.

첫째, 혁신학교의 지속가능성을 모색해야 한다. 공립학교에서는 순
환근무제에 따라 교원이 계속 바뀌고 있다. 이런 상황은 혁신에 도움
이 될 수도 있지만 걸림돌이 될 수도 있다. 덕양중학교 혁신학교 10년
의 역사 속에서도 많은 교사들이 순환전보로 이곳을 찾아왔고 다른
학교로 떠나게 되었다. 그럼에도 불구하고 덕양중학교의 가치와 문화
는 지속적으로 이어져 왔다. 나는 그것의 가장 중요한 힘이 배려와 존
중의 학교문화, 교사들의 학습공동체였다고 본다. 덕양중학교에서는
기간제 교사나 학교장이, 공부를 잘하는 학생이나 그렇지 않은 학생
모두가 동등한 존재로 존중받는다. 이러한 존중과 배려의 문화 속에서

타인을 환대하는 안전한 공동체가 형성된다. 이러한 문화를 바탕으로 덕양중학교 교사들은 학습공동체를 통해 끊임없이 혁신교육을 발전시키기 위해 노력해 왔다. 덕양중학교는 학교운영위원회, 교직원회 같은 정형화된 시스템보다는 존중과 배려의 문화 속에서 새로운 시스템이 끊임없이 생성되고 진화해 왔다. 학급 존중의 약속, 덕양중 생활협약서, 덕양 아고라 대토론회 등이 그러하다. 이것이 덕양중학교 혁신교육 10년을 지탱해 온 힘이다.

덕양중학교는 8년 동안 혁신학교를 이끌어 왔던 교장이 바뀌게 된다. 혁신의 지속가능성을 위해 전임 교장과 후임 교장의 대화와 소통이 필요하다. 그러나 지속가능한 학교혁신은 학교장의 노력만으로 이루어지지 않는다. 학교 구성원들의 학습공동체 구축을 통해 혁신의 재생산 구조를 만들어야 한다. 그리고 이를 통해 혁신교육의 가치와 문화를 지속적으로 내면화하려는 노력이 필요하다.

둘째, 덕양중학교의 담장을 넘어 지역사회, 이웃 학교와 함께하는 혁신교육의 확장을 모색해야 한다. 지리적 특성상 덕양중학교는 인근 학교와 동떨어진 화전마을 속에 고립된 섬처럼 위치해 있다. 그렇기 때문에 덕양중학교의 혁신 성과가 다른 학교로 확산되는 데 어려움이 많았다. 이제는 초등학교/중학교/고등학교를 연결하는 종적 연계, 다른 중학교를 연결하는 횡적 연계를 통해 혁신교육의 확장을 모색해야 한다.

최근 들어 초-중 연계 교육과정, 중-고 연계 교육과정에 대한 관심이 높아지고 있다. 이러한 연계 교육과정은 공교육 12년 동안 우리 학생들의 지속적인 성장을 위해 꼭 필요한 것이다. 그동안 덕양중학교는 마을교육공동체 사업을 매개로 장차 덕양중학교 학생들이 될 이 지역 초등학생들을 따뜻하게 품어 왔다. 이제는 한 발 더 나아가 초등학교와 연계하여 평화교육과정이 9년 동안 긴 호흡으로 이어질 수 있도록 해야 한다. 또한 덕양중학교에서 혁신교육을 받은 학생들이 고등학교에 가서도 입시교육으로 인해 혁신교육의 성과가 왜곡되지 않도록, 고등학교 혁신과 연계된 혁신교육 시즌 2 전략을 구축해야 한다.

셋째, 교육청 및 지자체와 함께 새로운 상상과 과감한 실험을 통해 덕양중학교 혁신이 덕양구 전체의 혁신으로 이어질 수 있도록 해야 한다. 이를 위해서는 '행정'이 아닌 '운동'으로서의 혁신학교 시즌 2를 열어야 한다. 그동안 혁신학교를 일반화하기 위한 교육청의 다양한 시도가 있지만 현실적인 어려움에 봉착하고 있다. 혁신학교의 내실화가 아직 충분히 이루어지지 않은 상태에서 일반화 사업이 추진되어 왔고, 이로 인해 혁신학교의 질 제고에 어려움이 있었다. 교육청은 과감한 발상의 전환을 통해 '학교혁신을 지원하는 플랫폼' 역할을 수행해야 한다. 학교혁신은 위에서 주도하는 관료적 행정에 의해 이루어지는 것이 아니라 아래로부터 주도해 가는 현장의 변화에 의해 이루어지는 것이라는 주체들의 자각이 필요하다.

학교 입장에서는 교육청과 지자체의 지원이 절실한 부분이 많다. 덕양중학교의 경우 외부 시민단체의 도움을 받아 회복적 생활교육의 전문성을 높여 왔다. 안타깝게도 이는 교육청의 지원을 통해 이루어졌다기보다는 덕양중학교 교사들의 발품과 네트워크를 통해서 이루어져 왔다. 이처럼 보다 실질적인 지원이 필요한 영역은 한두 가지가 아니다. 기초학력 지원 시스템, 진로교육 지원 시스템은 단위학교의 실천만으로는 한계가 있다. 교육청과 지자체는 이러한 현장의 목소리를 더 많이 듣고, 이를 정책에 반영해야 하고, 나아가 실질적인 도움을 줄 수 있는 지원체계를 구축해야 한다.

넷째, 덕양중학교가 추구해 온 민주학교, 평화학교 모델을 완성시켜 가야 한다. 교육의 3주체가 모두 동등한 위치에서 학교를 운영하는 민주학교, 모든 교육활동 전반에 평화의 가치를 내면화하는 교육과정 운영은 그동안 한국 공교육이 경험하지 못했던 길이다. 그동안 덕양중학교의 실험에 따른 성과가 무엇이었는지 아직 객관적으로 검증하기는 어렵다. 아무도 걸어오지 않은 길을 헤쳐 왔을 뿐이다. 다만 아무도 걷지 않은 눈길 위에 또렷한 발자국을 남기고 걸어오면 이를 뒤따르는 사람들이 시행착오를 줄이면서 함께 걸어올 것이라 믿어 왔다.

민주학교, 평화학교를 완성시키기 위해서는 학교 구성원들에게 민주주의와 평화의 가치가 내면화되어야 한다. 그리고 이는 우리 사회의 민주주의 성숙도, 평화공동체를 지향하는 시민의식과 맞물려 있는 문제이다. 그렇기 때문에 새로운 미래 혁신학교를 꿈꾸는 사람들은 끊임없이 시대의 문제 앞에 정직하게 자신을 들여다보는 성찰적 자세가 필요하다. 이러한 성찰 속에서 교사의 성장이 이루어지고, 교사의 성장을 통해 학교민주주의와 평화교육은 더욱 성숙해질 것이다.

라. 함께 걸어갈 10년

다시 '덕양중학교 혁신 10년-덕양, 사람을 만나다' 행사장으로 돌아오자. 덕양중학교에서만 12년을 근무해 온 이경탁 수석 교사는 지나온 10년을 회상하면서 한 편의 시를 낭송하였다.

가지 않을 수 없었던 길

도종환

가지 않을 수 있는 고난의 길은 없었다.

몇몇 길은 거쳐오지 않았어야 했고
또 어떤 길은 정말 발 디디고 싶지 않았지만
돌이켜 보면 그 모든 길을 지나 지금 여기까지 온 것이다.

한 번쯤은 꼭 다시 걸어 보고픈 길도 있고
아직도 해거름마다 따라와
나를 붙잡고 놓아 주지 않는 길도 있다.

그 길 때문에 눈시울 젖을 때 많으면서도
내가 걷는 이 길 나서는 새벽이면 남모르게 외롭고
돌아오는 길마다 말하지 않은 쓸쓸한 그늘 짙게 있지만
내가 가지 않을 수 있는 길은 없었다.

그 어떤 쓰라린 길도
내게 물어 오지 않고 같이 온 길은 없었다.

그 길이 내 앞에 운명처럼 파여 있는 길이라면
더욱 가슴 아리고 그것이 내 발길이 데려온 것이라면
발등을 찍고 싶을 때 있지만
내 앞에 있던 모든 길들이 나를 지나
지금 내 속에서 나를 이루고 있는 것이다.

오늘 아침엔 안개 무더기로 내려 길을 뭉텅 자르더니
저녁엔 헤쳐 온 길 가득 나를 혼자 버려둔다.

오늘 또 가지 않을 수 없던 길

오늘 또 가지 않을 수 없던 길

그렇다. 덕양중학교 혁신학교 10년의 길은 '가지 않을 수 없던 길'이었다. 그 속에서 때로는 고난과 눈물, 외로움과 쓰라림을 만나기도 했지만 모든 학생들이 행복한 혁신학교를 만들기 위해 걸어와야 했던 길이었다. 그 길이 교사들에게 운명처럼 다가와 내 속의 나를 만들었기에, 오늘도 또다시 가지 않을 수 없는 길이었다.

덕양중학교는 앞으로 어떤 길을 가게 될까? 10년 후에 덕양중학교가 어떤 모습이 되기를 바라는가? 참석자들은 자신의 소망을 조그마한 나무토막에 그림을 그려 보았다. 그리고 몸으로 그 소망을 표현해 보았다.

교사들의 소망이 담긴 그림

"저는 나침판이라고 적어 봤어요. 나침판이 북쪽을 향해 끊임 없이 떨리듯이, 덕양중학교가 혁신교육의 좌표를 끊임없이 가리키는 학교가 되기를 바랍니다."

"저는 뿌리가 튼튼하게 내린 나무를 그렸어요. 10년 후에도 언제나 든든하게 서 있는 나무와 같은 덕양중학교로 남아 있기를 소망합니다."

북쪽을 향해 끊임없이 떨리고 있는 나침판처럼 덕양중학교는 지난 10년 동안 혁신교육의 좌표를 향해 걸어왔다. 교사들의 헌신과 정성을 통해 학생들이 성장했고, 학부모들이 학교의 주인으로 자리 잡아왔다. 덕양중학교라는 나무가 열매를 맺고 잎을 떨어뜨리고 다시 새순을 틔우는 시간 속에서, 혁신교육이라는 뿌리는 땅 아래로 깊게 뻗어나갔다. 덕양중학교가 함께 걸어갈 10년 후에는 그 나무가 더욱 성장해 있을 것이다.

몸으로 '뿌리 깊은 나무'를 표현하고 있는 학부모들

덕양중학교의 미래를 소망하는 10주년 행사

해마다 덕양중학교 졸업식장은 학생들의 평평 우는 소리가 넘치는 '눈물의 졸업식'이 되고 있다. 학생들은 3년 동안 덕양중학교에서 선생님들로부터 많은 사랑을 받았고 학교의 주인으로 여러 활동을 직접 계획하고 실천하면서 다양한 추억을 가득 쌓았다. 졸업생과 재학생들 기억 속에는 함께 만들었던 스토리가 넘친다. 이제 그 많은 이야기를 뒤로하고 선생님, 친구들, 후배들과 헤어지는 아쉬움에 선생님들을 부둥켜안고 통곡을 한다. 졸업생들이 우는 모습에 재학생들도 함께 눈물을 흘린다.

사진은 한 아이가 교장의 품에 안겨 평평 울고 있는 모습이다. "사랑한다는 것은 상처받을 각오를 하는 것이다."라는 말이 있는데, 덕양중학교 선생님들은 아이들을 사랑하기 때문에 많은 눈물을 흘렸다. 교사를 직업으로, 그저 업무의 하나로만 여기고 냉정하게 지냈다면 마음 아파할 이유가 없었을 것이다. 아이들을 사랑하기에 안타까운 마음으로 사랑하다가 상처를 받고 눈물을 흘렸다. 선생님들의 품에 안겨 평평 우는 17살 졸업생들은 3년 동안 선생님들이 흘린 눈물을 갚아 주는 것처럼 느껴질 정도로 눈물을 쏟아낸다. 제법 철이 들어 졸업하는 17줄의 성장의 나이테는 부모님과 선생님들의 상처 입은 사랑의 흔적으로 만들어진 것이다.

올해는 나도 교사, 학생, 학부모와 함께 많이 성장했던 덕양중학교를 아이들과 같은 날 졸업하며 36여 년의 교직생활을 퇴임한다. 올해 졸업식에는 교장인 나도 많이 울 것 같다.

삶의 행복을 꿈꾸는 교육은
어디에서 오는가?

● **교육혁명을 앞당기는 배움책 이야기** 혁신교육의 철학과 잉걸진 미래를 만나다!

● **비고츠키 선집** 발달과 협력의 교육학 어떻게 읽을 것인가?

● 경쟁과 차별을 넘어 평등과 협력으로 미래를 열어가는 교육 대전환! 혁신교육 현장 필독서

참된 삶과 교육에 관한
생각 줍기